The Changing American Jewish Pro-Israel Community and Its Influence

美国亲以犹太社团的嬗变及其影响

孙晓玲 · 著

时事出版社

目 录
CONTENTS

绪　论

第二次世界大战结束到20世纪90年代初，世界主要地区争端都烙下了严重的冷战印记。地区力量寻找盟友，较量实力，圈定势力范围，世界格局两极特色明显。学界对冷战时期的争端研究也呈现出浓重的冷战特色，现实主义长期雄霸国际关系研究的理论制高点。自由主义、理想主义、建构主义等其他各类理论或因脱离时代，或因解读力度不够，明显占据下风。美国前密歇根州参议员阿瑟·范登堡（Arthur Vandenberg）强调政治刚性特色的名言“政治止于水边”（Politics Stops at the water stage），被美国政坛奉为圭臬。政党政治和国内其他因素被认为不应触碰超出大西洋和太平洋的外交领域。冷战结束后，国际争端的冷战痕迹渐渐褪去，影响争端的诸多内外因素逐渐显露出来，现实主义的解读思路和解决方案，在某些持续的争端面前捉襟见肘，国际关系研究不得不进行诸多改革，在美国中东政策的研究方面，总体也呈现类似的样貌。冷战期间，关于美国中东政策的研究，大国因素、霸权理论、地缘战略因素长期占据绝对地位。阿以争端、巴以冲突被置于大国角力的背景下分析，国际行为体被相当程度地简化为由冷兵器和两大意识形态武装的战斗力量。

实力说话，总体来说，大方向没错，却忽视了各国国内因素对复杂外交政策的影响。冷战后，在对传统安全观的检讨中，国内因素决定论地位上升，甚至着墨过多，有忽视决定因素强调非决定性因素之嫌。以阿以争端、美以关系为例，用美国纽约市立大学副教授多夫·韦克斯曼（Dov Waxman）的话来说：现在的研究已经到了言必称亲以色列游说的程度。①

---

① Dav Waxman, “The Israel Lobbies: a survey of the pro-Israel community in the United States”, Israel Studies Forum, Vol. 25, Issue1, summer 2010: 5, p. 5.

美国犹太社团对以色列的各类支持，以及美国亲以色列游说被某些学者看成是臭名昭著的伊拉克战争爆发、阿以争端久拖不决、伊朗核问题一波三折的决定性因素。“美国因亲以色列游说使自己成为阿以问题上的‘教唆犯’——一个把车钥匙交给醉汉的家伙。”① 笔者认为这类研判有纠往过正之嫌。历史来看，美国亲以色列势力的构成和发展具有很大的可变性。冷战前后几十年，美国犹太社团、美国国内利益集团对政治外交的影响、美国国内的政治生态、以色列政坛内部均发生了比较大的变化，若将美国亲以游说势力固化，用停滞的视觉来研究变动中的阿以关系，得出的结论必然偏颇，也不利于我们理解当前阿以争端的真正困境，必然在此问题上难以有建设性的突破。本书主要致力于冷战结束前后美国犹太游说的嬗变及其对中东政策的影响。

一、问题的提出和研究意义

20 世纪 90 年代初，笔者还是个稚气未脱的大学二年级学生。在一次世界近代史课上，偶然听到老师说：“如果哪一天世界新闻中没有阿以争端的消息，中东地区就安宁了，如果哪一天美国不干预阿以争端，世界也就太平了。”笔者才疏学浅，对于治学素来严谨的老师下此论断，既吃惊又好奇，后来悄悄留意新闻，发现还真的没一天没有阿以争端的消息。好奇心驱使笔者日后把研究关注投放到美国的中东政治与外交上。

从二战结束至今，中东一直是世界的热点地区，冷战期间以及冷战后的数次战争、多次危机都出现在中东。五次中东战争、海湾战争、伊拉克战争、阿富汗战争，以及阿以冲突、因提法达运动②、伊朗核危机、“伊斯兰国”（IS）③ 在中东的恐怖扩张等都在向世人昭示这一地区的动荡与不

① John J. Mearsheimer and Stephen M. Walt, the Israel Lobby and U. S. Foreign Policy, (New York: Farrar, Straus and Giroux, 2007), Daniel Levy, “Is It Good for the Jews.” American Prospect, June 18, 2006.

② 即 intifada，以色列占领区巴勒斯坦人的暴动与起义。

③ IS，“Islamic State”的缩写，前称“伊拉克和大叙利亚伊斯兰国”，为中东宗教极端主义组织，目标是在历史上阿拉伯帝国曾统治的地区建立权威的伊斯兰国。目前其国家地位尚未得到国际社会的承认。

安。西方殖民遗留问题、民族宗教问题、领土边界、水资源纷争等自然是冲突的重要影响因素，但是外围大国战略的需要，使得中东成为后殖民批评理论家爱德华·赛义德（Edward Said）笔下“难以表述自己”[①] 的地区。冷战时间，美、苏两个超级大国频繁干预，中东地区矛盾错综复杂，不少国家看似为自己生存和民族解放而骁战，实质被动地沦为大国博弈的替身，因此无法主宰自己的和平与命运。冷战结束后，美国成为中东真正意义上最关键的外部力量。从老布什到奥巴马，所有总统都想在中东构建和平伟业——美国治下的和平。借助海湾战争，老布什惩治完想决定自己命运的萨达姆后，趁热打铁推动马德里中东和平进程谈判，希望有自己主导的新“戴维营和谈”产生。克林顿继续跟进，斡旋调解，促使巴以宿敌握手言和，在白宫草坪上签订名垂青史的《奥斯陆协议》。不幸的是，和平并未按照奥斯陆原则和设想推进下去，小布什反而将美国引向灾难性的伊拉克和阿富汗战争，要奥巴马政府一面收拾残局，一面谋求突破。与其第一任期在中东问题上的雄心勃勃想比，第二任期的奥巴马在此问题上明显低调，近期美国的政治关注重点让人们感觉他的工作重心已经远离巴勒斯坦地区，转向亚太。奥巴马真的像有些媒体点评的那样不再敢触碰阿以争端了吗？究竟是什么原因造成奥巴马对“圣地”和平热情的减退？这些都有待进一步地探究。

研究美国中东政策40多年的美国国务院政策顾问、巴尔的摩希伯来大学教授罗伯特·D. 弗里德曼（Robert D. Freedman），曾与多位美国国务院官员、阿拉伯国家及以色列领袖、中东外交官有多年的交流与接触，他总结认为：“美以关系中心”（the Centrality of the US-Israeli Relationship）是美国在该地区政策的关键因素。[②] 美国对以色列安全的承诺是美国中东政策的基础，其他诸多外交政策必须围绕这一中心制定。中东地区矛盾错综复杂，哪些因素造成了美以关系中心论？这类关系对美国外交成果的获取、对阿以争端的解决、对中东恐怖主义的遏制是祸还是福？多年来，学界争论颇多。一种观点认为以色列在中东具有重要的战略价值，它是美国

---

① ［美］爱德华·W. 赛义德著，王宇根译：《东方学》，扉页，三联书店，1999年版。

② Robert D. Freedman ed.，Israel and the United States：Six Decades of US-Israeli Relations，（Boulder，Colorado：Westview Press，2012）Preface ix.

的战略资产，因此美以关系必须加强。另一观点认为以色列是中东的“民主之岛”，美国对以色列负有道德义务，以色列的存继对于中东的民主化，对于美国主义价值观的实现意义重大，因此美以友好关系必须永远保持下去。冷战结束后，关于以色列还是不是美国的战略资产在美国争议颇多。就美国对以色列的道义义务问题，美国争议更大。不少学者认为这类道义义务和犹太游说势力的存在有很大关系。21 世纪初，美国在中东地位衰弱，美国国内政界和学界均有声音批驳犹太亲以色列游说对美国中东政策的负面影响。最引发美国争论的便是前总统卡特 2006 年出版的作品《巴勒斯坦：要和平不要种族隔离》① 以及美国芝加哥大学教授约翰·米尔斯海默（John J. Mearsheimer）与哈佛大学肯尼迪政府学院院长斯蒂芬·沃尔特（Stephen M. Walt）共同撰写的《以色列游说集团与美国对外政策》。前者将中东和平进程停滞不前归结于以色列占领巴勒斯坦人领土，而以色列背后是美国强大的亲以色列游说力量，造成美国对以政策缺乏建设性批判。而后者将美国陷入伊拉克战争泥潭的原因归咎于亲以色列游说的结果，并认为亲以游说妨碍中东和平，损害美国国家利益。米尔斯海默的言论在美国激起了全国范围的讨论，美以关系也在争论旋涡中经受着本世纪最激烈的考验。

美国有世界上第二大犹太人社团，多年来美国犹太人积极游说美国政府支持以色列，此外他们还和其他亲以色列的组织机构建立良好关系，这是不争的事实。但是亲以色列游说究竟在多大程度上对美国的中东政策产生影响，却是需要继续推敲的研究话题。笔者曾对冷战前美国犹太利益集团对美国中东政策的影响，作过一定的研究。与当时国内媒体流行的观念——犹太利益集团通过游说白宫和国会山，左右了美国的中东政策相比，笔者对犹太利益集团在美国中东政策的影响评估偏于保守。笔者认为：就影响美国中东外交的利益集团，无论从组织结构上还是实际运作效果上来说，犹太利益集团无疑是最为优秀的。它对美以关系起到了比较深刻的影响和制约作用，犹太利益集团将自身利益呈现在美国政府政策关注的前台，使得美以关系成为美国外交上最紧密的双边关系。更为重要的是

① Jimmy Carter, Palestine: Peace Not Apartheid, (London: Simon and Schuster, 2006).

它们成为牵制美国阿拉伯温和派的一个重要力量。每当美国准备改善与阿拉伯有关国家间的关系时，犹太利益集团就积极展开遏制游说。虽然它无法阻止美国决策者将政策付诸实施，但是它却能让美国政府在对阿拉伯世界友善时不忘对以色列进行补偿，使美、以、阿三方关系的天平总是偏向以色列一边。① 结合冷战前的中东政治生态，这一研究结论，判断基本准确。但是笔者以往的研究仍有些不足。比如研究对象的名称不够严谨。之前笔者用“犹太利益集团”代指为犹太事业或以色列事业直接或间接对美国政府的中东政策施加政治压力的各类组织和团体。美国一些研究作品也用这个概念，但主要是指在政府登记的为犹太和以色列事业游说的利益团体，比笔者的范围狭窄，根本原因是“利益集团”有广义与狭义之分。近十年来，“亲以色列游说”这一名词较为盛行，主要指美国亲以色列的各类政治游说组织和活动，但是亲以色列游说并不一定亲犹太事业，比如基督教福音派（Evangelical），它支持以色列有自身的考量，终极目的不是为了犹太事业。所以以此来统指为犹太事业的游说活动，不太准确。为避免理解上的分歧，结合犹太游说的发展与最新状况，笔者将以“犹太亲以游说团体”来代替以前笔者所界定的“犹太利益集团”，用以指所有的为了犹太事业直接或间接给政府施压的利益集团、民间组织和亲以色列组织，同时也可以区别于没有任何前提的“亲以色列游说”。

以前国内研究犹太游说团体政治影响的作品，多将其主体——美国犹太社团，作为一个不变的常量来研究，笔者以前的研究也易犯类似的过错。而现实的情况是：美国犹太社团作为美国犹太游说团体的最主要组成部分，变化是其主要的生存方式，近几十年它的变化较为显著，无论是团体内部关系还是与以色列的联系方面，均出现了不同以往的新趋势，比如人口减少、异族通婚增多、社群内向化显著、以色列关注降温、犹太组织政治共识弱化、组织流派分化明显、犹太社群与其他亲以色列社团间关系微妙。这些新情况对美以关系、美国中东政策的影响已经开始显现。就学界来说，针对转变，对比研究美国犹太社团冷战前后的变化、美国亲以色列力量的构成、走势、影响，既是尊重研究的需要，也具有非常重要的现

---

① 孙晓玲：《犹太利益集团与美国中东政策（1967—1984）》，团结出版社，2010 年版。

实意义。

首先，对犹太社团最新状况的探索，可以丰富世界民族研究中“族群流散研究”。美国犹太社团的兴衰历程可以给世界其他少数民族传承提供比较好的样本。美国犹太社群与以色列关系的研究对于丰富移民群体与母国关系有积极的借鉴和推动作用。中国海外侨眷总体庞大、分布在世界很多国家。犹太群体和海外华人有区别，亦有共同点。比如他们均是古老文明的后裔、均勤勉而智慧、均对族群文化认同而不愿轻易放弃。华人和犹太人属于参与美国经济活动非常活跃的群体，但在政治和外交方面，无论从参与美国内政还是从与母国关系的紧密程度来看，华裔侨眷均比犹太人逊色很多。这既有美国华侨界本身的原因，也有中国政府与海外华侨关系建构方面的不足，更有美国犹太社团活动更为成熟的因素。美国犹太人积极参与美国政治，与以色列政府之间互动频繁，积极为以色列的发展奔走呼号。美国犹太人的社团联系方式和政治行为模式或多或少可以给我们华夏子孙提供不少经验与教训。

其次，美国犹太游说研究可以帮助世人更直观地了解美国宗教与政治、宗教与国际关系间的关联。虽然美国宪法规定政教分离，宗教力量一度被看成对国际关系不构成影响的部门，但现实政治根本无法做到“上帝的归上帝、恺撒的归恺撒”，实际上，“宗教影响在政治生活中随处可见，从人们参与政治的理念，到政界精英和普通市民的行为，到对公共法律的解读，再到政府项目的开发，政治影响无不存在”。[①] 宗教对美国内政外交的影响是美国问题研究中既不可忽视也无法绕过的因素，它对很多全球关键性问题的影响更为根本与长远。在中国，关于美国宗教与政治的研究仅有少数学者有深入研究，比如中国社科院刘澎教授、段琦研究员、复旦大学的徐以骅教授、东北师大的董小川教授、天津师范大学的杨卫东副教授等，他们在美国宗教与文化、美国宗教与国际关系等领域，有持续的关注，作品多突出宏观性、本源性和趋势性。他们的研究为中国了解美国宗教的政治和外交面向奠定了丰厚的理论基础。理论具有高屋建瓴的指向意

---

① Kennth D. Wald，Allison Calhoun-Brown，Religion and Politics in the United States，（Sixth Edition），Rowman&Little field Publishers，Inc，（Lanham Maryland，2011）. Preface. Xi.

义，但理论的信实得益于丰富的个案论证。而中国关注美国宗教与政治的研究，个案类的深入研究还非常少，本书的研究则是这方面的一大尝试。

再次，对犹太社团和亲以色列势力影响美国中东决策的进程进行历史性梳理与比较，并对犹太社团外交诉求的最新转向进行深刻探究，既有助于厘清中东地区复杂多变的政治经济形势，也有助于加深对美国族群生态、宗教政策、民主政治的理解，还可以为我们制定切实可行的对外政策提供重要参考。

最后，利益集团对政府决策的影响是政治学领域的重要研究话题，通过对重要个案——美国犹太游说势力最新发展与活动的剖析，可以窥见利益集团影响政府决策的方式、手段策略及效果。同时利益集团结构转化和力量变迁也会反过来左右其在政治舞台的表现力和影响力，本研究对完善利益集团相关理论有重要的辅助作用。

二、国内外研究状况

本书研究主要包含两大方面：一是美国犹太社团的发展与变迁；二是犹太社团的变迁对犹太游说以及美国中东外交政策的影响。因研究对象主要在美国，所以美国的研究作品比较多，涉及各个方面。与美国犹太社团有直接关联的以色列也有不少学者热衷相关研究，主要关注点是美国犹太人和以色列间的关系。其他国家，以加拿大、英国、中国、澳大利亚为主，主要从社会和文化角度探讨世界民族中的犹太人或宗教文化视阈中的犹太教。另外，因美国政治体制和外交政策制定对全球安全和和平走向的重大影响，美国与美国之外的国家对美国国内因素，特别是少数族裔、特定宗教团体对美国中东政策的影响同样也有兴趣，这是研究世界流散史的一个重要话题，也是研究集团政治影响美国外交政策的重要案例。

（一）美国犹太社团研究状况

犹太人移民美国后，社区自治管理逐步形成。19 世纪末期到 20 世纪初，各类社区组织建立起来，其中改革运动的代表组织“美国犹太人委员会”（AJC）对美国犹太人有持续的研究，从 1899 年开始至今，每年出版一部《美国犹太人年鉴》（American Jewish Year Book），这些年鉴是研究美国犹太社团极为重要的参考资料，内容包含犹太人口、派别、宗教与世俗活动、犹太复国主义运动、与以色列关系、犹太组织名录与活动、与以色列以外的其他国家犹太人之间的关系等。[①]《美国犹太人年鉴》的重要价值在于其持续性和相对公正性，有助于学者在纵向对比中了解犹太社团的发展演进。1918 年成立的“美国犹太人大会”（AJCongress），长期致力于犹太人权与公正，保留了很多具有重要历史价值的宝贵资料，记录了美国犹太社团参与犹太复国主义运动，支持以色列及海外犹太人，作为压力集团影响美国司法和人权进步的活动。“犹太同盟委员会”（Council of Jewish Federation，CJF）从 20 世纪 60 年代开始赞助“全国犹太人口调查”（NJPS），到目前为止进行了三次，对 1970—2001 年美国犹太人口及其社会机构进行了调查与分析，其数据权威性很高，分析较为严谨，成为美国犹太人研究的重要参考。除了这些规模和实力雄厚的犹太组织的研究外，美国众多的犹太社团机构自己也在研究犹太人在美国的生存境遇和发展前景，比如“美国主要犹太组织主席会议”（The Conference of Presidents of Major American Jewish Organizations），简称“主席会议”、“美国妇女犹太复国主义组织”（Hadassah），简称“哈达萨”，它们均会将自身作为研究对象展开研究，组织出版电子或纸质期刊、发行报纸。比如“主席会议”的各类电子出版物，再比如纸质的《哈达萨杂志》（Hadassah Magazine）。美国还有不少犹太杂志关注美国犹太社团研究，这些杂志比较有名的有《前进》（Forward）、《备忘薄》（Tablet）、《修补世界》（Tikkun）等。

美国犹太社团开展的研究一般跟犹太社团的历史使命以及核心关注有关联。如二次大战前的犹太政治运动和思潮研究、犹太复国主义研究、冷战期间的亲以色列研究、反犹主义研究、冷战后的犹太社群状况研究等。大型犹太组织不仅自己对美国犹太社团展开研究，它们还会资助学者和研究机构从事相关研究，以便从更为公允的角度或更为科学的角度了解社团状况。比如 AJC 就曾资助著名学者斯蒂芬·M. 科恩（Steven M. Cohen）等学者开展美国

---

① 从 1800—2008 年，《美国犹太人年鉴》均可在“美国犹太人委员”会官方网站上查到电子版本，详见 http：//www. ajcarchives. org/main. php？GroupingId = 40；2009—2014 年的犹太年鉴均已出版，上网时间：2015 年 1 月 26 日。

犹太族群变迁的追踪研究，而后者笔耕不断，著述颇丰，内容涉及美国犹太人的异族通婚现象、犹太人的自由主义情节、美国犹太人与以色列关系等。[①] 在研读犹太社团的研究作品时，笔者发现了一个有趣的现象——美国研究犹太社团的作品大多出自犹太人之手。2013 年，笔者在佛罗里达大学访学时，就这个问题与导师肯尼斯·D. 沃尔德（Kenneth D Wald）进行了探讨。他承认美国犹太研究圈的犹太人扎堆，但他认为这种现象并不奇怪，犹太人像其他少数族裔一样，非常渴望了解自己，希望通过研究，充分保护本团体的生存与延续。[②] 在这种心理情结推动下，美国犹太人乐于资助犹太社团，犹太社团又乐于资助对犹太民族感兴趣的犹太学者进行社团研究。2008 年《美国犹太人年鉴》列出的犹太文化与学术机构就有 160 多个。与美国其他族群相比，美国的犹太研究在犹太人的推动下，非常活跃。

除了犹太机构研究外，美国著名的大学一般都有犹太研究所或犹太研究中心，它们通常受犹太社团或犹太富商设立的基金会资助，从事犹太人和犹太问题研究。布兰代斯大学科恩现代犹太研究中心[③]是其中著名的一处。笔者访学所在的佛罗里达大学也有犹太研究中心，佛罗里达大学图书馆设有专门的犹太图书馆，图书馆工作人员和犹太中心的老师一起致力于犹太研究。犹太研究所和犹太研究中心里产生了不少著名的犹太研究专家，比如新泽西州立大学的切姆·韦克斯曼（Chaim I. Waxman）教授、希伯来联合大学的萨拉·布宁·本诺（Sarah Bunin Benor），布兰代斯大学的西尔维亚·巴拉克·菲什蔓（Sylvia Barack Fishman），西奥多·赛森（Thedore Sasson）、加州大学戴维斯分校的阿里·Y. 凯尔曼（Ari Y. Kelman）、犹

---

① Steven M. Cohen，Interethnic Marriage and Friendship，（New York：Arno Press，1980）；Steven M. Cohen，“Attitudes of American Jews toward Israel & Israelis，” American Jewish Committee，1983；Steven M. Cohen，“The Political Attitudes of American Jews”，American Jewish Committee，1984. Steven M. Cohen，“Ties and Tensions：The 1986 Survey of American Jewish Attitudes toward Israel and Israelis.” American Jewish Committee，1987 Steven M. Cohen，“Ties and Tensions：An Update The 1989 Survey of American Jewish Attitudes Toward Israel and Israelis.” American Jewish Committee，1989. Steven M. Cohen，“The Dimensions of Jewish Liberalism.” American Jewish Committee，1989；Steven M. Cohen，Ari Y. Kelman，Beyond Distancing：Young Adult American Jews and Their Alienation from Israel，2007，http：//www. bjpa. org/Publications/details. cfm？PublicationID = 326.

② 访谈时间 2013 年 2 月 15 日，地点佛罗里达大学西图书馆一楼学习室。

③ Thedore Sasson，Benjamin Phillips，Charles Kadushin，Leonard Sax，“Still Connected：American Jewish Attitudes About Israel”，Cohen Center for Modern Jewish Studies，Aug. 2008.

太神学院的杰克·魏特墨（Jack Wertheimer）等。近些年来，犹太社团研究注重社团的最新变化，内容涉及犹太人的人口构成变化，宗教联系紧密程度的变化、代际差异、与母国关系，大屠杀历史、犹太复国主义、犹太人的政治倾向与参与政治动员模式等。冷战结束后，与以往社团研究不同的是，在美国犹太人内部，在如何对待与以色列关系以及阿以争端的问题上，开始出现比较明显的争鸣现象，左右分化较为明显。

关于美国犹太社团与以色列关系的研究一直是热点，1990 年乔纳森·马库斯（Jonathan Marcus）对 20 世纪 80 年代的美国犹太社团与以色列关系展开了研究，他指出以色列的占领政策已损害了美国犹太社团和以色列之间的亲密关系，这一研究对于冷战后美以关系的发展方向做了较有预测意义的推断。① 2002 年奥菲拉·赛立克塔（Ofira Seliktar）的《我们分道扬镳》则把焦点放在美国犹太人与以色列在中东和平进程问题的分歧，他认为该分歧已令犹太社团与以色列关系由以往的协调一致，向多极化趋势发展。② 而杰克·韦特海默的《美国犹太人和以色列：60 年回顾》③ 则对犹太社团与以色列之间的关系进行了跨度半个多世纪的研究。埃坦·格立波（Eytan Giliboa）与埃夫拉伊姆·因巴尔（Efraim Inbar）合编的《新时期的美以关系：后“9·11”的问题与挑战》④ 对“9·11”之后重新紧密的美以关系做了最新研究，分析了美以关系中的问题与影响因素。2011 年前后，中东北非地区的民主化浪潮让美国需要重新评估与中东国家间关系，唯有以色列与美国的关系在这种动荡中最经受得住考验，为论证其中的原因，丹尼斯·布莱恩（Denis Brian）创作了《民选领导与上帝选民：为什么美国总统支持犹太人与以色列》⑤ 一书，他根据历史档案和珍贵日记，

---

① Jonathan Marcus, “Discordant Voices: the US Jewish Community and Israel during the 1980s”, International Affairs 66. 3 (1990) pp. 545 – 558.

② Ofira Seliktar, Divided We Stand: American Jews, Israel and the Peace Process, (Westport, CT & London: Praeger, 2002).

③ Jack Wertheimar, American Jews and Israel: A 60 – Year Retrospective, American Jewish Year Book, 2008.

④ Eytan Gilboa and Efraim Inbar edited, US-Israeli Relations in a New Era: Issues and Challenges after 9/11, (London: Frank Cass, 2009)

⑤ Denis Brian, The Elected and the Chosen: Why American Presidents Have Supported Jews and Israel, (Gefen Publishing House, 2012).

论证了美国总统基于美国精神与宗教情节支持犹太事业，且在历史上具有一贯性。诺曼·芬克尔斯坦（Norman Finkelstein）则在《知道太多：为什么美国犹太人与以色列的浪漫关系走向终结》中，将美国犹太社团与以色列亲密程度的下降归结于双方了解得太多，以色列在很多问题上不像美国人想象的那样自由，以色列政府在某些关键问题上坚持己见，造成了美国犹太社团对以色列的失望情绪。

犹太游说对美国外交政策的影响，在20世纪60—70年代就已引起美国政治学者的注意。它是当时比较流行的利益集团政治研究的重要素材，以1976年罗伯特·H. 崔西（Robert H. Trice）的论文《利益集团与外交政策进程：美国在中东的政策》为有名，他在当时断言，犹太利益集团比包括阿拉伯裔利益集团在内的其他利益集团都要强大，有可能影响美国的中东外交政策的制定。同时他发现，犹太利益集团对国会的影响要比行政部门影响大得多。[①] 1984年，美国前众议员保罗·芬德利出版了《美国亲以色列势力内幕》[②]。书中他以华盛顿政界老手的身份，披露了犹太势力在国会山的幕后影响。他不惜以自身为例，揭露犹太势力对他的打压，他还重点批判了犹太利益集团，认为正是犹太集团操纵了美国对以政策。芬德利的研究招致美国犹太团体的强烈回击，激发了美国许多学者的跟进研究，较为有名的有爱德华·蒂文（Edward Tivan）于1987年出版的《游说：犹太政治力量与美国外交政策》，乔治·鲍尔和道格拉斯·鲍尔（George and Douglas Ball）的《热情联系》、戈尔登堡（J. J. Goldbery）的《犹太力量：美国犹太权势集团内幕》。[③] 这些专著形成了该问题研究的第一轮研究热潮，争论聚焦于何谓犹太游说，犹太游说对美国中东政策制定的影响度如何，多数学者倾向于认为冷战战略需要较之集团政治更能影响美国中东外

① Robert H. Trice, "Interest Groups and the Foreign Policy Process: U. S. Policy in the Middle East", Sage Professional Papers in International Studies, ed. V. Davis and M. East, Beverly Hills. CA: Sage Publications, 1976.

② ［美］保罗·芬德利著，武秉仁、戴克伟译：《美国亲以色列势力内幕》，中国对外翻译出版公司，1990年6月版。

③ Edward Tivan, the Lobby: Jewish Political Power and American Foreign Policy, (New York: Simon&Schuster, 1987); George and Douglas Ball, the Passionate Attachment, (New York: WW Norton & Company, 1992); J. J. Goldbery, Jewish Power : Inside the American Jewish Establishment, (New York: Addison-Wesley, 1996).

交决策，犹太游说影响有限。夸大犹太游说的影响力不仅有反犹主义之嫌，而且是对美国中东政策制定过程的曲解，美国外交政策的制定根本主轴是国家利益。[①] 这类作品关注的时间段多在冷战期间。如果美国制定中东的外交政策是基于国家利益，那么冷战后，中东已无美苏冷战，为什么以色列仍旧能得到美国超乎其他国家的支持？在芝加哥大学教授约翰·米尔斯海默和哈佛大学教授史蒂芬·沃尔特看来，原因只能是亲以色列游说的作用。[②] 2007 年，这两位美国政治学界的专家联手抛出《以色列游说集团与美国对外政策》一书，一石激起三层浪，作者在书中直言亲以游说损害美国国家利益，制约中东和平进程，把美国拖入不必要的战争。他们还指出美国长期存在一个令人懊恼的现象：因为犹太势力和新保守主义势力在政界、金融界、媒体业过于强大，很多针对以色列政策的理性批评被扣上“反犹主义”的大帽子，结果造成长期以来美国对中东政策缺乏建设性的思考。米尔斯海默的研究引发了美国犹太研究的又一轮高潮，学界的争论长达两年，研究范围延伸到冷战之后的20 年，相关著述呈现出视角的多元性和复杂性。反诽谤联盟（the Anti-Defamation League）领导人亚伯拉罕·福克斯曼（Abraham H. Foxman）在米尔斯海默书出来之后，愤而立著——《最致命的谎言：以色列游说集团和“犹太人控制”的神话》，批判米尔斯海默和史蒂芬·沃尔特的观点是中伤犹太人的谎言。[③] 学者杰罗姆·斯莱特（Jerome Slater）对美国中东政策持较为强烈的批判立场，但是他并不赞同是美国犹太人的游说活动塑造了美国的亲以色列政策，他认为，根本原因是美国与以色列之间存在强有力的文化与宗教联系，美国公众舆论确实是对以色列的巨大支持。[④]

总体而言，外国研究者主要来自于三个学科领域：一是历史学界，研

---

① 其他较为有名的相关作品有 Steven L. Spiegel, The Other Arab- Israeli Conflict：Making America's Middle East Policy from Truman to Reagan（Chicago：University of Chicago Press，1985）；A. F. K. Oragnski，The $36 Billion Bargain：Strategy and Politics in U. S. Assistance to Israel（New York：Columbia University Press，1990）。

② John J. Merrsheimer and Stephen M. Walt，“Is It Love or the Lobby? Explaining America's Special Relationship with Israel”，Security Studies，18，2009，p. 58.

③ Abraham H. Foxman，The Deadliest Lies：The Israel Lobby and the Myth of Jewish Control（Palgrave Macmillan，2007）.

④ 详见杰罗姆·斯莱特网页，www. jeromeslater. com。

究侧重犹太政治势力的形成与历史沿革；二是政治学界，研究侧重于从利益集团政治理论的角度对犹太政治势力进行个案研究；三是国际关系或外交学学者，侧重于研究美国中东外交政策，犹太利益集团被作为影响美国外交决策进程的因素来研究。

（二）中国的美国犹太社团研究

中国的美国犹太社团研究起步较晚，这与中国犹太研究总体起步晚有关。新中国建立后到改革开放前，犹太研究几乎停断。20 世纪 80 年代末到 90 年代初，文学领域，历史学领域逐步出现犹太研究的引介性作品。如潘光的《古代犹太国家兴亡记》、余崇健的《从犹太复国主义的兴起到以色列国的建立》[①] 等，1986 年，阿巴·埃班的《犹太史》被西北大学阎瑞松翻译进中国，对于中国学者了解犹太历史和进一步展开犹太研究有比较大的推动作用。20 世纪 90 年代前后，中国比较规范的犹太研究机构陆续建立，如上海社科院犹太研究中心、南京大学犹太文化研究所、山东大学犹太文化研究所（现为“犹太教与跨宗教研究中心”）等陆续建立，为中国的犹太研究提供了非常好的平台。伴随学者们研究的日益深入，美国犹太社团及其政治动员活动渐渐进入研究视野。20 世纪末到 21 世纪初，国内美国犹太政治研究的作品一部分重在美国中东外交政策分析，同时对美国犹太社团与外交决策间的联系有所触及；[②] 另一部分作品属于犹太利益集团或美国犹太群体的专门研究，犹太政治势力与外交政策间的有机联系则很少论及。[③] 总体而言，早期作品对美国犹太人的历史与文化、犹太利益集团的成因、表现及影响、犹太人在美国的成功经验等进行了引介，具有开创性意义。这些研究为我们了解美国的犹太社团、美国的集团政治以

---

① 潘光：“古代犹太国家兴亡记”，载《历史知识》，1984 年第 1 期；余崇健：“从犹太复国主义的兴起到以色列国的建立”，载《西亚非洲资料》，1984 年第 18 期；阿巴·埃班著，阎瑞松译：《犹太史》，中国社会科学出版社，1986 年版。顾晓鸣：《犹太：充满悖论的文化》，浙江人民出版社，1990 年版。

② 例如：陈双庆：“美国犹太人对美中东政策的影响”，载《现代国际关系》，2002 年第 6 期；郝斋田：“美国犹太游说集团对国会及美国中东政策的影响”，载《首都师范大学学报》，2006 年第 2 期。

③ 潘光：“美国犹太人的成功与犹太文化特征”，载《美国研究》，1999 年第 5 期。

及美国外交政策制定的过程提供了重要参考，缺点在于描述性、知识性引介为主，有些属重复之作。21 世纪以来，互连网、电子图书馆的普及，海外学术交流的增多，为国内犹太研究的深入提供了重要条件。上海社科院犹太研究中心欧亚所潘光、汪舒明等一些学者对犹太政治与文化展开了深入而持续的专业性关注，[①] 山东大学、复旦大学、中央党校等高校出现了一批高质量的相关博士论文，[②] 一批深入研究犹太政治与外交的著作相继出版，[③] 这些最新研究在外交档案、宗教文献、统计资源的借重上远超前人，立论和论证的逻辑严谨度优于以往作品。但这些研究也存在一个不足，即研究时段多集中于冷战以前，对美国犹太社团的最新发展变化较少论及。本研究针对这些不足，将研究时间段放到冷战结束后，旨在探析美国犹太利益集团的结构性变迁，外交政策诉求的部分转变及其对美国中东外交政策的新影响，从而指出中东和平进程可能的发展路径。

三、本书内容与结构安排

作为非本土话题的研究，本书的首要任务是在绪论部分交代清楚研究缘由、现状与意义。巴以争端是当今世界持续时间最久的国际热点问题，冷战时期，大国角力其间，小国孤立无援，寻找依靠力量，现实主义权力政治、地缘政治因此被看成是最有说服力的解释地区争端和冲突的工具。冷战结束后，中东地区紧张局势并没有得到实质缓和，很多人将原因归咎于美国对以色列的坚定支持。而在这部分人看来，促使美国支持以色列的

① 罗爱玲：“美国犹太人及其对美国文化的影响”，载《世界民族》，2004 年第 4 期；汪舒明：“美国犹太人的自由主义和保守化”，载《世界民族》，2008 年第 2 期和第 4 期。赵建明：“美国犹太组织和奥巴马政府对伊朗的政策”，载《美国研究》，2011 年第 3 期。

② 唐立新：《现代美国犹太政治研究》，中央党校 2007 年博士论文；逄媛宁：《犹太性与美国化：怀斯与美国犹太教》，山东大学 2010 年博士论文；杨阳：《以色列和美国犹太人关系研究》，上海外国语大学 2010 年博士论文；汪舒明：《大屠杀记忆和美国外交》，复旦大学 2011 年博士论文。

③ 潘光、汪舒明、罗爱玲主编：《犹太人在美国：一个成功族群的发展和影响》，时事出版社，2010 年版；刘军：《美国犹太人：从边缘到主流的少数族群》，云南大学出版社，2009 年版；李爱慧：《文化的移植与适应——东欧犹太移民的“美国化之路”》，光明日报出版社，2010 年版；孙晓玲：《犹太利益集团与美国中东外交政策（1967—1984）》，团结出版社，2009 年版；汪舒明：《大屠杀记忆和美国外交》，时事出版社，2013 年版。

主要因素是美国强大的犹太势力，他们依靠雄厚的财力、强大的犹太组织，利用美国政治制度框架，成功游说美国政府偏袒以色列，这是中东乱局久拖不决的主要原因。历史进入 21 世纪后，美国在新世纪的最初十年深陷中东的阿富汗战争和伊拉克战争。在对战争的反思中，有研究认为是美国的犹太势力将美国拖进中东战争的泥潭。特别是在米尔斯海默等人的书出版发行之后，这种声音尤为响亮。中国对美国中东政策的观察与政策判断，亦容易受这类观点影响。美国犹太人被部分中国媒体、甚至是学者解读成能对美国中东外交政策发挥决定性影响的国内力量。这种解读看似干净有力，实质却充斥着简单化的谬误，它严重忽视了美国犹太社团的最新变化，也忽视了以色列政治风气的变化和美国国家利益追究的变迁，因此有必要在研究上做仔细的研究与纠偏。

基于以上的目的，本书第一章，笔者把研究重点放在近 20—30 年美国犹太人的结构性变迁。从犹太研究最充满争议的话题——谁是犹太人入手，厘清当今美国犹太人的包含范围，从边缘犹太人到核心犹太人，无不体现出移民流散、社会发展以及宗教运动对犹太族群存继和发展的影响。然后是第一章的重点——美国犹太人的社会性变迁。主要围绕六点展开：

第一，犹太教派上的变迁，改革派与保守派已经成为美国犹太社团的主要教派，正统派仅占 8%。改革派在宗教改革中比较宽容，支持社会融合，因而深受年轻犹太人和具有自由主义理念的犹太人的青睐。保守派虽在犹太教的遵循上相对保守持重，但是他们和自由派一样关注以色列的安全和福祉，主张推动中东和平进程。正统派所占比例较低，但是近年来，人口在不断增长，既有正统派出生率高的因素，也有部分犹太人因不满过于自由化的社会，而转向寻求犹太正统的因素，这是一个值得注意的新变化。正统派是犹太复国主义的坚定支持者，古老的“大以色列”是他们的追求，因此在阿以争端上态度强硬，他们是以色列右翼的美国盟友。

第二，世俗犹太人现象。近些年来，伴随美国的世俗化趋势，犹太人的世俗化也增强了，不信犹太教而仅仅保留犹太性的犹太人成为一个新现象，“世俗犹太人”成为他们特有的名称，就其他宗教来说，一旦教徒不信教，就转化为普通民众，而无“世俗穆斯林”、“世俗基督徒”之说。世俗犹太人仅是文化意义上的犹太人，他们对于以色列和阿以争端采取相对超脱的态度，也更能突破信仰束缚来看待评价这些冲突。

第三，代际差异。饱有纳粹大屠杀记忆和受父辈影响比较深刻的战后“婴儿潮”一代均已老去，在美国出生的新一代犹太人已经成为美国犹太人的主力军，他们对犹太家园有着和父辈不一样的归属意识。老一辈犹太人深受“反犹太主义”之害，对以色列的归属和责任意识更强，而新一代犹太人与美国社会融合更深，他们关心以色列的命运，但是更关注如何加强美国犹太社团的建设和在美国传播犹太文化。与老一辈犹太人危机感强烈的“生存主义”哲学相比，新一代犹太人受教育程度更高，思想上更为自由、包容，不满足于“部落主义”，他们关注从以色列安全到环保、人权等世界领域的诸多话题。

第四，异族通婚。异族通婚以极快的速度打破了犹太传统上的内婚制，20世纪中期，犹太人的异族通婚率还不到7%，到2000年前后，已经达到50%。很多异族通婚家庭不按犹太方式抚养子女，有人将“异族通婚”看成一场“无声的大屠杀”。家庭是犹太社区的基石，异族通婚对美国犹太社团的削弱是一个不争的事实。

第五，社团组织方式变迁。不婚、晚婚、丁克、双职工、城郊通勤等现代生活方式缓慢解构着传统犹太社区，犹太人的会堂和社区活动较前弱化。互联网世纪则加强了犹太人的“非中心化”，物理空间上的亲近已经不是十分必须。

第六，内向化趋势。美国犹太人对美国犹太社区的发展前景的关注越来越高，希望把更多的资金用于自身的建设与发展，这一定程度上挑战了犹太社团的“以色列为主”的关注顺序。

同化是每个移民群体不得不面临的挑战，美国给予犹太人的宽容生活氛围，加上现代社会生活方式，加速了美国犹太人的多维度的复合同化。是坚持还是同化？是保持传统还是适应现代？是虔诚还是世俗？是与母国以色列同呼吸还是跟美国一起捍卫国家利益？所有这些问题都在挑战着犹太人。这些问题上的思考，解构着外界传言中的“犹太力量”，一定程度上造成了美国犹太人自由主义和保守主义的价值分野。

美国犹太人的社会性变迁、以色列国内政治生态的变化，必然导致美国犹太人与以色列关系的新变化，这是本书第二章阐述的内容。一段无人能够否认的历史是：以色列是在美国犹太复国主义者和美国政府支持下建立的国家，二战结束前后，犹太复国主义者的广泛游说对于美国做出支持以色列建立的决定起到了一定的作用。作为犹太人的母国，以色列对美国犹太人有强烈的亲近感。但冷战结束以来，美国犹太研究界关于美国犹太人以色列亲近感的发展趋势却有着两种截然不同的观点。一类以著名犹太学者斯蒂芬·M. 科恩（Steven M. Cohen）为代表，他们在2007年发表调研报告，认为近几十年来，美国犹太人，尤其是犹太年轻人和异族通婚者以色列疏离感增强了，未来这个趋势会加强。相较于科恩的悲观预测，美国布兰代斯大学的西奥多·赛森（Thedore Sasson）的调查，则根据AJC的调查数据得出不同的观点，认为近30年来，美国犹太人对以色列的亲近感仍然稳定维持在一个比较好的高位。这在美国学界引发了很多跟进的探究，比较来看，两份调研的样本选择上有差异，赛森主要的受访者以核心犹太人为主，而科恩的调研更为广泛，而结合犹太人在美国的社会性变迁，科恩的调研说服意义更大。

犹太人对以色列亲近感的弱化，直接后果是美国犹太人的“以色列中心主义”思维模式受到撼动。“以色列中心主义”形成于第三次中东战争前后，以色列在对抗阿拉伯包围过程中展现出的英勇气质激发了美国犹太人极大的民族自豪感，“以色列”成为美国犹太社团最流行而荣耀的符号，保卫以色列跻身美国犹太社团最神圣的使命。与此同时，“六·五战争”令美国注意到以色列在冷战中战略价值。在此背景下，美国犹太人可以顺理成章地将支持以色列和美利坚爱国主义有效结合起来。美国犹太社团对美国政府的亲以游说兴盛而且成功。但是这种令人振奋的民族团结，却在最近20—30年间悄然发生着变化，美国犹太社团的“以色列中心主义”出现了弥散化现象。表现在美国犹太社团和以色列之间在以下几大方面出现了各自的相对独立的思考。首先是《回归法》和“皈依危机”，宗教党日渐渗透的以色列政府主张，只有母亲是犹太人的或在正统派拉比主持下的皈依者才能被算是犹太人。美国犹太人，尤其是自由派和保守派感到以色列的规定伤害了他们的犹太情感与身份。接着是关于中东战争，冷战结束前，美国犹太人和以色列同仇敌忾，认为以色列在阿拉伯世界的战争是以色列维护生存的必要手段，但是冷战结束前后，以色列在黎巴嫩战争、加沙战争、对待巴勒斯坦人大起义中表现出的进攻性，让美国部分犹太人怀疑战争的正义性，部分犹太人的态度开始向和平主义转变，他们成为中东和平进程的重要支持力量。对待中东和平进程，正如以色列社会左右翼分歧严重，美国犹太社团同样存在支持和反对派，而且犹太社团的左翼坚持认为谈判解决巴以争端，是最有利于以色列的方式，他们的立场相对独立于以色列政治。即便在21世纪初，以色列右翼长期雄霸于以色列政坛，也未影响到他们的观点。除了政治观点上的相对独立外，冷战后，伴随国际形势的缓和，美国犹太人中的自由派和保守派希望美国犹太社团和以色列犹太社团维持一种相对平等的关系；冷战前，美国犹太人几乎是“唯以色列马首是瞻”，但是宽松的国际环境下，美国犹太人希望世界两大犹太社团能够平等相处，对以色列习惯式的以“家长”自居的相处方式越来越难以认同。以色列右翼政府的保守立场还引发了美国犹太人关于以色列是否是民主国家的争论，以色列自认为是中东的民主灯塔，但是以色列右翼政府对外，特别是在阿以争端中的强硬进攻政策，对内在婚姻自由、妇女权益、宗教皈依等人权上的保守举措，让部分美国犹太人感到不适。总之，美国犹太人对以色列仍旧亲近，但是支持面开始收缩，以色列已成为部分犹太人口中的“他们”，而非是20世纪60—70年代期间亲密的“我们”。

美国犹太人是美国犹太社团的重要组成部分，美国犹太人的社会性变迁，特别是与以色列亲疏关系的变化，必然导致美国犹太社团的亲犹太、亲以色列游说发生较为明显的嬗变。本书第三章分析了美国犹太组织的属性、构成与当前主要派别。如同“犹太人”是难以界定的难题一样，“美国犹太游说集团”也是一个核心容易确定，而外延难以框定的概念，它更多的是一个“速记式的方便使用的标签”，用以代指那些通过各类社会活动塑造美国亲犹亲以色列政策的有影响的个人或组织，是相对松散的利益联盟。它依照美国政治制度合法地产生、合乎程序地开展政治游说。美国犹太组织大型的有400余个，小型的遍及基层各个犹太社区，且有各自不同重点的犹太使命。历史上，有些组织曾经站在犹太复国主义的对立面，但纳粹大屠杀的惨痛教训，令犹太组织一度将亲犹太、亲以色列游说作为核心使命，犹太精英式的“静悄悄外交”曾经创造不少政治奇迹。最为著名的莫过于杜鲁门的好友，犹太人爱德华·雅各布森（Edward Jacobson）对杜鲁门支持犹太人，承认以色列的重要影响。

当前，明确标明与以色列相关的犹太组织约占三成，间接参与犹太游说的几乎包括所有组织。他们分属不同的类别和派别。从类别上，美国犹太组织分为传统组织和新兴犹太组织。传统组织历史悠久、成员众多、精英领导、观点持重，是亲以色列游说主流力量；新兴犹太组织，年轻、有活力，崇尚民主的组织方式，以基层民意代言人自居，希望用更为公正、更有利于世界和平的方式影响以色列和美国的中东政策。

从横向的内涵比较来看，当前美国犹太游说组织，因美国犹太人的社会性变迁，在亲犹太、亲以色列游说方面呈现出左、中、右等派别分化发展的趋势。由于有些组织处于派别转化的过程中，因此报告将犹太组织实际细分为五派：极左派、左派、中派、右派、极右派。犹太组织各派在阿以争端上有着不同的看法。这些问题主要集中于：犹太定居点、巴勒斯坦建国、与巴勒斯坦各派别、以色列的敌人展开对话的条件、是否支持中东和平进程等等。中派是美国犹太组织中的传统主流，成员组织最多，以维护美以友好关系、保证以色列安全为己任，左派主要由新兴自由派犹太团体构成，反对犹太定居点建设、主张巴以双方谈判解决分歧，构建中东和平框架。右派是“大以色列”的狂热支持者，反对在定居点问题上做出让步，同时反对巴勒斯坦建国，主张坚决不与以色列的“敌人”谈判，认为打击他们是最直接有效的策略。

犹太右翼成员和组织虽然数量不多，但是他们有一个比较大的盟友——美国基督教福音派，要了解美国犹太亲以集团就必须了解近几十年来最突出的一个现象——犹太右翼与基督教福音派的联盟。基督教福音派出于宗教理解将以色列国的存在，看成是基督复临的前提，因而成为美国最坚定的支持亲以色列的力量。严格意义上说，福音派并非亲犹太的组织，成员主要为基督徒，而非犹太人，其信仰的阶段性目标——亲以色列，与美国犹太人的最终目标具有一致性，被部分犹太右翼成员看成是战略盟友，当然这必会招致美国自由派和保守派犹太组织的不满。了解美国犹太组织的分类，需要廓清基督教福音派和美国亲犹太游说之间的区别，若混淆不清，就极易将美国亲以色列的政策动因都归咎于犹太团体的游说与政治影响，造成美国犹太社团战无不胜的神话。

美国犹太人的社会性变迁、美国犹太组织的分化直接体现在对美国中东外交政策的影响上。在第四章，本书按照时间先后顺序论述了犹太亲以游说组织影响美国中东外交政策的过程，从老布什政府一直到奥巴马政府的第一任期，历时20年。冷战刚刚结束时，主流亲以犹太组织继续以往的“以色列中心主义”立场，结果和老布什所维护的美国国家利益相冲撞，同时招致美国新兴犹太组织的不满。克林顿时期，应对冷战后的缓和，白宫与以色列工党政府一起启动了中东和平进程，美国犹太组织对美国政府的立场呈现出分化态势，犹太主流组织立场是：表面上积极支持中东和平进程，实质上有所保留。犹太左翼公开支持政府去推动阿以双方“以土地换和平”，可惜克林顿政府未能把握国内犹太游说组织分化而造成压力真空，去坚定地给以色列右翼施压，结果反而向犹太权势精英和犹太右翼妥协，奥斯陆和平进程失败。小布什时期，受“9·11”事件的影响和保守派福音主义的推动，美国社会保守氛围浓重，在克林顿时期受到压制的犹太右翼联合共和党新保守势力卷土重来，中东和平进程不但毫无进展，反而出现了倒退，犹太左翼的发展受到很大限制。作为对克林顿政策的回应，力求在中东政策上有所突破的奥巴马，将改变的希望寄托于犹太左翼，在巴以问题上推动和谈，虽然未能完全突破犹太精英和保守派右翼的围堵和打压，但是已给犹太左翼真正影响美国外交的首秀。在此过程中，左翼的软弱性和面临的困难一览无余。

近20年来，犹太亲以游说的分化与左右翼分裂，看是政策立场上的区别，究其实质来看是美国犹太人寻求实现犹太复国主义使命的新探索。作为有着自由主义传统的美国犹太人，如何通过族群合作，才能在美国发挥影响，实现犹太复国主义？就效果来说，既能关怀到以色列，又能实现犹太复国主义的诉求，同时不会造成双重忠诚？在最后一章，我们从历史和理论两方面来考察了美国犹太亲以组织的探寻之路。历史来看，早在20世纪20—30年代，美国犹太人就找到了美国犹太复国主义这一条路径，可惜，冷战期间，犹太社团的精英式领导已使它沦落为僵化的“以色列中心主义”集团。冷战后，国际环境日趋宽松，同化程度日渐增高的美国犹太新兴组织和犹太左翼，开始思考传统犹太社团组织方式的弊端和影响，它们主张复兴自由主义来实现犹太复国主义，即以和谈及和解，尊重阿以双方自由民主和生存权利的方法解决巴以冲突，这是未来中东走向和平的一个极为可能的路径。

本书最后一部分为结论。作为美国少数族群组织，美国犹太游说团体不仅要受到外部变迁的影响，而且还要应对内部变化和改革的呼声。冷战后，当以色列和美国国家利益发生变化，甚至出现分歧时，美国犹太亲以团体的中东游说变得日益艰难，内部关于游说指导思想和方法路径的分歧逐渐外化，“一个声音说话”的传统、“以色列中心主义”思维均受到不可遏制的挑战。而其影响中东政策的成效也越来越不像一贯传说的那样神奇，美国中东政策的国家利益中心特色变得日益明显。

四、本书的研究方法

社会调查法。利用访学机会，笔者走访了美国佛罗里达州中北部犹太社团和犹太组织，了解犹太社团状况，采访犹太拉比和学者、信众，了解犹太社团最新发展变化，获得第一手研究资料，为论证提供实据。

数据研究法和图表法。充分研究美国犹太数据银行、美国犹太人调查数据，展开分析对比，列出图表，直观反应调查结果或发展趋势。查阅历年《美国犹太人年鉴》，了解美国犹太人发展史及其政治参与情况，通过对比分析，透析美国犹太人的发展历程和变迁路径。登录美国国会研究网站、美国国务院网站，专业犹太组织网站，获取有关外交信息资料、社团组织资料，展开系统分析整理。

理论研究与案例研究相结合的方法。将美国民主政治理论与美国犹太社团参与政治的方式结合起来，展开研究，既有归纳也有总结，利于从更深刻层面理解集团政治对美国外交的影响。

五、本书的创新之处

本书最大的亮点，在笔者看来是研究内容上的突破。结合犹太社团的最新变化来研究其对美国政治外交的影响，有助于突破以往族裔研究、利益集团个案研究易将某个族裔、某类利益团体作为常量看待的弊端，更有助于反映族群研究和游说政治的复杂性。对比美国犹太社团在冷战前后的表现，可以更清晰地展现出美国中东外交，尤其在巴以问题上的利益追求和可能的政策走向。

其次在研究方法上，本研究有部分第一手采访资料。在佛罗里达大学期间，笔者走访了像中北部佛罗里达犹太委员会（Jewish Council of North Central Florida）、圣约之子会（B'nai B'rith）、查巴德（Chabad）犹太学生组织、ZBT 青年犹太人联谊会等，访问了多位美国和以色列犹太学者。笔者和佛罗里达大学的犹太师生有较近距离的接触，有机会就各种相关问题了解他们的观点，并就某些问题展开争论，这样的田野调查为论证和丰富本研究提供了实证研究。

对美国比较权威的数据库资料展开分析研究，利用了美国国会研究报告、犹太银行数据库、美国犹太虚拟图书馆、佛罗里达大学犹太图书馆，对研究中涉及的对象有实际采访与数据比照。对美国最新的相关研究进行了阅读、分析、探究与引进。

研究立场相对公允。世界上绝大多数研究犹太游说与美国中东政策影响关系的作品出自犹太人、基督教福音派教徒、美国人和以色列人之手，本人并非犹太人，也没有犹太教或其他宗教信仰，与美国无直接利益关系，因此可以相对超脱地从第三方的视角来做不带感情色彩的解读。①

六、需要说明的方面

本书研究的内容属于跨学科领域，涉及的面比较广泛，研究的问题比较复杂。主要体现在：第一，研究主体比较复杂。什么是犹太人争论了数

---

① 对于学术研究是否受到学者个人身份角色的影响，笔者曾采访过多位国内外学者，他们认为学者是社会关系中的人，因此社会身份或多或少会对其研究产生影响。著名犹太学者乔纳森·D. 萨纳（Jonathan D. Sarna）在其作品《美国犹太教史》中谈到这一问题时说，自己尽量做到不受身份的影响。“尽量”一词足可以看成其在刻意规避可能存在的倾向。而笔者的导师、佛罗里达大学杰出教授肯尼斯·D. 沃尔德则坦承，犹太身份对学术的影响客观存在，无法回避。读者只有广泛接触各类研究，才能在比较中确立自己的独立判断。

千年，什么是犹太游说，它的内涵和外延应该包括哪些方面，伴随历史变化又有不同的认定。第二，宗教与美国政治外交的关系无论在中国还是在美国均属于显学，因为宗教的流派及其理论复杂隐晦，大国政治外交又伴随更大的可变性，宗教对外交的影响方式通常不像权力影响那样直接而明显，这就造成研究者难以抓住问题关键。第三，中东问题纷繁复杂，大国利益和小国诉求纠结在一起。而本研究在论述时，既要厘清中东问题发展的脉络，又要论及犹太教以及犹太亲以社团如何透过美国民主决策机制对中东政策施加影响，困难较大，连笔者的指导老师佛罗里达大学肯尼斯·D. 沃尔德都觉得本研究是个很好的设计，但驾驭难度相当之大，一两年的投入根本不够，需要持续的研究方能拔云见山，窥见一般性规律。第四，一般来说，研究的问题越接近现当代，所能依靠的论证材料越少。本研究的时间段为最近 20 年，研究内容是美国犹太社团的变迁及其对中东政策的影响。虽然犹太社团研究已积累了比较好的经验，但是外交研究佐证材料方面，除国会研究中心的材料、媒体报道、当事人回忆录、总统传记等之外，外交电文、信件很多属于机密，这一定程度削弱了本研究的可信度。但与此同时也为进一步研究提供了更广泛的空间。历史研究界经常有这样的论断，什么问题放个 50 年到一个世纪，才能更接近历史本来的面目。美国犹太亲以社团和美国中东政策间关系的研究亦是如此。

最后，犹太群体的内向性和对反犹主义的敏感，客观上给采访与研究带了比较大的难度，另外，美国犹太人对于一个中国人了解他们的政治游说活动比较敏感，接受采访时，有一些保留。与政治游说相比，犹太人更愿意谈犹太人对慈善以及美国文明的贡献，这固然是真相，但是与课题的研究还存在一定距离，这为笔者了解实际情况带来了困难。

第一章 美国犹太族群的发展与结构变化

美国一贯号称为“熔炉”，美国社会与几十年前相比发生了巨大的变化。主体的“盎格鲁—萨克森”民族人口占全国人口的比例正逐渐下降，与此相伴生的是，种族、民族、宗教的多元化和整个社会的世俗化日益明显。利益多元化和价值多元化的影响是，人们很难用一个统一的标准来涵盖国家或某一民族的特定诉求，相关政策制定由此易陷入到多元民主的困境，国家有效治理的难度加大。在特定种族或民族方面，同样呈现出次级多元化倾向。美国犹太社团就是一个突出的例子。曾几何时，“共同的犹太背景，对犹太复国主义思想的同情，从小到大接受的犹太教育，内婚制，齐心协力帮助海外受苦的犹太社团，反对反犹主义偏见”① 是美国犹太人的共同故事，但是今天犹太社团正面临较大的变迁。研究这些变迁是研究美国犹太政治影响变迁的重要前提。20 世纪 80 年代，美国著名犹太学者切姆·韦克斯曼批评美国犹太历史学和社会学研究中存在一个较为普遍的弱点，即经常在真空状态下研究美国犹太人究竟发生了什么，似乎美国犹太人是完全不跟外界接触的局外人。② 仔细观察一下中国的美国犹太游说研究，又何尝不是呢？包括笔者以前的研究在内，不少作品同样存在类似的弊端，即容易将犹太人作为一个客观常量去展开国际关系、历史学和社会学探讨，忽视了真正的客观现实：犹太人是社会谱系中的犹太人，

---

① ［美］雅各·瑞德·马库斯著，杨波、宋立宏、徐娅囡译，徐新校：《美国犹太人 1585—1990 年：一部历史》，上海人民出版社，2004 年版，274 页。

② American Jewish Year Book，2000，pp. 112 – 113. 引自美国犹太人委员会的电子档案库，http：//ajcarchives. org. /main. php？GroupingId = 40；Chaim I. Waxman，America's Jews in Transition，(Philadelphia：Temple University Press，1983)，Introduction，XV。

犹太人是社会关系中的犹太人，它一直在“生存主义”和“同化融合”中探询自己的种族、民族和国民定位。

第一节 谁是美国犹太人

犹太人是世界上历史最悠久的民族之一，“犹太教”曾经是，现在也是维系犹太人的最重要纽带，即信奉犹太教的人是犹太人。然而这种界定简单方便却不严谨。数千年来，犹太人在世界各地流散居住，与当地住民通婚联姻，他们在肤色、人种、语言、服式、风俗等方面均呈现出令人迷惑的多样性，“犹太人作为一个民族的文化整体出现了不同程度的‘流失’和‘流离’”，在流散过程中，犹太教也出现了派别林立的状况，令情况更为复杂的是，犹太人或犹太后裔改信其他宗教或根本就属于无神论者的也不在少数，20 世纪不少欧洲和苏联犹太人便是如此。那么如何判定一个人是犹太人呢？本来根据犹太教律法《哈拉卡》（halakhah）的规定：一切皈依犹太教的人以及由犹太母亲所生的人都属于犹太人，将宗教意义和民族意义上的两大类人均包含在内。这一界定看上去意思很明确，但是放在犹太人的历史演进中，其实争议极大。美国犹太史学者萨拉说，（对“犹太人”）做一个明确的界定既困难又难以实现，犹太人内部则争论不休。[①] 以犹太人的两大分支——以色列犹太社团和美国犹太社团的争议最具代表性。以色列《回归法》认定，母亲是犹太人的人，或在正统派拉比主持下皈依犹太教的人是犹太人。犹太教少数派——卡拉派（Karaism）则认定父亲是犹太人的人是犹太人。以色列改革派和自由派则认为只要父母亲中有一方是犹太人并按照犹太风俗来抚育孩子，他们的子女就是犹太人。美国正统派和保守派犹太人多采用以色列《回归法》的认定。而占美国犹太人口多数的改革派和自由派犹太人则比以色列的自由派和改革派更为自由与宽容。比如北美犹太联合会（The Jewish Federations of North America）2001 年进行全国犹太人口调查时，对犹太人的界定是：（1）所信宗教是犹太教

---

① 刘洪一：《犹太文化要义》，商务印书馆，2004 年版，第 22—29 页。

的人；（2）没有宗教信仰，但父母中至少有一位是犹太人的人；（3）没有宗教信仰但接受犹太教育或犹太文化的人。有其一便是。① 这样宽泛的犹太人定义，反映了美国犹太人的世俗化倾向。在现实生活中，美国很多犹太人在界定自己身份时，宗教重要性并不占首位，他们更习惯依据种族和历史将自己界定为犹太人。

根据美国宪法政教分离的原则，美国国家统计局禁止在全国性人口调查中涉及宗教类内容，所以就国家层面，并没有权威的犹太人口统计数据。目前在美国有关犹太人口的统计，较为可信的是三大机构的调查数据。一是在"犹太同盟委员会"（Council of Jewish Federation）赞助下进行的全国犹太人口调查（NJPS）。1990 年夏天，他们调查的犹太人口数为551.5 万人（误差率为正负 3.5%），包括在宗教上、种族上将自己界定为犹太人的人，还有出生时是另外一种宗教，后皈依犹太教的人。② 2000 年到 2001 年该机构的调查数据为 520 万，比 1990 年略有下降。③（详见表 1）美国犹太人口占美国人口的约 2%。

表 1 犹太人口与家庭数量统计图（估值）

项目 \ 年份	2000—2001	1990
犹太人口总数	520 万	550 万
犹太家庭总数	290 万	270 万
每户犹太家庭犹太人口数	1.8 人	2.0 人
每户犹太家庭的人口数	2.3 人	2.4 人
犹太家庭人口总数	670 万	660 万

数据来源：http：//www. jewishfederations. org/page. aspx？ id =46184。

另一个数据来源于北美犹太数据银行（NAJDB），该机构每年进行地

① NJPS2000 年报告原文在北美犹太银行网站上，详见 http：//www. jewishdatabank. org/national. asp。

② NJPS1971、1990、2000 年报告原文在北美犹太银行网站上，详见 http：//www. jewishdatabank. org/national. asp。

③ http：//www. jewishfederations. org/page. aspx？ id =46184.

方性犹太人口估测，调查与真实情况误差较大。1990年，他们认为犹太人口有598万，与NJPS相差8.5%。2012年，估计犹太人口超过600万。[①]“美国犹太人委员会”也会在参照NJPS数据、或与NAJDB合作，给出他们的数据。2006年，他们估计美国犹太人为640万，2008年为648万，[②]比NJPS多出100多万。该组织自认为可能高估了犹太人口数，但认为NJPS则低估了数量，原因是NJPS没有考虑某些候鸟型犹太人（大约12%的犹太人在不同州交替居住），还有大学校园里的犹太大学生，美国犹太人委员会统计时，他们有可能被重复计算了，而NJPS在这方面，做得比较严格，但也存在遗漏统计的情况。[③] 2012年，AJC《美国犹太人年鉴》则根据界定的不同，发布了两个犹太人口统计数据，一类被称为“核心犹太人口（Core Jewish Population），指那些自认是犹太人的人、或被看成是犹太人且不信其他一神教的人。美国总数为542万，以色列为590万。这一界定把那些不信犹太教，但在种族或在文化方面视自己为犹太人的人、皈依犹太教的人包括进来。相反那些父母为犹太人但已信奉其他一神教的不在其内。

另一类统计标准是“当代犹太人口”（Contemporary Jewish Population），在“核心犹太人口”（如图1深色部分）基础上，把以色列《回归法》定义下的犹太人，无论其自身是否认为是犹太人，其中除去已信其他宗教的，同时还算上了犹太家庭内的所有成员，以及有犹太祖先的人，美国犹太人数因此要增加200多万。[④] 以色列犹太人口稍有增加，但没有美国幅度大。由此可见，美国犹太人口的统计数据差距还是比较大的。这些差距有统计过程中的方法差异、统计误差，更有因统计标准而产生的差异。犹太人口统计，本身也反映了美国犹太人深受“美国犹太人是谁”的界定困扰。关于美国是世界第一大还是第二大犹太社团，从犹太数据银行

---

① http：//www. jewishdatabank. org/PopulationStatistics. asp.

② Jewish Population，2006，American Jewish Year Book，Vol. 106.（2006），p. 135. Jewish Population in the United States，2008，American Jeewish Year Book，Vol. 108.（2008），P. 156. http：//ajcarchives. org. /main. php? GroupingId = 40.

③ Jewish Population，2006，American Jewish Year Book，Vol. 106.（2006），p. 135.

④ World Jewish Population，2012，Mandell L. Published by Berman Institute-North American Jewish Data Bank，pp. 9 – 12.

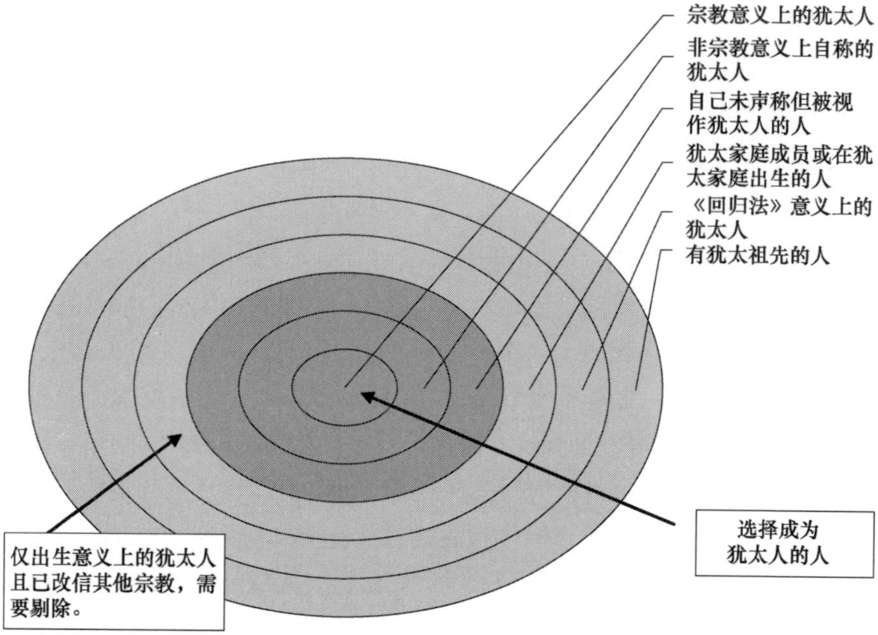

图1　“现代犹太人口”构成图

资料来源：World Jewish Population，2012，Mandell L. Published by Berman Institute-North American Jewish Data Bank，p. 12. 图表改制。

的数据来看，似乎两者难分上下。但是就一般而言，国际社会还是更认定“核心犹太人口”，由此，以色列被认定为世界第一大犹太社团，美国仅距其后，差距有多大，其实并无确证。再有，美国边缘犹太人口大大多于以色列同类人口，也反映了同化和融合在美洲大陆对犹太人的巨大影响。

第二节　美国犹太人的社会性变迁

历史来看，犹太人的流散过程通常伴随移民文化和东道国文化的碰撞，有时它们会以激烈的方式呈现出来，比如：隔都居住、排犹运动、反犹主义、犹太大屠杀等。幸运的是这类碰撞在美洲大陆力度相对较弱，美国犹太档案馆马库斯中心执行主任盖里·菲利普·佐拉博士在回顾美国犹太社团建立350年历史时，认为："正如那些永久地定居在中国开封的犹太人一样，美国犹太人发现他们选择的土地基本上是一个热情好客的社会。"[①] 美国在犹太流散史上扮演的主要角色是庇护所、锡安和家园。美国还是世界上最先给予犹太人公民权的国家！

犹太人在美国遭遇的阻力较小固然是好事，却潜伏着同化或世俗化的风险。[②] 200多年来，世界各地汇集到美国的犹太人为了更好的生存，选择尽量融进美国社会，他们创造出有别于其他地区的新犹太人，即从1925年起开始浮现的美国犹太人。20世纪，世界最突出的变化是传统与现代之辩，现代工业化社会对犹太传统的解构日渐明显。这也就是为什么著名犹太学者、犹太重建派领袖摩迪凯·开普兰（Mordecai Kaplan）称："现代性是犹太人，同时也是犹太教的主要危机。"[③] 他的担忧在21世纪初得到纽约市立大学副教授彼得·本尼特（Peter Beinart）的应和，在其专著《犹太复国主义危机》一书中，他认为美国犹太人面临两大挑战，其中第一大挑战就是"美国犹太人该如何保持犹太性，因为美国是个很容易让犹太人停止做自己的国家"。[④] 跟踪美国犹太社团研究多年的学者几乎无人否认美国犹太人正处在迅速变化的时代。与200多年前早期移民美国的塞法迪（Sephardim）犹太人相比，与100多年涌进美洲大陆的阿什肯纳齐犹太人（Ashkenazim）东欧犹太人相比，他们的后裔无论在对犹太教的理解与认同、犹太教派选择、犹太组织构建，还是在犹太人与犹太人、犹太人与非犹太人、犹太社团与美国政府、犹太社团与以色列关系等方面都处在转变和争议之中。因此，犹太神学院的杰克·魏特墨教授认为当今美国犹太社

---

① ［美］雅阁·瑞德·马库斯著，杨波、宋立宏、徐亚囡译，徐新校：《美国犹太人1585—1990年：一部历史》，上海人民出版社，2004年版，中文版序言第12页。

② Roberta Rosenberg Farber and Chaim I. Waxman, ed, Jews in America: A Contemporary Reader, (MA: Brandeis University Press, 1999), p. 2.

③ ［美］阿诺德·艾森（Arnold Eisen）《对开普兰的〈犹太教〉重新评价》，载摩迪凯·开普兰著，黄福武张立改译：《犹太教：一种文明》，山东大学出版社，2002年1月第1版，第3页。

④ Peter Beinart, The Crisis of Zionism, (New York, NY: Henry Holt and Company, LLC, 2012), Introduction.

团的多元化前所未有。①

一、教派与人口比例变化

犹太人内部最根源性的变化是对犹太教的理解。在犹太教数千年的历史发展过程中，犹太人基本自成一体，以社团自治的方式在世界各地区生活。但是启蒙运动、法国大革命对犹太社团的冲击，则在犹太人内部产生了革命性的想法。此外，捍卫传统的哈西迪运动以及19世纪末至20世纪上半叶的犹太大移民，使犹太社团对犹太教的基本理解发生了巨大的变化，到20世纪中期，美国犹太教的基本派别已经形成，主要有正统派、保守派、改革派、重建派，还有一个不太成气候的“人文派犹太教”。除此，犹太人被称为世俗犹太人。就人员构成比例来看，虽缺乏公认的权威数字，但是总体来说，改革派和保守派在美国犹太人中占多数，重建派和正统派居后。据AJC报告，2008年，美国犹太人中8%自认是正统派犹太教徒，32%为保守派，38%为改革派，重建派则为3%。若从与犹太会堂的联系上来看，则有42%属于改革派，33%属于保守派，21%属于正统派，只有3%属于重建派。②

正统派恪守犹太教教规、传统礼仪和风俗，讲意第叙语，与外界接触相对较少，自认是最为纯正的犹太教徒。通常情况下，外界对他们的认知是：保守、固执、与犹太教联系紧密、对以色列亲近而忠诚、社区团结且稳定。其实美国正统派并非如此刻板，正统派又有温和正统派（moderate-orthodox）和极端正统派（ultra-orthodox）之分。温和正统派，外表上，除了头戴基帕（Kipa）之外，其他衣着服饰与世俗犹太人没有任何区别，他们积极入世，将保家卫国，投身世俗工作看成是自己的责任。他们关心美国的对内对外政策，支持犹太复国主义，关心母国以色列的安全和存续，他们在正统派中占多数。极端正统派，也称哈希迪派（Hasid，虔诚、虔敬

① Jack Wertheimer research team，“Generation of Change：How Leaders in Their Twenties and Thirties are Reshaping American Life”，Tishrei 5771，September 2010. p. 1.

② Jerome A. Chanes，A Primer on the American Jewish Community（3rd Edition），AJC，2008. P7. 加总不等于百分之百，是因为还有属于其他犹太教派。

之意），他们较为神秘，宗教倾向非常浓厚。在衣着上，他们非常严谨规范，男性黑袍、黑帽、蓄须，讲意第绪语，女性则更为保守，哪怕是在公共场所游泳，必须头部也要有所遮盖，不得穿比基尼。一句话，衣食住行要符合犹太律法。哈希迪派自认是犹太教的真正继承者，而其他人在他们眼里甚至不能称为犹太人。他们不太入世，不太希望自己的孩子到以色列参军或与其他派别的犹太人交往过甚。哈希迪派犹太人相信自己是为上帝服务的人，在他们看来，弥赛亚将是上帝带来的，而不是以色列政府能解决的问题。因此他们中不少人反对犹太复国主义，对以色列国内外形势关注不多。他们相信，潜心研究犹太教经典，忠于上帝，上帝就会来保护并拯救犹太人，并不需要什么军队，也不需要其他国家或政治行为体的声援与帮助。此外，哈希迪派还担心自己的子女参军后，世俗的东西接触过多后冲击信仰。“美国犹太人委员会”的研究发现，极端正统派犹太人对以色列非常亲近的比例只有16%，而温和正统派的比例高达79%。[①] 由此可见，正统派内部在政治参与的力度上参差不齐。但无论怎样，正统派和其他派别相比，总体仍然属于美国最亲以色列的派别。2001 年全国犹太人口调查（NJPS），近 3/4 的犹太人表示与以色列情感上联系“非常紧密”，仅不到半数的保守派和不到 1/4 的改革派如此认为。由此犹太学者切姆·韦克斯曼（Chaim Waxman）认为教派与对以色列的亲近程度有很大的关系。[②] 调查结果还显示：超过 80% 的美国正统派犹太人到过以色列至少一次，而保守派为 60%，改革派则不足 25%。

近些年来，正统派最引人注目的是其成员数量出现增长势头。有两大因素在此过程中发挥着作用。一是正统派犹太人一直保持旺盛的婴儿出生率。犹太人整体的出生率比美国全国平均数——2 个孩子，要低很多。而在正统派家庭，拥有 4—5 个孩子则非常正常。笔者曾造访佛州的一位正统派拉比，不到 50 岁的他已经拥有 8 个孩子，未来也不打算停止继续要孩

---

① Peter Beinart, the Failure of the American Jewish Establishment, the New York Review of Books, http://www.nybooks.com/articles/archives/2010/jun/10/failure-american-jewish-establishment/? pagination = false.

② Chaim Waxman, "Israel in Orthodox Identity: The American Experience," in Danny Ben-Moshe, Zohar Segev ed., Israel, the Diaspora and Jewish Identity, (Sussex Academic Press, 2007), p. 52.

子。据统计，正统派人口每20年翻一倍。以犹太人在美国最早聚集的地区纽约为例，2012年6月，《纽约时报》就报道了“犹太联合募捐协会”（UJA）资助的纽约犹太社区调查报道结果：从2002—2011年，纽约犹太人口上升了9%。这其中，正统派犹太人的贡献巨大。以纽约布鲁克林区为例，正统派犹太人的数量达37%。而纽约61%的犹太儿童生活在正统派家庭。[①] 这和以色列的情况基本一致，以色列正统派占全国人口的10%，但是近年来，鉴于正统派居高不下的儿童出生率，有学者预测，正统派在几十年后，会成为以色列的主要教派，如果那样，以色列的政治生态有可能更为保守，与周边阿拉伯国家的关系也会更加紧张而不是缓和。

二是正统派在美国大学中的受欢迎程度有上升趋势。近几十年来，美国犹太教运动竞争比较激烈，各大教派对犹太教义做出了各自认为正确的解释，这让犹太年轻人感到迷茫，一些希望了解传统地道的犹太教的人投向了正统派。大学里的犹太年轻人比较注重自我意识，而正统派犹太教特别强调潜心于对《托拉》等犹太教经典的感悟和对犹太教本身的灵修，因此对年轻人产生吸引力也有它的道理。但这些能不能解释正统派对年轻人的吸引力会越来越大呢？笔者接触到的美国学者一般持怀疑和保留态度。正统派在美国始终是一个不占多数的犹太教派别。他们还提醒笔者注意一个有趣的现象：参加正统派活动的犹太年轻人并不都是正统派，正统派会堂里或组织里提供的免费食品更正宗更美味。[②]

对美国犹太复国主义者来说，温和正统派年轻人数量的增长是件好事，他们很早就接受亲以色列教育，有亲戚朋友移民以色列，他们都是未来犹太复国主义潜在的资源。新兴亲以犹太组织“J街”（J Street）创办人杰里米·本—阿米（Jeremy Ben-Ami）在其专著《支持以色列的一个新声音》[③] 中提到正统派力量上升的现象，并担心正统派保守的政治理念对中东和平进程的影响。

---

① http：//www. jta. org/2012/06/12/life-religion/new-study-new-york-jewish-population-rising-increasing-in-diversity，上网时间2013年9月17日。

② 这点原因在笔者访问“佛罗里达大学查巴德”（Chabad at University of Florida）组织时得到印证。

③ Jeremy Ben-Ami，A New Voice for Israel：Fight for the Survival of the Jewish Nation（New York：Palgrave Macmillan，2011）.

犹太改革派兴起于德国，随着欧洲犹太人移民美国，从19世纪中后期在美国勃兴，是美国最受欢迎的犹太教派之一，主张修改传统犹太教中不合时宜的律法、习俗和宗教习惯，增强犹太教的魅力。改革派属于犹太教信众增长较快的思想运动，特别是20世纪60年代民权运动之后，犹太教改革派因其在众多问题上的宽容观点，吸引了不少年轻犹太人、自由犹太人、女性犹太人、异族通婚家庭成员、同性恋者的加入。正统派则攻击改革派和重建派破坏了数千年来的犹太身份界定。1997年，正统派拉比联盟曾公开声称："改革派和重建派根本不是犹太人。"① 在改革派如日中天之时，这样公开的批判和敌对的态度，对正统派不太有利。进入21世纪以来，犹太正统派攻击锋芒有所收敛，渐渐倾向于和平共处。改革派的发展也有了更为宽松的舆论氛围。在对以政策上，改革派是美国犹太人中最为自由的派别，他们坚决主张对不合时宜的犹太律法开展革新，他们关心母国以色列而不乏理性。比较而言，他们是对美国"一边倒"亲以政策提出批评，主张改革的最大群体。

如果说，改革派致力于改革传统犹太教，使其适应现代社会，正统派致力于维护犹太正统，那么保守派犹太教属于美国犹太教派运动中的调和派。"保守"一词容易让人产生守旧、刻板等负面印象，其实"保守派只是改革派对温和主义的一种称呼"②，事实上，犹太保守派奉行传统与变革的中间路线。在保守派看来，坚持传统是基础和前提，其次才是根据时代发展的需要，对阻碍社会进步的律法做一定的变革与完善。③ 其次，受其浓厚的民族主义思想影响，保守派是坚定的犹太复国主义支持者。美国犹太保守派的的先驱、美国犹太神学院的创建人所罗门·谢克特（Solomon Scheehter）就是著名的犹太复国主义者，尽管遭到改革派斯蒂芬·怀斯拉比的抨击也绝不动摇。二战后，美国保守派人数增长很快，一度超过改革派。这种势头在20世纪70年代初，保守派内部在是否允许妇女担任圣职

---

① Debra Nussbaum Cohen，"How a Small Orthodox Group Wrote a National Story"，Jewish Telegraphic Agency，Apr，4，1997，www. jweekly. com/article/full/5451.

② 张倩红：《困顿与再生——犹太文化的现代性》，江苏人民出版社，2003年版，第256页。

③ 关于犹太保守派的起源与主张，详细请参见：Robert Gordis，Conservative Judaism：An American Philosophy，Beheman House，1945. Marshall Sklare，Conservative Judaism：An American Religious Movement，Univ Pr of Amer，1985.

上出现了严重分歧，导致保守派士气下滑，有一部分支持女性权利的人公开加入改革派阵营。女性权利问题只是其中之一，其他还有祈祷礼仪、同性恋问题、如何修改犹太律法等，都挑战着改革派的模糊态度。1990 年，一部分强烈支持传统的保守派建立“传统保守派犹太教联盟”，脱离了保守派。保守派在美国的吸引力走弱，其占美国犹太人总数的百分比由最高时的 40% 以上下降到本世纪初的 33%。

无论从观念还是人数上比较，改革派和正统派均悬殊最大，未来的变动性也最大，属于目前犹太教四大运动中的两极，这两大思想运动在美国的增长趋势实质上反映了变化中的犹太人的窘境和内心的挣扎。究竟怎么样才是犹太人发展的最好选择，是妥协还是固守？如此，“一个民族，两个世界”之间的紧张关系不仅在精神上而且在政治参与上均拉扯着犹太人。未来哪种运动具有决定性优势，目前还没有任何人可以准确预测，但必须留意这一现象以及可能的影响。

二、世俗犹太人现象

根据美国三一学院 2009 年初发表的《美国人宗教认同调查总结报告》[①]，巴里·科斯明（Barry Kosmin）和阿瑞拉·凯泽（Ariela Keysar）教授通过对全美 54461 名受访者的电话随机访问，证明从 1990—2008 年，美国世俗化趋势加强了，无宗教信仰者（包括无宗教倾向者、无神论者或者不可知论者）的数量呈现缓慢增长。从 1992 年的 8.2% 到 2001 年的 14.1%，再到 2008 年的 15%。犹太世界未能幸免，认同犹太教的犹太人占美国人口的数量呈现较快下降的趋势：1990 年为 1.8%，2008 年为 1.2%。另据调查，当“正统派、保守派、改革派、重建派和仅有犹太性（Just Jewish）”几个选项供选择时，1990 年，10.1% 的人选择“仅有犹太性”（当年多了一个选项“其他”，选择该项的占 9.4%）；到 2000 年，选择“仅有犹太性”的人达到 26%（当年少了一个“其他”选项）。从数字

① Barry Kosmin and Ariela Keysar, “Summary Reports of American Religious Identification Survey”, Trinity College, March 2009.

比对中，不难发现世俗化的趋势。①

在美国的犹太研究以及与犹太人的交谈中，“世俗犹太人”（Secular Jews）已是经常能听及的字眼，这在几十年前是很难想象的。在一般人的印象里，犹太人之所以被称为犹太人是因为犹太教，犹太人与犹太教似乎是一体的，正像基督徒和基督教之间的关联，我们也基本从未听说过“世俗基督徒”或“世俗穆斯林”的提法。“世俗犹太人”，从字面意义上理解应该是无犹太教信仰，不参加犹太宗教仪式的人，他们的存在用事实提醒我们简单地把犹太人等同于信奉犹太教的人是有问题的，那么，“犹太人”主要是与血缘种族相关的，还是与宗教相关的一个概念呢？该如何认识“世俗犹太人”呢？在佛罗里达大学肯尼斯·沃尔德教授看来，最初来讲，犹太人和犹太教确实密不可分，但是犹太人的流散史造就了世界各地不同肤色的犹太人和特殊的犹太文化，对于受这种文化熏陶的人来说，犹太文化已在他们的认同上烙下了印记，类似于胎记，这与肤色血脉关系并不直接。所以“犹太人”与其说是种族、民族概念还不如说是宗教文化概念。它与血缘有关联，但并非不可超脱，它与宗教有联系，却并不绝对；它很大程度上与更广义的宗教文化相关。现在很多的犹太人，包括改革派犹太人、保守派犹太教徒，他们平时以世俗方式示人，但是这不并影响他们的犹太身份与认同。对于犹太人的认识，在美国存在着法律规定和事实操作上的差异。一般而言，法律规定犹太母亲所生的人、皈依犹太教的人为犹太人。但在实际操作中，并不排除父亲为犹太人而母亲并非犹太人的人同样是犹太人，甚至比法律意义上的犹太人更虔诚。另外，还有一些犹太人并不经常参与犹太教活动，他也自认是犹太人。事实上，除正统派之外的其他派别的犹太人，大多很少参加会堂活动，他们与犹太教的联系只在内心，他们仍饱含着对犹太教的认知和坚守。还有一些人对犹太教称不上虔诚，甚至不相信，但是自愿延续祖上的犹太风俗，过犹太宗教节日、遵守洁食（Kosher，符合犹太教规的食品）规定，不愿意放弃，并将这一切看成是生命中顺其自然的事情，他们实际上就是“世俗犹太人”，受犹

---

① Sidney Goldstein, Profile of American Jewry: Insights from the 1990 National Jewish Population Survey (New York: Council of Jewish Federation, 1993), p. 170; Jonathan Ament, Israel Connection and American Jews, (New York: United Jewish Communities, 2005), p. 9.

太文明和文化的深刻影响，他们的认同里有着深厚的犹太文化印记。美国纽约州雪城大学（Syracuse University）艾伦·马祖（Allan Mazur）教授在做美国犹太人调研时发现，有些被调查者已经皈依其他宗教，如果从宗教角度询问，他们不会选择“犹太教”，但是如果问他们“是犹太人吗”，他们又会选择认同，这些人明显是从文化或种族的角度来界定自我身份的。[①]由此，称他们为信仰别的宗教的“世俗犹太人”似乎说得过去。这也就是为什么犹太教重建派创始人摩迪凯·开普兰（Mordecai M. Kaplan）认为：与其说犹太教是种宗教，不如说是一种文明。[②]“世俗犹太人”实际上给了那些并不笃信犹太上帝，但仍想保持与犹太人以及犹太历史联系的人，一个重要的面向世界的面孔。

事实上美国不乏世俗犹太人的思想建构和组织。早在1963年，舍温·T. 瓦恩（Sherwin T. Wine）拉比就建立了“人文犹太教”（Humanistic Judaism），为人文上的、世俗的和文化上的犹太人提供一个精神家园。人文犹太人将他们的犹太身份和犹太文化看成是他们当代生活方式的表达，他们会庆祝犹太节日以及生命中的重大事件，如成人礼、结婚等等，但主要是基于传统文化而不是宗教。和其他宗教社团类似的是，他一样有拉比也有自己的公会。1969年在这种思想影响下，“人文犹太教协会”（Society for Humanistic Judaism）宣告成立，如今它已成为北美人文犹太运动的核心，在各州建立了多个联络站。他们会为世俗犹太人提供各种教育、文化活动安排，也坚定地站在以色列一边，号召成员为受恐怖火箭弹袭击的以色列人捐款，已累计捐助500万美金给以色列恐怖袭击救助基金。尽管真正加入瓦恩拉比社团的人还不是很多（与其几乎同时兴起的重建派，目前已100个会堂，6万多会众），但是他认为世俗主义已是时代精神，“今天的大多数犹太人不是转向传统，而是保持着一种非常世俗的生活，只是想在周末或在婚礼上体验宗教神圣”。另外一个有一定规模的是“世俗犹太组织大会”（Congress of Secular Jewish Organizations），在犹太人集中的美国

---

① Allan Mazur, A Statistical Portrait of American Jews into the 21 st Century, Printed in the United States of America (2007) p. 5. p. 23.

② ［美］摩迪凯·开普兰著，黄福武、张立改译：《犹太教：一种文明》，山东大学出版社，2002年版。

东北地区、加州、佛州有近20个分支机构，在加拿大也有3个分支机构。瓦恩曾经出任国际世俗人文犹太人联合会的联席主席。这个联合会每两年召开一次世界大会。尽管目前正式入会的人数在美国是有限的，但是瓦恩认为这将是未来的趋势。

三、代际差异

早期移民美国或有遭受纳粹迫害经历的犹太人要么已过世，要么已垂老。目前美国犹太人基本是美国出生的犹太人和少部分苏联解体后移民美国的犹太人，社会中坚力量为战后“婴儿潮”一代，社会新生力量为越战后出生的人群。前者虽未亲生经历大屠杀，但是因其父辈要么直接遭受大屠杀迫害，要么身在大屠杀发生的年代，对犹太群体的脆弱性有真切的感知。犹太文化、犹太宗教、犹太会堂和犹太人的国家，对这些人来说关乎民族的生死存亡，因此老一代犹太人对犹太社团、犹太教，还有以色列国家都表现出强烈的情感归属，自觉地像保护生命财产一样保护和维护它。这样的情感通过家庭的言传身教和各式各样富于犹太特色的文化宗教与慈善活动影响着“婴儿潮”一代，使得他们在情感上有着和父辈一样的对犹太家园的归属意识和保护意识。而战后的多次中东战争，无一不在提示他们以色列处在阿拉伯世界的包围之中，犹太人应认清以色列受威胁的事实。特别是1967年的“六·五战争”，以色列的胜利奇迹让他们扬眉吐气，犹太社团的凝聚力达到顶峰，犹太人对以色列的热情也达到鼎盛。但是对于越战后出生的犹太人来说，他们出生在经过民权运动和越战荡涤过的美国，美国社会对犹太人的宽容达到前所未有的地步，犹太人在美国已经坐稳了中产阶级的交椅，众多的犹太人还成为美国政治、经济、媒体、娱乐等各界的精英领袖。对这些犹太人来说，他们很少感受到因为自己犹太人的角色而在公民权和社会生活方面有任何的特殊或不便，因此，和父辈“生存主义”哲学、对外部世界谨慎的态度相比，他们既在乎团体内的团结，更以开放的心态欢迎外部世界，因此在诸多方面，表现出与老一辈较明显的代际差异。

在宗教的情感上，年轻犹太人和老一辈犹太人一样尊重犹太教，视犹太教为生命中不可或缺的组成部分，但宗教更多埋藏于他们的内心，而很少外化为他们的行为方式。与老一辈紧密的会堂联系相比，年轻犹太人参与会堂的人越来越少。笔者参与过几次犹太会堂的活动，参与者大多为50岁以上者，十来岁以下的孩子也有参与，多随长辈同来，最为缺乏的是精力旺盛、思想活跃的年轻人。需要指出的是：银发现象不仅是犹太教独有的现象，美国其他主要教会的教堂中也呈现出类似状况，只不过犹太会堂表现得更为明显一些。

无论在正统派团体、非正统派团体还是相关组织中，年轻犹太人参与活动的情况均令老一辈担忧。若是犹太人的快乐聚会，参与人数则众多；若是一些与犹太教宗教活动或教义学习，或与社会责任相关的活动，参与者相对要少很多。以“北佛罗里达犹太理事会”（the Jewish Council of North Florida）为例，原来理事会只有一名领薪员工，其他工作均由志愿者无偿提供。但是近年来年轻的志愿者越来越少，理事会不得不雇佣五名员工。年轻人的犹太组织通常情况下有比较正式的带有犹太意味的名称，但内部活动相对自由松散。以笔者曾经参与过的佛罗里达大学“查巴德”学生运动组织为例，该组织拉比为正统派，周五的组织活动严格遵守安息日规定，参与人员日落之后不许劳作，不许开车，食物请基督徒协助制作。仪式开始后，男女被屏风分隔用希伯来文诵读经文。诵读大概持续半个多小时，而之后是用餐以及联谊式的活动，这些活动更像是年轻人的聚会，在这里面可以聊宗教、也可以聊学习、事业、理想，也可以趁机找寻未来的恋爱对象。活动和年轻人爱熬夜的习惯相契合，通常一直持续到深夜。

在与非犹太人关系上，年轻犹太人因多数在美国出生长大，他们不仅没有明显感受到反犹太主义，而且还与不少非犹太人保持着良好的关系，他们不愿意在平时的生活中把自己和非犹太朋友做“我们和美国”的划分，他们更重视在美国构建、传播犹太文化。与老一辈强调犹太人与非犹太人的分野，倡导犹太人内婚制不同，年轻人对异族通婚很宽容，在社会交往中并不愿意刻意去区分犹太文化信念与美利坚民族的信念，在他们看来这两者应该合二为一。他们对传统犹太组织的热衷程度不及父辈、他们却乐于搭建他们自己的犹太传统体制外的组织机构，他们很少向老式的联合会捐款，却更在乎宗教对他们个人生活与价值的意义，捐款也更乐意向捐给与自己理念一致的新型非核心组织，希望有更强大的资金势力向非犹太人传播犹太文化。再有，与老一辈强调犹太文化的“以色列中心主义”不同，他们更享受本地犹太文化与特色构建。这一点，在美国大型犹太社区更是如此。由此，美国犹太学者切姆·韦克斯曼悲观地推定多数美国犹太年轻人已融进美国的“色拉碗”中，犹太人只是一个“符号化种族”，他们和普通美国人、特别是自由派美国人已经相差不大。①

在受教育程度上，最近30年，由于犹太慈善与教育的重视，热衷犹太事业的年轻人与老一辈犹太领袖相比拥有不相称的犹太教育。2007—2008年，杰克·魏特墨（Jack Wertheimer）研究小组曾经对全国250多位犹太领袖做当面采访，对全国各个年龄层面的4000多位犹太领袖做问卷调查，结果发现40%的年轻犹太领袖上过星期日学校课程，2/3的年轻犹太领袖曾经参加过犹太夏令营、希勒尔等活动，90%的年轻犹太领袖到过以色列，一半多的年轻犹太领袖曾经在以色列学习或工作4个月以上。48%的犹太青年领袖（老一辈犹太领袖该比例只有21%）有较好的希伯来语能力，自感与以色列人交流文化与宗教比较舒畅。接触的频度与深度，造就了他们对犹太教以及以色列问题有较为直接和深刻的认识，也更有自己的思考。② 比如说在组织的参与和事务上，尽管参与犹太组织的人均亲以色列，均对犹太教有比较深厚的感情，但是在对待地方联合会所募集的资金使用上，年轻会员和老年会员分歧很大。老年会员对以色列建国、“六·五战争”等饱有清晰的记忆和感受，以色列的存在和安全仍是他们关注的重点，他们视之身为犹太的使命，主张将大部分慈善资金用于对以色列的资助上。年轻会员对以色列安全的理解远比老一辈乐观，因此希望将更多的资金用于美国国内犹太社团的建设和发展上。希望这些钱可以加强犹太文化、教育、福利和社团关系。③

年轻犹太人还主张改造传统主流犹太组织，他们认为老一辈犹太组织

---

① Chaim I. Waxman, Beyond Distancing: Jewish Identity, Identification, and America's Young Jews, Contemporary Jewry (2010) 30, pp. 230 - 231.

② Jack Wertheimer research team, Generation of Change: How Leaders in Their Twenties and Thirties are Reshaping American Life, p. 2.

③ 2013年6月20日，该组织会员Kenneth D. Wald访谈实录。

对多元化价值观和生活方式接受态度保守，坚持过时的“生存主义”和“保护主义”主导的战略。传统的犹太组织主要围绕“保护主义”（Protective）自我保护活动展开工作，如保卫以色列、为苏联犹太人自由选择移民国家而战、为国内外的犹太穷人提供帮助、为社区机构提供支持。近年来为阻止日益削弱的犹太认同而加强犹太教育。而那些加入主流犹太组织——“犹太慈善联合会”、“美以公共事务委员会”、“美国犹太人委员会”、“美国犹太联合分配委员会”、“反诽谤联盟”、“以色列国防之友”——的年轻犹太人则不太热心于保护的工作。他们的安全感比老一辈强很多，他们不满足于“部落主义”，更热衷于“进步主义”（Progressive）活动，即更广意义上的社会事业，如环境保护、包括巴勒斯坦人在内的社会公正等等。一位洛杉矶地区的拉比达拉·弗里默（Dara Frimmer）曾经如是说：“不守犹太洁食规定，没什么问题；不守安息日，也没什么问题；和一个非犹太人结婚——没什么大不了。但是请记住，若不为正义而奋斗，你将丧失犹太性。”[①] 再有就是表现主义（Expressive），即年轻犹太领袖热衷于帮助其他人发现身为犹太人的意义。他们更喜欢推广犹太宗教与文化，比如搞犹太书籍、电影、艺术展览、提供更多的机会让人学习托拉，用它来解决精神问题等。年轻犹太人对信息技术也持积极开放的态度，希望传统组织在科技、沟通方式有所更新，从而适应时代的变化。

尽管有诸多不同，但是“美国20—30岁的犹太领袖……远非铁板一块”，[②] 许多年轻犹太领袖就是在传统犹太组织领导人培训项目下诞生的，目前他们还无法撼动犹太权势核心，因为他们的运作资金大多来源于这些集团组织或一些大型基金会。没有前者的支持，年轻人领导犹太组织无法持续，所以选择向老的犹太组织妥协的犹太领袖也有不少。因此，年轻犹太人对犹太教和犹太组织的影响要进一步观察。另外，生命周期理论同样不可忽视，这批年轻人会成长，他们观察问题的角度和思维的成熟度会发生变化，到那个时候，他们会成为社会中坚力量，谁又能保证他们在社团的组织活动和政策上会不变呢？

---

① Generation of Change，p. 22.

② Ibid，p. 3.

四、异族通婚

历史上，为保护犹太人的纯洁性，犹太人实行内婚制，反对族外婚。在希伯来人占领巴勒斯坦之后，首领约书亚命令禁止族外婚。《圣经·申命记》第7章中记载上帝禁止犹太人与迦南的7个民族通婚，因为“如果这样，会造成你的子女不再追随我，而去侍奉其他的神，生气的上主会快速毁灭你”。[①] 长期以来，异族通婚被犹太社团看成禁忌。20世纪50年代之前，美国犹太人基本都在自己的“亚文化”或人为设置的“隔都”里，身边的犹太人众多，加上犹太宗教活动比较活跃，犹太人与同族通婚的几率很大，异族通婚率仍然比较低。大概占整个犹太人的不到7%。[②] 尽管其他宗教的美国人，在那个时代也习惯与同族人结婚生子，犹太人比新教和天主教美国人更明显倾向族内婚。哈佛大学社会学教授内深·克拉泽（Nathan Glazer）和丹尼尔·莫尼汗（Daniel P. Moynihan）合写的名著《远离熔炉》则将犹太人定位于“最内婚制人群”。[③]

越战和民权运动后，族裔之间的藩篱被大大冲破，20世纪80—90年代，现代化和全球化的加速推动了生产方式、经济运行方式的巨大转变，这一转变又引发了人们生活地区和交往模式的变化。在美国开放、宽容的环境下，反犹主义遭人唾弃，犹太人有更多的机会选择住所、工作和环境，他们与非犹太人一起学习，一起工作，一起参与社会活动。特别值得一提的是年轻犹太人，本来犹太教就非常鼓励学习，美国安宁的社会环境给他们求学提供了极大的便利。战后，犹太学生在大学中的比例极高。他们离开了以前熟悉的犹太社区和会堂，和来自全国甚至世界各地的人交流交往，他们有了更多的机会和非犹太人接触并释放情感。越战后，族群平等的意识日益深入人心，以往横亘在犹太人心中对外族的芥蒂已大大放

---

① 《申命记》，《圣经（旧约）》，中国基督教协会，2003年版，第173页。

② ［美］乔纳森·萨纳著，胡浩译，徐新校：《美国犹太教史》，大象出版社，2009年版，第306页。

③ Nathan Glazer and Daniel P. Moynihan, Beyond the Melting Pot: The Negroes, Puerto Ricans, Jews, Italians, and Irish in New York City. (Cambridge: MIT Press 1963)

低。婚姻选择上的族裔和宗教先决条件渐渐让位于情感，于是选择异族通婚的人越来越多。到 1990 年美国全国犹太人口（NJPS）调查时，犹太人的异族通婚率已达 52%（整个世界犹太人的平均异族通婚率为 31% 左右），这一统计结果引发了犹太社团内部的巨大震动。而 2000—2001 年 NJPS 的调查，发现整个 20 世纪 90 年代犹太人的异族通婚率仍在 40%—50% 的高位。（详见表 2）21 世纪最初 10 年，异族通婚虽未大幅度增加，但是已经成为常态。

表 2　美国犹太人百年异族通婚率统计表

时段（年）	异族通婚率（百分比）
1900—1920	2
1921—1930	3.2
1931—1940	3
1941—1945	6.7
1946—1950	6.7
1951—1955	6.4
1956—1960	5.9
1961—1965	17.4
1966—1972	31.7
1975—1984	44
1985—1990	52
1991—1995	43
1996—2001	47

数据来源：据美国犹太数据银行公布的三份 NJPS 报告整理。分别为 NJPS1971，“Intermarriage：facts for planning”，p. 10. NJPS1990，“Highlights of the CJF1990 national Jewish population survey”，P. 14. NJPS2000 - 2001，“Strength，challenge and diversity in the American Jewish population”，p. 16. Http：//jewishdatabank. org。

异族通婚对犹太人未来有怎样的影响？犹太社团和犹太组织很关心，他们不惜重金聘请社会学家、人口研究团队开展调查研究。结果发现不同教派、不同年龄群体，对此敏感度强弱有别。一般来说，正统派犹太人不能接受异族通婚，认为会削弱犹太传统。而改革派视之为正常现象，认为犹太人所生活的社会应该对犹太人的生活方式有所影响。老一代人对异族通婚现象比较焦虑，担心影响美国犹太社团的未来可持续发展。而年轻一代则不以为然，甚至有年轻人将反对异族通婚看成是种族歧视，与美国个人主义精神相背离。美国社会学家理查德·阿尔巴（Richard Alba）通过调研发现，欧洲犹太大屠杀后出生的美国犹太人相信他们"听到了美国白人新教徒热情的魅诱之声。但是，毕竟这是学会更美国化的事，如果不是这样的话，难道他们不想成为美国人吗？不想和他们的父辈有所不同吗？"换句话说，对这一代犹太人来说，异族通婚是美国社会的一部分。① 杰克·魏特墨教授的调查统计同样支持这一观点：只有 18% 的年轻犹太领袖觉得鼓励犹太人与犹太人结婚很重要，而老年犹太领袖有 48% 的人认同这样的说法。②

学界和犹太组织对异族通婚也存在两种不同看法。一种持悲观的"消亡论"，依据是异族通婚家庭究竟以何种方式展开家庭教育，信守哪一类宗教具有较大的不确定性。有数据发现，异族通婚家庭只有 1/3 的孩子登记为犹太人。早在 20 世纪 60 年代托马斯·B. 摩根（Thomas B. Morgan）就曾在《看》杂志上预测犹太人会在 20 世纪末期走向消亡。③ 结果并没有他预测的那么悲观，消亡的是《看》杂志，而不是犹太人。可是这并不意味着对犹太人存继的忧虑从此消失。2000 年，美国学者艾伦·M. 德肖维茨（Alan M. Dershowitz）在《正在消失的犹太人：找寻下个世纪的犹太身份》中指出处在最安全时代的美国犹太人正在遭遇来自内部的危机，异族通婚就是其中一个因素。④

中国学者对从 20 世纪 90 年代起对异族通婚开始有所关注，中国社会科学院美国研究所学者李晓岗在 1997 年的《历史研究》上发文认为：日

---

① Richard Alba, "On the Sociological Significance of the American Jewish Experience: Boundary Blurring, Assimilation, and Pluralism." Sociology of Religion, 67 (4), 2006: 350.

② Jack Wertheimer research team, Generation of Change: How Leaders in Their Twenties and Thirties are Reshaping American Life. p. 20.

③ Thomas B. Morgan, "The Vanishing American Jew," Look 28 (5 May 1964), pp. 42 - 46.

④ 详见 Alan M. Dershowitz, The Vanishing American Jew: In Search of Jewish Identity for the Next Century, (Boston : Little, Brown and Company, 1997)。

益增加的与非犹太人的通婚是对犹太信仰和犹太民族的严重威胁。[①] 目前这种悲观的论调仍在犹太社团中盛行。甚至有不少犹太社团专门将异族通婚看成是未来美国犹太人遇到的最大问题之一来处理，手段是加强犹太教育与影响，号召人们更多地进行族内婚。当然也有部分学者对此持乐观的看法。认为异族通婚是美国主义的体现，民族融合并不一定会削弱某一民族，文化融合只会加强不同民族之间的理解和沟通，因此，异族通婚并不值得焦虑。犹太人异族通婚增多，实际上并没有让犹太文化消融，反而让更多人成为犹太文化圈中的人，非核心犹太人数量的激增便是证明，这对犹太社团的壮大是好事情。社会学家科恩、德肖维茨等人认为犹太社会应该化担心为行动，犹太拉比们应该因势利导，比如主持异族婚礼等，将异族通婚看成是接纳更多人到犹太社团中的有利时机。[②] “犹太拓展协会”（Jewish Outreach Institute）、“不同宗教者之家”（Interfaith Family）网站等组织和机构公开劝说异族通婚家庭成员信奉犹太教。

异族通婚对美国犹太社团的影响争议还在持续，悲观论者目前力量大过乐观论者，甚至有些人将异族通婚对犹太人的影响看成是“一场无声的大屠杀”。笔者倾向于将异族通婚看成是美国犹太社团不可避免的发展趋势，是犹太人与现代美国文化交融的产物。但总的来说，并不会发生犹太人在中国开封的情况，即彻底地被异族文化融合。因为开封犹太人在中国生存的年代，以儒学为核心的中华文化非常强大，少数民族文化在强大的中原之地难以抵挡儒家文化无孔不入的渗透，中华帝国政治体制、社会阶层的晋升跨越、地方的治理均围绕此展开。相比之下，多元化一直是美国这个移民国家的特色，国家法律又明确反对设立国教。20 世纪中期以来，美国在反对种族歧视、民权运动等方面取得巨大胜利，这让美国社会变得更为宽容，不同族裔的美国人均能在那里找到保有自己族裔特色的生存方式。就犹太人来说，在大环境宽松的情况下，社区依赖自然会慢慢瓦解，和社区之外的其他人交往成为自然的事情。而这种交往建立的基础是平等的，并不存在一个强大的文化要让异族通婚者背弃自己的出生和传统，所

① 李晓岗：“战后美国犹太人民族凝聚力的盛衰”，《历史研究》，1997 年第 2 期，第 90 页。

② Steven M. Cohen，Reason for Optimism，In The Quality of Jewish Life：Two Views.（New York：American Jewish Committee，1997. pp. 12 – 27.）

以不存在异族通婚导致犹太人消失这样的直接论断。但是笔者也认为异族通婚对犹太性的削弱是实实在在的。据统计异族通婚的家庭子女仍登记为犹太人的比例远低于同族通婚的家庭。1990 年 NJPS 调查显示，异族通婚家庭的未成年孩子有 77 万，其中只有 28% 以犹太方式抚养成人，31% 的家庭在孩子抚养过程中不过多涉及宗教。① 父亲是犹太人的异族通婚家庭，情况比平均数要糟糕。2000 年 NJPS 的数据，进一步证明这一点，在父母均为犹太人的家庭，96% 的孩子被按照犹太方式抚养成人，而异族通婚家庭这个数据为 33% 。② 由此，异族通婚家庭大多数子女不按照犹太方抚养，这样孩子长大后自然会对犹太教情感上产生疏离。如果这些孩子的下一代、下二代……仍选择异族通婚，那么未来犹太孩子的犹太性的削弱会更加令人担忧。另据调查，异族通婚的家庭婚姻的牢固程度也弱过同族通婚的家庭，犹太家庭是社区的基石，家庭的稳定程度对犹太社区凝聚力的影响是显而易见的。也就是说异族通婚会削减核心犹太人的数量，而文化意义上的犹太人数是否会增加，则要看犹太社团在犹太凝聚力和文化宗教活动中投入多大的精力。

五、社区生活方式和组织结构的变迁

犹太社区的变迁是和犹太人在美国的经济结构状况和经济地位变化相联系的。1900 年，美国成年犹太男性有 80% 从事蓝领体力劳动或手工劳作，到 1948 年这个比例已经下降到 25% 。1980 年，已经下降到 10% 以下。③ 1948 年大约 60% 的美国犹太男性从事商业或专业性世俗工作，这个比例一直持续到 20 世纪下半叶，并略有增长。随着男人走向专业工作，妇女也有了更多的机会走出家庭，填补一些原本意义只能由男性承担的工作，比如会堂的工作人员。现代性对犹太社团的解构在以不易被人们觉察

---

① www. jewishdatabank. org/NJPS1990. asp. See also Barry Kosmin and Jeffrey Scheckner," Jewish Population in the United States," AJYB91 (1991), p. 206.

② North American Jewish Date Bank, "The National Jewish Population Survey 2000 - 2001: Strength, Challenge and Diversity in the American Jewish Population", p. 9.

③ American Jewish Yearbook, New York: The American Jewish Committee, 1985, pp. 131 - 153.

的方式悄然进行。不少犹太家庭的特征是：晚婚、异族通婚、双职工、重视子女教育。传统的家庭结构在经济结构的变化中出现了罗伯特·D. 普特南（Robert D. Putnam）《独自打保龄球》① 中所描述的状况：人们和社区的联系越来越松散，甚至离会堂也越来越远，社区活动可以利用的社会资源日渐减少，普特南所说的社会资本流失在美国犹太社团有比较明显的体现。

经济地位上升、加上犹太人的慈善传统，造成很多人大量捐款建造规模宏大、装修精良的会堂，但是会堂宗教活动却鲜见这些人的身影。为吸引人们的参与，会堂不得不向现代的快节奏生活妥协，出台更有效率的活动措施和方案，有些是建立在对原有犹太禁忌的改革基础上。比如，为适应人们参与会堂时间减少、希望会堂更有效率的需求，有些犹太会堂已不严格用希伯来文宣读经文，不少会堂会提供双语版本，以便信众以最快速度理解会堂活动的意含。改革派会堂因宗教严格程度降低，会员增加较快。代际更替中，不少犹太人的犹太知识和犹太经历逐渐减少。越来越多的犹太人将犹太看成是自己的种族符号，他们只是在礼仪、节日上保持着犹太的传统。

传统犹太会堂基本是以犹太家庭为单位，而当今社会的情况是：犹太人单身和丁克家庭的人数在上升，传统犹太会堂和组织对他们的吸引力均下降，他们离传统犹太权势集团越来越远。对犹太年轻人来说，以犹太文化关怀为中心的组织相比于会堂，前者吸引力更大。② 传统社团在社群中的号召力也呈现下降趋势，像犹太会堂、募集资金的联合会、犹太社区关系机构以及拥有众多会员的大型组织，与冷战期间相比，都面临着支持者和会员人数衰微的现状。过去在社团中义务服务的人，年轻人、老年人均有，现在基本上以银发老人为主力，青年人多忙于世俗事务，无暇过多为社团无偿奉献服务时间。在与以色列的关系上，冷战结束前，美国犹太人对以色列的关怀，主要依赖于犹太组织去接洽与传递，犹太组织依靠“群众动员”，很容易齐心协力办大事。但是随着个体与犹太组织的日益疏离，

① Robert D. Putnam, Bowling Alone: The Collapse and Revival of American Community, (New York: Simon & Schuster, 2000).

② Jack Wertheimer research team, "Generation of Change: How Leaders in Their Twenties and Thirties are Reshaping American Life", p. 5.

与以色列的个体交往增多，美国犹太人对以色列直接点对点的援助增加，而由大型犹太机构接洽的点到面的援助随之减少。

网络日益成为同样能发挥影响的犹太社区，它的工作和运转方式有别于传统社区。近30年是互联网大发展的时代，互联网成为跨越空间的新的社区平台，它还给了许多年轻犹太人，边缘犹太人利用博客、facebook等发声、宣传的平台。有年轻犹太领袖坦承："我们是Youtube一代，我们是Myspace一代，我们想成为能表达自己的一代，而不是某种现成的被设定的一代。"① 互联网使得青年犹太领袖花很少的资金发布和召集活动，却更容易让自己的声音被社区听到。而且更为重要的是互联网对信息传播方式的改变，产生的直接结果是对传统犹太权势集团在舆论上的核心地位的极大冲击。互联网对犹太社区的非中心化、多元化起到推动作用。从目前来看各大犹太组织均看到了互联网的功效，几乎每个犹太组织都有主页或网站，目的是吸收新会员，方便会员联络和发布消息，但很明显，年轻犹太组织更擅长利用新工具。

六、犹太社团的内向化趋势

在罗伯特·D. 普特南的作品《独自打保龄球：美国社区的崩溃与复兴》② 中，他指出：20世纪60年代末以来，托克维尔所描述的美国社区生活正在衰弱，美国社会出现"社会资本"流失的现象，百姓对参与公共生活的热情日益降低，很多社会组织出现了人数减少、机构涣散的"空心化"趋势。他认为民众热心社会组织，并参与公共事务曾经是美国式民主的基础，如此下去，将对民主的发展产生不利影响。在宗教参与方面，"社会资本"流失的现象虽不是那么严重，但是同样出现了参与热情和参与人数均下降、宗教日益私人化的趋势。这种现象同样适用于犹太社团。快节奏的现代生活让人们和社区的联系不再像过去那么紧密，现代犹太人

---

① Jack Wertheimer research team, "Generation of Change: How Leaders in Their Twenties and Thirties are Reshaping American Life", p. 11.

② Robert D. Putnam, Bowling Alone: The Collapse and Revival of American Community (New York: Simon & Schuster, 2000).

拥有犹太邻居的比例与以前相比已经大大下降。现代社会的工作压力也让人们在时间和空间上继续传统的社区组织生活，变得日益困难。就宗教领域而言，近年来，绝大多数宗教都存在会员减少的情况，这已是不争的事实。美国犹太社团同样面临这类问题，年轻人很少参与犹太会堂的活动，这不是说一个“生命周期”① 可以改变的。“独自打保龄球”的结果是：关注自身的生存，成了冷战后犹太社团一个重要的变化。20 世纪 50 年代前后，犹太组织机构在社团社会生活和经济政治参与方面发挥了积极作用，但是进入 21 世纪，社团组织的会员人数和效用均日渐削弱。这种变化首先源之大环境变化，冷战后，大的外部威胁不存在了，而美国与苏联冷战，一定程度上削弱了自身的力量，有人开玩笑说“我们在冷战中打败了敌人，结果赢家是日本”。国内要求削减对外援助、远离非本土争议，加强对本国经济、就业和福利的改善的呼声很高。在和平环境里出生的犹太中青年、当面临就业、住房等经济福利压力时，同样也受到了这股“孤立主义”情绪的影响，他们要求犹太社团多关注美国犹太人的发展。特别是多份研究报告证实当今美国犹太人的“生存”面临危机时，这样的“内向化情绪尤其明显”。近些年来，像“犹太社区联合会”（United Jewish Communities）这样的犹太伞形组织募集到捐助呈下降趋势。在一些地方性犹太组织中，大量的资金已不再分配到以色列，而主要用于美国国内犹太社团的发展，投入到犹太教育、福利、医疗社区活动和犹太文化的传播上。比如说中北部佛罗里达犹太委员会（Jewish Council of North Central Florida）在资金分配上就存在类似的争议，年轻的会员们更倾向于将资金更多用于美国国内的犹太事业。在部分美国犹太组织看来，以色列的生存固然非常重要，美国犹太社团的“生存”和以色列生存同等重要，这些都是犹太复国主义事业的一部分。有人据此推定：美国犹太社团对以色列的关注正在下降。

第三节　结构性同化？

像世界各地的移民一样，犹太人移民美国后，生存与同化伴随其发展

① 生命周期，通常指人从青年到老年的时间周期。

进程。新移民主要的任务是解决生存问题；而成熟的移民后代则更多面临同化融合的挑战。这里说的是一般规律，犹太人在历史上多次面临世界范围的生存挑战，反犹主义的存在使得美国犹太人习惯于“生存主义”的生活模式。只不过在冷战以后大环境宽松的背景下，这一略显顽固的生存哲学经常有被悄无声息弱化的风险，即同化的侵蚀。

同化是一个民族同另外一个主体民族融为一体、分享文化的过程，它是动态的、渐进的和多维的。同化理论主要有传统同化和非传统同化两大类。传统同化理论以美国戈登（Milton Gordon）的经典社会同化理论为代表，他认为移民以东道国“中产阶级”或“主流社会”为目标自觉不自觉地实现同化，他将同化分为“文化同化”（Cultural Assimilation）和“结构同化”（Stractural Assimilation）。文化同化也叫文化适应，是指移民参与东道国的文化活动。对美国犹太人来说，文化同化意味着美国化或接纳美国规则和价值观。结构同化是指移民离开原有社区，适应更大、更广泛的社会生活，并进入到重要的社会体制中。与这两大主要同化进程相伴的是其他五种同化：（1）婚姻同化；（2）身份同化；（3）态度接纳同化（弱势群体的观念不再受强势群体的歧视或偏见）；（4）行为接纳同化（弱势群体的行为不再受强势群体歧视或偏见）；（5）社会同化（少数族群与大社会间不再有价值观和权力的冲突）。[①] 各类同化经常复合性地展开，其中文化同化最先发生，而结构同化影响最为根本。另一大类同化理论相对传统同化理论而言，具有多样性。比如说以卡伦（Horace Kallen）为代表的多元文化伦；桑德伯格（Neil Sandberg）为代表“直线同化”论（Straight-Line Theory），认为对少数种族而言，其种族行为和认知会一代不如一代，直到最终消溶于更大的美国社会和文化中。

综观美国犹太社团的最新变化，不难发现各类同化均存在。无论是态度接纳还是行为接纳，外部世界对犹太人的明显排斥已不存在，零星的反犹主义在民权运动后也如过街老鼠。美国对犹太人前所未有的宽容环境，让不少美国人担心自己是美国犹太社团的最后一代。以色列开国元勋本·

① Milton Gordon, Assimilation in American Life: The Role of Race, Religion, and National Origins, (New York: Oxford. University Press, 1964), pp. 68 –71.

古里安曾悲观地将美式“自由”看成是对流散犹太人的“死亡之吻”。美国出生的当代年轻犹太人很难感觉在美国主流社会生活有何不适，文化同化已非常默契，社会同化几乎是自然而然的结果，犹太人和其他美国人很难再有价值观等方面的明显对立。自由、民主、独立、自尊不仅是美国基督徒的价值观，戴在犹太人头上也是顶完全合适的帽子。如果说老一代犹太人会自觉不自觉地将自己视作和美国相独立的“他者”，那么新一代犹太人口中习惯于用“我们”来表达。以前将其和美国社会割裂开的种族、教派因素，影响力逐渐削弱。美国犹太社团确实存在着被美国社会同构的风险。

但是，若由此断定，美国犹太人已经完成结构性同化则夸大其词。他们并未像桑德伯格“直线理论”所预示的那样消溶于美国社会。正统派犹太人、保守派犹太人还有部分改革派犹太人的团体认同要比天主教和清教徒强得多，他们在适应美国社会的同时，仍通过家族和社团力量执着地坚守着犹太性。访学期间，笔者感受到，在一般社会意义上，犹太人和其他美国人没本质区别，但是不少犹太人有自己相对私人的犹太领地，该领地主要属于同胞，外人即便有幸踏入，也被客气地保持距离。这里的“距离”实际上是不少犹太人尚在坚持的文化内核，也是他们之所以被称为犹太人的根本。

“生存主义”哲学长期被犹太人奉为圭臬，反犹主义、大屠杀的惨痛教训、阿拉伯国家对以色列的敌视……一次次地确认了该哲学的合理性。冷战结束前的犹太人积极上进，团结互助，警惕而戒备，密切关注世界各地同胞的命运。考虑到美国战后特殊的影响力，传统主流犹太组织在犹太领袖的领导下，利用美国制度，通过经济干预和政治游说，有效地关照了以色列和世界其他地区犹太人的福祉。

对比之下，冷战即将结束的20世纪80年代以来，现代化浪潮的冲击、国际形势的缓和、民权运动和反越战等活动的良性影响逐渐显现，犹太人在教派、世俗化、婚姻、生活方式和组织结构等方面均发生了显著变化。异族通婚日益普遍、世俗化难以遏制，“谁是犹太人”的界定变得日益复杂，如何体现犹太性，新老代际争议不断。变化中的犹太人比以往任何时候面临的矛盾都要尖锐：是坚持还是被同化，是继续传统还是顺应现代化，是保持虔诚还是走向世俗，是与种族之根以色列同呼吸，还是和当前效忠的国家——美国，站在一起捍卫国家和社区利益……诸如此类，均在动摇并解构着犹太人为世人所赏识的一致性。

美国犹太社团是研究少数族群，特别是宗教团体影响政府政治和外交政策的一个重要案例，如果不重视对犹太社团历史发展和当今变化的研究，就可能造成研究的僵化和观点的偏颇。就犹太人影响美国中东外交政策，特别是美以关系而言，很长一段时期，美国犹太人的力量被神化了，但美国犹太社团的世俗化和内向化倾向告诉我们："神话该破灭了"。

第二章 美国犹太社团与以色列关系的新变化

以色列是在美国犹太复国主义者和美国政府的支持下建立起来的国家。以色列《基本法》规定：以色列是犹太的和民主的国家。从开国元勋本·古里安到现今的总理内塔尼亚胡均强调以色列是犹太人的国家，即以色列是世界各地的犹太人的祖国和精神家园。美国犹太社团是人数仅次于以色列的世界第二大犹太社团，以色列在绝大多数美国犹太人心中是地位仅次于美国的国家。20 世纪后期，美国著名学者亨廷顿认为，美国文化的一个重要挑战是"移民社群及其原国籍政府对美国社会施加影响"。[①] 美国犹太社团为了以色列对美国社会的影响是其中最为突出的一个。美国著名专栏作者丹·佛莱希勒（Dan Fleshler）也认为："如果不是以色列支持者的努力，犹太国成为接受美国经济和军事援助最多的国家是不可想象的。"[②] 即便如此，美国犹太社团的变迁、冷战后国际形势的变化、阿以争端的新发展也会在犹太社团与以色列关系上打下深深的烙印。研究美国犹太人与以色列关系的亲疏变化，美国犹太人与以色列在中东问题上的共识与分歧，可以为探询美国犹太社团对美国中东政策的影响奠定基础。

---

① ［美］塞缪尔·亨廷顿著，程克雄译：《我们是谁？——我们国家特征说面临的挑战》，前言，新华出版社，2005 年版。

② Dan Flesher, Transforming America's Israel Lobby: The Limits of Its Power and the Potetial for Change, (Virginia:: Potomac Books, Inc, 2009).

第一节 美国犹太社团与以色列亲疏并存的矛盾关系

在当今美国学术界，几乎没有学者否认美国犹太人对以色列的亲近感。他们通过研究调查发现，几乎所有犹太人都关心以色列作为一个国家存在对于自己犹太身份的重要性。根据美国皮尤中心 2013 年报告，有 79% 现代正统派犹太人视关心以色列为自己作为犹太人的义务，即便是非宗教意义上的犹太人也有 23% 持有这种观点。而认为关心以色列是重要而并非必须的非宗教意义上的犹太人高达 52%。[①] 关心（Care）并不代表内心的亲近（Attached），关心代表着自己和某个物体或人物有关系，客观或主观的因素让自己去关注它，这种关注可以是热情的，也可以是公事公办式的。亲近更多是出于主观的意愿，去和某个特定对象维系亲密的联系。对以色列的亲近感通常意味着一个人真心喜欢以色列，关注以色列的方方面面，愿意自己和以色列发展这样或那样的联系，心甘情愿地为以色列做各类有益于它存在与发展的事，觉得自己和以色列一荣俱荣，一损俱损。这种“亲近”比“关心”的层次更热烈、更主动。

相较于 20 世纪初期的欧洲犹太复国主义者，美国犹太人对于建立犹太国家并不非常热衷，只有少部分信奉犹太复国主义理念的美国犹太人积极地支持欧洲同胞的复国事业。改变美国犹太人观念的是惨绝人寰的纳粹屠犹事件，建立一个犹太国家既是对种族困境的交代，也是对种族安全的最后防卫措施。以色列建立后，美国犹太人感到欣慰，内心里觉得那是一个和自己有联系的国家，与其他国家相比，他们自然会更关注以色列一点，但是对多数改革派犹太人来说，谈不上亲近。只是随着中东形势的急速变化，美国犹太人对以色列的亲近程度在“六·五战争”之后，达到顶峰。以色列成了很多美国人心目中荣耀与信仰的中心。政治学家丹尼尔·艾利扎（Daniel Eleazar）创造出一个合成词“以色列乐透”（Israelolotry）来描

---

① Pew Research Center, A Portrait of Jewish Americans: Findings from a Pew Research Center Survey of U. S. Jews, Oct. 1, 2013, P. 83. www. pewresearchcenter/religion.（上网时间 2013 年 11 月 8 日）

述当时美国犹太人对以色列的狂热。但是随着阿以争端的持续，中东和平进程难以为继，以色列和美国关系波折不断，美国犹太社团与以色列的关系也陷入到争议之中。

一、亲还是疏——两份不同的调研报告

冷战后期，美国犹太人是否仍然对以色列充满亲近感，美国国内争议较大，学界不同专家有不同解读，最有代表性的莫过于疏离派和亲近派的论争。前者以美国希伯来大学教授斯蒂文·M. 科恩（Steven M. Cohen）与阿里·Y. 凯尔曼（Ari Y. Kelman）为代表；后者以布兰代斯大学西奥多·赛森（Theodore Sasson）教授的团队为代表。2007 年，科恩团队发表研究报告《不止是距离：年轻成年犹太人及其与以色列的疏离》①，认为近 10 来年，美国犹太人，尤其是年轻犹太人与异族通婚者对以色列的疏离感加强了。从 20 世纪 60—70 年代，到现在的 21 世纪最初 10 年，美国犹太人的亲以程度表现出比较明显的代际差异。老年犹太人比中年犹太人亲以，而中年犹太人又比青年犹太人更亲近以色列，也更重视自己的犹太身份。只有不到一半（48%）的 35 岁以下的美国犹太人认为“以色列被摧毁是个人悲剧”，而 65 岁以上的犹太人却有高达 78% 的人如此认为。对“犹太国理念感到很舒服”的比例分别为：65 岁以上占 81%，50—64 岁占 74%，35—49 岁占 64%，35 岁以下占 54%。“千禧一代”年轻犹太人对“犹太人”的理念感到不是非常舒服，因为他们中有些人认为，这样的联系生硬地区分了犹太人和其他人。

科恩团队在对犹太社团的社会现象、社会行为的分析中，得出了这样的结论：即随着时间的推移，当老年犹太人被年轻一代犹太人所代替，美国犹太人将出现对以疏离加强的趋势。② 同时科恩指出，对以疏离感的加

---

① Steven M. Cohen and Ari Y. Kelman, “Beyond Distancing: Young Adult American Jews and Their Alienation from Israel”, Hebrew Union College-Jewish Institute of Religion and Florence G. Heller-JCCA Research Center, 2007.

② Steven M. Cohen, & Ari Y. Kelman, 2007. “Beyond Distancing: Young Adult American Jews and their Aliention from Israel. ”, New York: Andrea and Charles Bronfman Philanthropies, p. 11.

强，并非意味着年轻犹太人的“犹太性”削弱了，恰恰相反，很多活动和数据表明，年轻犹太人对犹太文化宗教类活动很积极，只不过是这类活动并非以以色列为中心。世界最大犹太非赢利组织——“以色列犹太代办处”（Jewish Agency for Israel）的主席泽夫·贝尔克斯基（Zeev Bielski）在接受《耶路撒冷邮报》采访时，认为科恩的研究结果令人难受，出现这种情况的原因在于美国过于“舒适”的生活和不断增长的物质主义。要解决这个问题，还得从加大对“发现——以色列生来就有的权利”（Taglit-Birthright）[①] 项目的投资，资助更多的年轻美国犹太人到以色列。[②]

科恩从20世纪90年代开始关注美国犹太人对以色列的亲近度问题，最初他的研究团队从媒体、学界的言论中感受到人们对以色列亲近感的怀疑之声，但是当时并没有什么调查数据支持。2000年，他和斯坦福大学宗教学教授阿诺德·M. 埃森（Arnold M. Eisen）合著《自我、家庭、社区中的美国犹太人》[③] 中，他们在对比1988年与1997年调查数据的基础上得出结论：疏离感确实存在，“1997年，当问及美国犹太人对以色列的亲近程度时，仅有9%的人回答极其亲近，而1988年同样调查的数据是13%；1997年只有18%的人认为他们与以色列的关系“非常紧密”，而1988年是24%。科恩2006年在《评论》上发表《犹太人究竟发生了什么》，在分析1989—2005年AJC调查数据的基础上，发现73%的犹太人赞同“关心犹太人是我作为犹太人的重要部分”，而2005年，同样的问题，比例已经下降到57%。[④] 2003年，美国政治评论家弗兰克·伦兹（Frank Luntz）与一群年轻人交流，这些年轻人的共性是没去过以色列，也不参与犹太组织

---

① Taglit-Birthright Israel始于1999年，属于免费资助世界各地犹太青年访问以色列的教育项目，符合条件的犹太青年可以对以色列进行了10天的免费访问，目的是消除以色列与海外犹太社团，特别是与美国犹太社团间的隔阂，强化年轻人与以色列的历史文化联系，加强犹太认同。实行至今，该项目已经吸引了全世界60个国家30万犹太青年人访问以色列。每年“发现”都能收到数千万美元的捐款。

② Allan C. Brownfeld，“Attachment to Israel Is Found to Be Declining Among Young American Jews”，Oct. 2007，ACJ网站。（上网时间2013年10月2日）

③ Steven M. Cohen &Arnold M. Eisen，The Jew Within：Self，Family and Community in America，（Bloomington：Indiana University Press，2000），p. 143.

④ Steven M. Cohen，& Jack Wertheimer，2006. “Whatever Happened to the Jewish People?” Commentary 121，pp. 33 – 37.

的活动。访谈结束后他得出结论：年轻犹太人与以色列的联系正在令人害怕地下降着，这样的疏离是前所谓有的。[①] 但是其结论的问题在于很难放之于全体，因为他挑选的研究对象没有普遍性。支持疏离的还有坦帕大学政治学教授奥菲拉·赛莉克塔（Ofira Seliktar），她在专著《我们分道扬镳》中分析了美国犹太人精英与以色列政府之间在诸如犹太人该如何界定、1967 年后的犹太定居点、1988 年巴勒斯坦建国等问题上的不少分歧，认为美国犹太人作为一个整体与以色列的疏离感是加强了。赛莉克塔分析了 AJC 调查数据，发现尽管自称与以色列关系比较近的犹太人不少，但是认为支持以色列是他们犹太身份中最重要部分的仅为 3%。由此她认为："以色列在美国犹太人生活中的中心地位遭遇前所未有的新低"[②]，并且美国犹太人的去以色列化正在悄然蔓延。

然而，以赛森教授为首的研究团队，却得出了几乎相反的结论。他们认为无论学术作品还是调查研究结果，均不支持美国犹太人对以色列已经疏离的观点。从 1989—2005 年的 AJC 调查数据，他们发现"关心以色列"，"觉得以色列对自己很重要"的数据长期以来在 70%—80% 之间。[③] 2010 年，他们发表报告《仍然联系紧密：美国犹太人对以色列的态度》[④]。他们还对全国 1243 名（其中 1089 名是宗教意义上的犹太人）自称拥有犹太身份的人进行了调查，问题涉及"你在多大程度上与以色列有联系"，"你去过以色列吗?"等，结果显示：63% 的受访者认为联系非常多，75% 的人赞同"关心以色列对他们的犹太身份很重要"。在赛森看来，这与过去二三十年相比，没有什么不同。年轻犹太人看上去比老一辈犹太人疏远以色列，这是正常的表现，任何一个时代都是这样。随着年轻人年龄日益

---

① Phillips, Benjamin, Lengyel, Eszter&Saxe, Leonard. 2002. " American Attitudes Toward Israel. " Waltham, MA: Maurice and Marilyn Cohen Center for Modern Jewish Studies, p. 7, p. 14.

② Ofira Seliktar, Divided We Stand: American Jews, Israel and the Middle East Process, (Westport, CT: Praeger, 2000), p. 200.

③ Theodore Sasson, Charles Kadushin, Leonard Saxe, "Trends in American Jewish Attachment to Israel: An Assessment of the ' Distancing ' Hypothesis, Cohen Center for Modern Jewish Studies, Sep. 2010. pp. 8 – 9.

④ Theodore Sasson, Benjamin Phillips, Charles Kadushin and Leonard Saxe, "Still Connected: American Jewish Attitudes about Israel", Cohen Center for Jewish Studies, Brandeis University, August 2010.

增长，社会责任意识加强，他们对以色列的情感也会更趋于浓烈，而且随着“发现——以色列生来就有的权利”项目的推广，越来越多的年轻犹太人有去以色列免费旅游的机会，在此过程中他们亲身体验以色列政治与文化，对以色列所面临的困境有更真切的感受，它们对以色列的认同会随之增强。所以总的来说，这几十年来，犹太人对以色列的亲近感几乎没有什么实质的变化，仍像过去那样坚不可摧。该研究认为科恩的研究没有注意到人在成长过程中思想观念的变化。赛森还列出两张表格①来对比1994—2005 年的 AJC 调查，发现 1994 年 40 岁以下的人，到 2004 年已有 40—50岁，他们对以亲近感是上升的，而不是如科恩总结的那样会持续低迷。

二、不能忽视的世俗犹太人群体

对比科恩和赛森的研究报告，会发现两份报告均认同：虽然总体而言，大多数美国犹太人仍然支持以色列并与以色列保持着较为紧密的联系，但是美国年轻犹太人、异族通婚家庭和改革派犹太人对以色列的亲近度相对比较低。两者的观点差异主要在对美国犹太人对以亲近度长期趋势的判断上，前者态度比较悲观，认为美国犹太人对以色列的亲近程度总体走低，而后者用 AJC 多年来的数据证明：美国犹太人对以色列的亲近程度近 20 年来变化不大，未来也看不出有大变动的迹象。两者观点的差异激起了美国学术界的争论，但总体来说天平更多倾斜于科恩一边。赛森报告，以实证为主线，看起来特别有说服力。但是赛森的研究在方法论上有些瑕疵，尽管两大报告引用的数据均由思纬市场资讯有限公司（Synovate Inc）做出，但后者使用的数据是 AJC 委托思纬做的，采用电话调查的形式，调查的对象并非像 AJC 所宣称的那样是全国性的电话随机调查，而是被限定为宗教意义上的犹太人。而广义上的犹太人，比如拥有犹太出生和文化认同，但并不信仰犹太教的世俗犹太人、无深刻犹太身份认同的犹太人，均不在调查范围之内，正如我们前文中所提及的，这些人习惯自认为是犹太

① Theodore Sasson, Charles Kadushin, Leonard Saxe, “Trends in American Jewish Attachment to Israel: An Assessment of the ‘Distancing’ Hypothesis”, Cohen Center for Modern Jewish Studies, Sep. 2010. p. 15.

人。他们往往很少参加犹太组织和犹太团体，属于与以色列关系不算亲近的人群。将这部分人排除外，削弱了该数据的代表性。而科恩团队虽同样委托思纬公司进行，以信件和网络调查形式展开，调查以家庭为单位，只要这个家庭有宗教意义上的犹太配偶就可以成为被调查者。对比之下，科恩的犹太人概念宽泛于美国犹太人委员会调查对象的选择，包含了一部分占美国犹太人口比例越来越高的、由于社会融合而产生出的各类世俗犹太人。

这样的统计更能反映出变化中的美国犹太人的真实情况。但是从旁观者角度看，科恩的犹太人界定也不是最具代表性的，因为人为地将一些由世俗犹太人组建的家庭排除在外。这些人在美国近些年来增长是比较快的。再有一个可能需要注意的是，因为 AJC 调查数据的界定比科恩的要狭窄，未来即便进行代际追踪调查，由于科恩调查的对象由不少世俗犹太人构成，有些人并不热衷接受此类调查，因此调查者再次受访的意愿也比 AJC 团队的要低很多，由此，在追踪调查的结果上可能会进一步加固赛森团队的预测，而这样的结果只会和事实偏离太远。

三、实证研究必须与经验研究相互结合

要洞察某个族群的社会心理趋势，在崇尚科学实证的当下，实证研究法有其强大的立足根基。但是实证研究在自然科学中的强大功效，并不能万能地辐射到社会科学领域。[①] 尤其是社会学领域。关乎个体和群体心理与行为的学问，复杂性可想而知，个体心理状况的可量化数据，并不一定能够说明群体心理的必然趋势。也就是个体的某个因素量上的变化，并不直接导致群体的某种心理上的质变。比方说，个体对国家的不满意，并不一定指向群体对国家的不忠，因为爱国主义这类的群体心理是和国际社会的无政府状态相关的。

至于美国年轻犹太人对以色列亲近感下降是否仅仅是阶段性现象，即

---

① 关于社会心理学领域实证研究的弊端，详见：周宁："社会心理学实证研究的弊端"，载《阜阳师范学院学报》，2002 年第 1 期。

随着年轻犹太人日渐增长，他们对以色列的支持是否会提升？对于这样的争论，美国学界多数人认为美国犹太人对以色列的支持事实上下降了，也就是说，即便年轻人走向成熟，他们对以色列的支持也不及长辈那一代。杰克·魏特墨、史蒂文·M. 科恩、肯尼斯·D. 沃尔德等人的研究观点均证实了这一点。[①] 肯尼斯·D. 沃尔德在接受笔者访谈时，联系赛森和科恩报告的不同，他认为："不同学者研究方法和侧重点不同，研究结果自然也有出入。将生命周期对人的思想影响考虑进去，有一定的道理。不可否认，随着个体年龄的增长，有一部分人的思想会发生如赛森所说的变化。现实政治也会在不特定的时候对人的思想产生影响。打个比方说，若现在伊朗攻击以色列（当然可能性极小），某些犹太年轻人的想法就会因此发生很大的转变，所以赛森的推断某种程度上有他的价值，现实政治的难以预测性应该包括进去。但总的来说，他和笔者一样，还是比较倾向于科恩的观察和判断。美国犹太人对以色列的亲近感不是一成不变的。以色列建国初期，美国犹太年轻人，特别是在美国出生的犹太年轻人对以色列的建国虽然很高兴，但是并不狂热。1967 年"六·五战争"前后，以色列力挽狂澜式的胜利，让这种情绪上升到了极点，美国犹太人愿意为以色列倾其所有。但是随着越战、民权运动在全国的风行，当年美国犹太年轻人对以色列的关注热情有所下降，但是总体来说，比现在年轻人对以色列的关注要强。在老一辈犹太人眼里，以色列仍然是被中东国家包围的弱小国家，它需要美国犹太人的强大后盾，否则，将会随时面临生存危险。

现在的犹太年轻人，一方面，因为异族通婚，造成部分这类家庭的犹太人对以色列关注减少；另一方面，在很多美国年轻犹太人眼里，以色列已远不是父辈眼里的中东小国，相反他们会认为以色列非常现代，拥有的高新武器，足够应对敌国的攻击。再有，出生权利项目，方便了年轻人去以色列的旅行，他们有了更多的机会近距离接触以色列，但与此同时，相对在美国的父辈，年轻人有机会用自己的眼睛观察以色列，他们看到以色列面临的危险、以色列为维护安全所做的努力、同时他们中的少部分也关

---

① Jack Wertheimer，"How Leaders in their Twenties and Thirties Are Reshaping American Jewish Life"，The Avi Chai Foundation pp. 13 – 16. PDF，文本原稿详见 www. avichai. org。

注到了国际上因定居点问题对以色列的负面情绪，这些负面情绪让他们尴尬，使得他们对以色列的民主性质持怀疑立场。为了掩饰这种无能为力的尴尬，少部分人会表现出漠不关心以色列的姿态。这种对以色列的疏离感确实存在，这应该引起美国犹太社团担忧。”①

第二节　曾经的“以色列中心主义”

以色列建国对美国犹太人具有双重意义：第一是种族意义的，美国犹太人有了真正意义上的祖国，不再是流散在外的种族上无根的民族；第二是心理安全层面的。以色列是全球唯一以犹太人为主体民族的国家，世界各地的犹太人在遭遇迫害失去避难之所时，至少可以回归母国，二战期间犹太人漂流在大洋上孤立无援的惨剧将不再重演。以色列对美国犹太人的精神意义远胜过物质意义。以色列建国前，犹太复国主义只是少部分美国犹太人的追求，很多移民美国的犹太人及其后裔的目标是争取更快更好地融进美国社会，成为美国人。在美国犹太人的推动之下，战后美国社会展开了对纳粹大屠杀的反思，犹太哲学家汉娜·阿伦特（Hannah Arendt）“平庸的恶”理论②引发的争议使得美国本土的犹太人去探究“大屠杀”责任的真相，而不少非犹太美国人则对这段惨剧产生了负罪感，美国社会对犹太人的同情在忏悔中与日俱增。“永不重演”（Never Again）即是反思大屠杀时经常使用的口号，它背后的象征意义是美国有责任保障犹太民族和以色列的生存和安全。战后数次中东战争使得美国犹太人和美国人感到以色列仍处于危险的包围之中，补偿和保护以色列的心态在美国社会占据了主流。③“以色列中心主义”的思想开始萌发。

20 世纪 60 年代后期，与以色列有着种族联系的美国犹太人，顺理成

---

① Kenneth D · Wald 访谈，访问时间 2013 年 3 月，地点：佛罗里达大学安德森楼 Kenneth D. Wald 办公室。

② 汉娜·阿伦特著，孙传钊编：《耶路撒冷的艾希曼：伦理的现代困境》，吉林大学出版社，2003 年 1 月版。

③ 汪舒民：《纳粹大屠杀记忆与美国外交》，时事出版社，2013 年版。

章地成为为以色列利益在世界范围内呐喊的主力军。在“以色列”这面能引发犹太人神圣感和使命感的旗帜引领下，美国犹太人被主要犹太组织很好地动员起来，积极投入到一场保护以色列的运动中。地方联合会负责为以色列募集资金；在华盛顿、纽约等政治经济核心圈活动的犹太组织，如“美以公共事务委员会”、“主席会议”等，主要目标是游说政府和国会，在对外政策和国际援助上向以色列倾斜。作为个体的普通犹太人，其以色列和中东认知多源自犹太组织的宣传材料、犹太报纸杂志、专业期刊的分析与评论。以色列在这些宣传材料里被定义为防御型国家，这样的界定最能吸引美国犹太人集结到以色列下的旗。“主席会议”等伞型集团组织广泛动员民众，1967 年“六·五战争”，以色列在阿拉伯国家的围堵中成功逆袭，好像是成功化解了又一次大屠杀危机，美国犹太人的亲以情绪一下子达到从未有过的高度。如果说有些美国本土出生的犹太人在 1967 年对以色列的感知还相当模糊的话，战争之后，他们与以色列来了一场轰轰烈烈的“恋爱”，希伯来语、以色列旅游、以色列国旗成为当时的流行元素。就在 1967 年这一年，美国犹太人通过直接捐款和购买以色列债券等方式为以色列提供了 4 亿多美元。“很多以前从来没有认同以色列，甚至不认同犹太民族的犹太人，突然就手持支票本冒了出来。”[①] 美国犹太人在报道战事时，使用“我们”而不是“他们”。[②] 犹太社团在美国历史上从一个行事低调的团体，开始公开显示它们对以色列的关切，而且不忘展示“肌肉”。在这一时期的犹太人看来，重视权力是捍卫生存的保证，轻视权力才会有大屠杀的惨痛教训。[③] 1975 年，当联合国决议谴责以色列锡安主义，并将其与种族主义相提并论时，几十万美国犹太人高调地在大街上宣称“我是锡安主义者”。一时间，“以色列成为美国犹太人的国民宗教”，犹太生存成为美国犹太社区生活的“神圣”价值[④]，犹太社团也因以色列成为美国政治上最为积极的少数族裔。1977 年以色列强硬派贝京角逐总理时，

---

① Melvin I. Urofsky, We Are One! American Jewry and Israel, (Garden City: Anchor Press/Doubleday, 1978), p. 356.

② Ofira Seliktar, Divided We Stand: American Jews, Israel and the Peace Process, (Westport, CT: Praeger Publishers, 2002), p. 21.

③ 汪舒明：《纳粹大屠杀记忆与美国外交》，时事出版社，2013 年版，第 154—155 页。

④ America's Jews in Transition, p. 119.

“主席会议”主席肯尼斯·贝亚金（Kenneth Bialkin）的态度实际上代表着美国犹太社团对以色列包容式支持的反应。他说：“如果工党赢了，我们会支持他们；如果利库德赢，对西岸采取强硬措施，我们会在背后挺他们。”贝京获胜后，犹太组织果然兑现了他们的诺言。1982 年 6 月 18 日，黎巴嫩战争开战 10 来天后，贝京到纽约向犹太组织的大佬们募资，他热情地对前来出席筹资会的犹太领袖演说：“伟大的美国犹太社团过去从来没有像现在这样紧密团结在以色列身边，与它坚定地站在一起。”① 那次演说成果丰硕，美国犹太社团为以色列的黎巴嫩战争提供了 2700 万美元的经济支持。在战争初期，没有任何社团指责以色列的行为，它们的直觉是以色列面临着生存危机，什么话都不要问，赶紧团结起来提供经济政治支持是最实在的。

不可否认，即便在以色列最受欢迎的 20 世纪 60 年代末到 70 年代初，犹太组织内部在对以政策问题上也有不少分歧，但以色列的安全和犹太民族的生存往往是最强大的黏合剂，犹太人历史上屡遭迫害的经历让美国犹太社团确信团结能让犹太人生生不息，内讧只会帮助敌人。美国犹太社团以主要犹太组织主席会议为首，普遍接受这样的原则：在根本性的安全问题面前，美国犹太人不得公开批评以色列，毕竟是以色列人在承受安全困境而不是流散在外的人。1983 年，时任主席会议主席朱利叶斯·伯曼（Julius Berman）向美国国务卿舒尔茨表达了类似观点：美国犹太人的责任是纯粹而简单地支持以色列。因为毕竟是以色列赋予犹太人每天的生活，以色列有权通过民选政府决定自己的命运，② 所以冷战前，以色列得到了美国犹太社团极大的支持，大量民间捐款经由北美犹太联合会拨往以色列。得益于犹太游说，以色列获得的美国政府援助比民间捐款丰厚很多。以色列成为美国人关注的中心，多项针对美国犹太人的调查均发现，绝大多数犹太人均认同这一调查设想：若以色列被摧毁，那么将是我人生遇到的最悲哀的事件。以色列对来自美国的帮助很是欣喜，这些资金对于完善以色列的战备、教育、住房、科技进步等起到了很大作用。以色列欢迎美

---

① New York Times, June 19, 1982.

② Jewish Power, PXV.

国犹太人的慷慨并不代表他们喜欢美国人去告诉他们如何对待犹太传统，如何处理阿以争端。针对20世纪60年代中后期到80年代初期美国犹太人对以色列的狂热，美国记者托马斯·弗莱德曼（Thomas L. Friedman）曾打过这样的诙谐比喻：“在许多事情上，美国犹太人喜欢以色列的‘身体’，而以色列喜欢美国犹太人的钱。”① 如果说，冷战前关于纳粹大屠杀的讨论、冷战时期的历次中东战争让美国犹太人觉得确实如此的话，冷战后，美国犹太人开始理性地去思考这个“身体”值不值得自己去无条件爱。

第三节　“以色列中心主义”的弥散化

美国犹太人与以色列之间，一些冷战期间就已存在或被“以色列中心”遮蔽或因国际形势变化而产生的矛盾，在冷战后期逐渐显现出来。这些矛盾类型丰富，有事关世界最大的两大犹太社团自身宗教和种族身份认同的“皈依危机”，也有因政治制度、人权状况、以色列内部民族危机引发的美以民主比较，更有对中东和平进程看法之争，还有两国间突发的某些政治事件对忠诚的考验之痛。所有这些争议与苦痛，均使“以色列中心”思维方式不断受到挑战，美国犹太社团对以色列的认知变得更为独立，在中东政策上，美国犹太社团的社区共识渐渐瓦解。

一、“皈依危机”引发的分歧

以色列建国初期，为巩固新生政权和犹太国家实力，号召世界所有“犹太人”回归以色列，1950年的《回归法》赋予了犹太人成为以色列公民的权利。随着世界各地越来越多的人涌进以色列，“谁是犹太人”的问题变得急需界定。1970年《回归法》修正案，规定“母亲为犹太人者和皈依犹太教同时又不属于其他宗教者为犹太人”。本来这个定义还算宽泛，但是以色列的宗教党派，一直要求在皈依者的条款前加上“根据犹太律

① Friedman, From Beirut to Jerusalem,（New York : Farrar Straus Giroux, 1989）. p. 461.

法”，目的是确认只有在正统派主持下的皈依才有合法性，也是为确定正统派在世界犹太教的地位。这引发在美国大量存在的改革派和保守派犹太人的不满。当时中东战事比较紧张，以色列安全仍是美国犹太人的核心关注，这一问题的重要性被压低了。那时以色列政坛是工党一党独大，工党在皈依问题上持宽容立场。20 世纪 70 年代，“利库德集团”、“沙斯党”等右翼党派逐步建立，将支持正统派在皈依问题上的绝对地位作为有力的政治筹码来对付工党。“谁是犹太人”变得迫切起来。美国犹太人不得不参与到这一以色列内政中来，因为以色列的界定不仅关系到美国犹太人的身份，还关系到改革派和保守派在犹太教中的地位。

1988 年以色列选举，“谁是犹太人”问题摆在美国犹太人与以色列面前。当时工党获得 40 个议会席位，利库德获得 41 个，旗鼓相当的两大党必须获得沙斯党等宗教党的支持才能顺利组阁。工党很希望能争取到宗教党的支持，宗教党也有这个意向，但前提是联合组阁的政府须宣布修改《回归法》。美国犹太人听闻这样的消息，派了多位犹太领袖与以色列主要党派会谈，奉劝以色列不要做这样的修改，因为这样的改动事关所有犹太人，特别是有可能造成美国犹太人与以色列之间的巨大隔阂。利库德和工党权衡再三，决定考虑美国犹太人的请求，选择联合组阁，避免在这一问题上立刻表态。1990 年，全国犹太人口调查（NJPS）调查数据公布之后，异族通婚，皈依犹太人等现象引发了美国犹太人和以色列的广泛关注。坚持传统的正统派和改革派对这些问题的分歧越来越大。20 世纪 80 年代末到 90 年代初，以色列政坛宗教党势力逐渐上升。内塔尼亚胡执政时，宗教党成员占到国会议席的近 35%。在一个由多党派组成的联合政府中，35% 是一个相当高的比例，宗教议题在政府事务中占据了比较高的位置。与此同时，100 多万苏联犹太人涌入以色列，不少经过改革派和保守派拉比主持的皈依者到以色列获得承认，而以色列国内关于犹太人的认定还停留在必须是正统派拉比主持的皈依才合法，有些改革派人士号召以色列政府应该“一视同仁”。1993—1994 年，因为力主奥斯陆和平进程，工党一直备受宗教党的阻扰与打压。拉宾遇刺后，沙斯党向少数党工党政府开出条件：承认皈依仪式必须由正统派主持的法案。工党拒绝，在几个月后的以色列大选中，强硬派利库德获胜，1996 年，它支持宗教党主张的皈依法案，并称这是以色列的内部事务，令九成的美国非正统派犹太人尴尬与愤怒。有些人认为以色列威胁到了他们的信仰自由，有些犹太组织担心美国犹太人会因此疏远与以色列的关系，而减少对以色列的援助。犹太联合募捐协会（UJA）领导人请美国主要教派领袖发表联名信，呼吁美国犹太人继续伸出慈善之手，不要被政治对立所干扰。一些改革派、保守派和重建派拉比不愿这么做。不少犹太组织对以色列政府的做法做了公开抗议。内塔尼亚胡不为所动，他多次申明皈依法案是以色列的事务，以色列之外的犹太人皈依的合法性不会被改变。他甚至对媒体讲："美国改革派和重建派犹太人的抗议是误导公众。"结果让美国不少拉比极为气愤，号召美国的犹太公会不要再邀请以色列政府和议会人员出席活动。1997 年 9 月，内塔尼亚胡访美时，特地于百忙中造访了正统派会堂并发表演讲，一边说在宗教相关问题上会保持现状，一边又号召美国犹太人"多学希伯来语，多关注以色列的教育……不仅仅生而为犹太人，而且应该以犹太人为荣耀"。[①] 言语之间透显出明显的"以色列中心主义"的色彩。这种强硬而傲慢的态度使很多美国犹太人很不舒服。为平息美国犹太人的怒火，内塔尼亚胡在每年的犹太联合理事会大会（Council of Jewish Federation's General Assembly，简称 GA）上都尽量释放出让美国犹太人宽心的信息。1996 年的大会上，内塔尼亚胡承认以色列正统派在皈依问题上的霸权将会持续，同时又宽慰美国犹太人，他们在美国由改革派和保守派主持的皈依是被承认的。1997 年，关于皈依的争议更严峻了。当年 11 月，内塔尼亚胡美国的一次集会，众多美国的保守派和改革派犹太人打出横幅："请不要将 400 万美国犹太人一笔勾销！"[②] 内塔尼亚胡承认"我们面临着犹太世界内部的一场危机"。[③] 他请求台下的来自全美国的数千名犹太人领袖："我们应该结束敌视……共同与同化而作斗争。"在 1998 年的 GA 大会上，内塔尼亚胡主要是从以色列国家未来发展角度，论证防止同化、捍卫犹太传统的重要性。这些固然有不少道理，但是这类缓和姿态，无法挽救皈依危机给美国犹太人的伤害。

---

① American Jewry and Oslo Years, p. 72.

② The Economist, Nov. 27, 1997.

③ Ibid. p. 73.

二、对待中东战争的分歧

（一）黎巴嫩战争前美国犹太社团对以色列绝对安全观的包容

以色列建国后，它与阿拉伯国家之间因领土和宗教等问题战事不断。以色列以一弹丸之国对抗数个阿拉伯国家的战争态势，使得以色列习惯上被看成处于防御地位的弱者。犹太人数千年屡遭迫害的历史，更加剧了以色列的悲情。渲染以色列孤军独守的困境是以色列政府对美政策的重要策略，毕竟以色列仰仗美国的军事、政治、经济等全方位的支持。历次中东战争，以色列均坚决奉行现实主义绝对安全观，即：以色列必须把握权力才能赢得主动，保护自身的安全。以色列被阿拉伯国家围困的现实和犹太人被迫害的历史经历使得以色列政府形成了“别人难以足信，只有依靠自己”的逻辑思想。霍布斯式的思维造就的是难以停断的战事和深入骨髓里的民族仇恨。之所以用“深入骨髓”四个字，是因为在现实主义框架下，仇恨每一方均能找到自己恰当的理由。绝对安全观和冷酷的“零和”对抗虽非美国犹太社团的主流喜好，但“六·五战争”后，阿拉伯的“三不”政策[①]加剧了阿拉伯人在美国犹太人心目中的负面形象是事实，因此绝大多数美国犹太人以及美国犹太组织对以色列的政策表示认同与支持。1967—1979 年，美国一系列的民调结果可资证明：95% 的美国犹太人支持给以色列武器支援，40%—51% 的美国人支持以色列，只有 4%—14% 支持阿拉伯人。[②]

同时，不能忽略冷战大背景也是美国犹太人支持以色列强硬安全观的重要原因。冷战期间，美国在中东与苏联集团关系紧张而敌视，阿拉伯世界选择与苏联为盟，对以色列的敌意不仅是区域性的也是全球性的。美国犹太人感到帮助以色列的同时可以帮助美国在冷战中对抗苏联，声援以色列可以不用背负“双重忠诚”的压力，以“爱国主义”之名，将对以色列的爱晒在阳光下。以色列从 1983 年与美国签订《战略合作备忘录》以后，

---

① “三不政策”意指：不承认、不和解、不谈判。

② Ofira Seliktar, Divided We Stand: American Jews, Israel and the Peace Process, pp. 32 - 33.

被美国确认为海外“战略资产”，以色列的强硬立场，也有充当美国中东“盟友”、维护美以特殊利益的考量。美国政府决策层有人不安于以色列的绝对安全观，可惜担忧与不安均不足以令美国政府公开对以色列的不满。尽管以色列经常违反国际法，美国犹太社团大多还是倾向于理解与包容。

（二）黎巴嫩战争是重要分水岭。

如果说20世纪80年代前，以色列的强硬态度值得尊重的话，那么1982年的黎巴嫩战争大大突破了美国犹太社团对以色列防卫型国家的认知。

1982年和2006年的两次黎巴嫩战争、2008年的加沙战争对美国犹太人的以色列观、中东战争观有较大影响。1982年以色列在惩戒黎巴嫩真主党的行动中，大举突袭巴勒斯坦解放组织驻黎巴嫩总部和巴解组织难民营，并放任骇人听闻的萨布拉和夏蒂拉大屠杀发生，造成800—1000名巴勒斯坦难民死亡，其中包括妇女和儿童。随着真相一点点被揭开，以色列的攻击性和滥杀无辜的非人道行为，让不少相信以色列是民主国家的美国人吃惊与愤怒，美国社会对以色列的好感降至低点，[①] 美国人对犹太人双重忠诚的质疑比以往升高，部分自由派美国犹太人公开质疑以色列中东战争的正当性。“主要犹太组织主席会议”前主席辛德勒拉比走在批判以色列黎巴嫩政策的前列，他公开抨击以色列背弃美国犹太人的行为，他说：“无论在经济上还是道义上，我们都被贝京勒索、轻视了。”[②] 他和其他人号召建立“流散犹太人议会”给以色列施加压力。很多犹太改革派思想家从自由主义立场呼吁美国犹太人和以色列之间要保持各自的独立性。他们号召美国犹太人分清正义，和国际社会一起敦促以色列从黎巴嫩撤军。与之前美国犹太社团对以色列政策支持率高达90%以上相比，黎巴嫩战争后，5%的美国犹太人认为以色列不应该攻打黎巴嫩，还有13%的人认为以色列的行动应该适可而止，[③] 美国犹太人对以色列的批评禁忌被打破了。7月4日，66位美国犹太名人在《纽约时报》上刊登整版广告支持以色列

---

① American Jewish Year Book, 1985, pp. 109 – 110.

② Divided We Stand: American Jews, Israel and the Peace Process, p. 72.

③ American Jewish Year Book, 1986, p. 20.

“现在就和平”（Peace Now）运动，表达了对战中黎巴嫩的同情，并认为以色列的行为违背了犹太复国主义者的本源追求。改革派“中央拉比会议”通过决议谴责“黎巴嫩的悲惨损失”，表达了对“以色列和犹太人灵魂”的关注，该决议得到与会代表 1/3 的支持。以色列军队围困西贝鲁特，断电断水的做法，则激发了美国犹太人关于以色列在战争中是否人道的质问。

从 1987 年开始，巴勒斯坦人的因提法达运动日渐高涨，以色列当局对巴人起义的高压政策，从另外一个方面让美国犹太人深思：战争是否是解决阿以冲突的最好方式？第二次黎巴嫩战争、2008 年加沙战争，巴勒斯坦人惨重的死亡情况，同样引发了部分美国犹太人对巴勒斯坦人的同情和战争必要性的疑问，观点的分歧渐渐浮于水面，在有些地区，同情巴勒斯坦人的犹太人被扣上反犹主义的帽子，而支持以色列的犹太人被斥责为罪恶的“种族主义者”。

三、对中东和平进程的分歧

1967 年，“六・五战争”是美国犹太人与以色列关系史上的决定性事件。这次战争所带来的最直接后果是以色列领土的急剧扩张、阿拉伯世界的坚决抵抗以及美国对阿以争端的外交干预。如何对待“六・五战争”中的领土——西奈半岛、戈兰高地、约旦河西岸、加沙地带和耶路撒冷东区，美国官方态度是遵照联合国“242 号决议”，即以色列应该撤出战争中占有的阿拉伯人的领土，尊重并承认该地区各个国家的主权、领土完整和政治独立。以色列政府不愿撤出，以色列世俗派的理由是伊斯兰极端分子、巴勒斯坦恐怖组织威胁以色列安全，这片领土可以称为犹太国的安全缓冲。犹太虔诚派的理由是：这些土地是《圣经》中“以色列地”，即“迦南地”，是上帝赐予犹太人的故土家园，以色列占有这些土地天经地义。20 世纪 60—70 年代，多数美国犹太人比较赞同以色列占领该片区域，主要出于以色列的安全和存继考虑。“美国犹太人委员会”、“美以公共事务委员会”、“主要犹太组织主席会议”、“反诽谤联盟”等大型组织均将保护以色列安全作为各自组织的头号重要使命。不过，随着中东战争的持续，以色列和美国犹太人越来越认识到，新占领的领土的最终归属已经成为重大的负担，解决这个问题非常棘手。

1973 年埃及通过第四次中东战争和 1978 年的戴维营和谈夺回了西奈半岛。对于如何处理以色列占领的其余领土，以色列国内态度分裂，形成了以“工党”为主的“左派”和以“利库德集团”为首的右派，工党主张通过谈判克服以色列面临的安全困境，削减维持安全的成本，部分解决巴勒斯坦难民问题。工党在支持犹太复国主义的基础上，承认巴勒斯坦人的自决权，主张谈判，有条件承认巴勒斯坦机构对约旦河西岸的领导权。利库德集团反对让步，反对与巴勒斯坦权力机构谈判，其领袖贝京甚至将西岸和加沙称为“解放区”，主张建设定居点，永久占领被占领土。埃及、美国、苏联主张开启中东和平进程，以色列撤出部分领土，有条件地承认巴勒斯坦难民的生存权利，以保证实现中东地区的安宁，而美国更希望在调停中建立起美国在中东的领导地位。

以色列不同党派间的分裂不可避免地造成美国犹太组织在此问题上的不同看法。20 世纪 60—70 年代，90% 的美国犹太人认为以色列的定居点政策是合情合理的，即便少数人不赞同以色列的政策，美国犹太圈中还盛行着美国犹太人无权干预以色列内政的逻辑，异议者并不公开发表意见，所以总体而言，美国犹太社团与以色列基本立场一致。冷战后期，苏联对中东的控制能力明显衰微，美国在中东建立“美国治下的和平”的前景明朗起来，美国开始着手倡导卡特政府曾努力推进的中东和平进程，克林顿政府将外交重点放置于此。部分自由主义思想的犹太人从反战，支持和平的角度对阿以问题有了不同于以色列政府的观点，在巴勒斯坦建国、戈兰高地和耶路撒冷地位等问题上，三成美国犹太人要么反对以色列在这些问题上的政策，要么有所保留。不少美国犹太人希望巴以双方通过谈判而不是战争解决彼此分歧。他们认为以色列应该放弃部分所占领土，才能实现阿以的永久和平。20 世纪 80—90 年代，美国犹太人的“以色列中心”共识逐步走向瓦解，美国犹太社团与以色列走向了共识与分歧并存的新阶段，交往过程中，彼此独立性更为明显。这一点在新老防务组织的对以态度上表现突出。老犹太防务组织，主要是一些传统核心犹太组织，自认在保护以色列和在美国建设自信的犹太文化方面，做出了巨大的贡献，取得了举世瞩目的成果。面对新势力的挑战，他们多数表示要坚守，不轻易放松支持以色列这一防务底线。年轻犹太组织，主要是一些新兴的自由派防务组织，与老一辈“以色列中心主义”不同的是，他们不是很在乎自己是不是犹太复国主义者，而是很在乎以色列的生存，以及自己与以色列的密切关系，因此他们否认自己不支持以色列，他们声称自己更知道哪些对以色列的生存更为重要，而不是对以色列现政府更为关键，因此他们对外界批评以色列政府的声音具有更强的容忍性，不轻易将各类敏感批评归结为“反犹主义”。

以色列政府在中东和平进程上摇摆不定的态度动摇了美国犹太人的“以色列中心主义”。一个分裂的以色列，一个政府在左右间摇摆的以色列，美国犹太组织该如何和它打交道是个非常大的难题。那些保守地秉持“以色列中心主义”的美国犹太团体，在以色列政局的转换中不得不扮演墙头草的角色，美以公共事务委员会（AIPAC）就是一例。老布什时期，美国政府将中东和平进程纳入美国新秩序的框架，但是以色列沙米尔政府在领土问题上坚决不让步。AIPAC 夹在其间，不过它还是按照惯例选择了支持以色列，结果卷入了美以之间在贷款担保问题（详见第四章）上的争议。沙米尔感激 AIPAC，而且他对 AIPAC 等犹太社团的艰难处境表示极大的理解。而主和的拉宾政府上台初期，对美国犹太社团的游说活动极不耐心，批评他们在美以之间制造了麻烦。如此出力却不受待见，甚至招致批判的境况，让 AIPAC 尴尬郁闷。1993 年，AIPAC 副主任哈维·弗里德曼（Harvey Friedman）在与以色列副外长贝林（Yossi Berlin）会晤时问：“拉宾从哪得到如此放肆的权力去放弃领土?”谈话内容曝光后，AIPAC 主任汤姆·丹（Tom Dine）不得不为此道歉，并称弗里德曼只代表他自己，AIPAC 非常尊敬以色列总理。接着《华盛顿犹太周刊》爆出弗里德曼曾骂贝林是“卑鄙小人”，这成了他下台的直接导火索。类似事件还发生在克林顿执政时期，1999 年，巴拉克挑战内塔尼亚胡竞选以色列总理，AIPAC 为能在以后的政策上保持和以色列政府一致，把宝押在内塔尼亚胡身上，邀请他出席 AIPAC 年会讲演。可是，竞选出现戏剧性一幕，内塔尼亚胡落败。形势一下子变得对 AIPAC 不利。AIPAC 迅速做出改变。坚决不回避与在任的以色列领导人打交道，是 AIPAC 的一贯立场，它赶紧转而邀请巴拉克发表演讲，并在巴勒斯坦自治问题上做出让步，说在以色列安全得到保证的情况下，支持巴勒斯坦自治。①

表 3　美国犹太人中东和平进程倾向调查统计图（2001—2010 年）

问题	选项	2001	2002	2003	2004	2005	2006	2007	2008	2009	2010
就目前来说，您支持还是反对巴勒斯坦建国？	支持	53	49	54	57	56	54	46	*	49	48
	反对	39	47	41	37	38	38	43	*	41	45
	不确定	8	5	5	6	6	9	12	*		6
	总计	100	99	100	100	100	101	101	*		99
为与巴勒斯坦搭成永久和平，您觉得以色列应该撤出多少定居点？	全部	9	10	12	14	15			*	8	6
	一部分	53	55	57	57	46			*	56	56
	全部不	34	34	29	29	36			*	34	37
	不确定	4	2	2	2	3			*	2	2
	总计	100	101	100	100	100			*	99	101

注：根据 AJC 已公布数据整理，* 表示当年未进行这类调查或未问及这个问题。详见犹太银行数据库 http：//www. jewishdatabank. org/Studies/american-jewish-year-book-articles. cfm。总计有时加起来是 99，有时加起来是 101，主要由统计时四舍五入造成。

这些只是美国犹太社团尴尬处境的一两个小案例，常常出现的结果是美国犹太社团在以色列和美国政府面前两面不讨好。在美国国内，主流犹太组织还要饱受新兴组织的批判，新兴犹太组织抨击美国主流犹太组织的"以色列一致"。从 2001—2010 年，美国犹太人对中东和平进程的倾向表中（如表 3），可以看出：和以色列政坛在本世纪最初 10 年左右翼摇摆，在和平进程问题上难以迈开步伐相比，美国犹太人对中东和平进程的态度要稳定很多，多数支持中东和平进程，反对撤出定居点的大约占 35%，并没有一边倒地追随以色列，这从另外一个侧面说明美国犹太人确实是想和"以色列中心主义"说再见了。表中所有数据都来自于 AJC 多年来的同一问题的跟踪调查，因此可信性比较高。

① American Jewish Year Book 2000，pp. 231 - 232.

四、因提法达运动引发的争议

从1987年底起，在以色列被占领土约旦河西岸和加沙地带爆发了数次巴勒斯坦民族大起义，矛头直指以色列人的统治。起义的起因是100多万巴勒斯坦人长期在被占领土上受到以色列的不公平对待，成为事实上的“二等公民”，以色列对巴勒斯坦人提高税收，减少巴勒斯坦人用水数量，企图以此迫使巴勒斯坦人离开被占区，从而达到彻底吞并这些地区的目的。但是巴勒斯坦人并不打算离开，寄希望于国际社会干预，结果一直停滞不前，他们只有通过起义来表达立场和诉求。70万以色列境内的巴勒斯坦人感到他们所要做的不是推翻以色列，而是要去掉“以色列性”，保护自己的民族，建立自己的国家，才能解决自身民族面临的生存危机。

因提法达持续多年，大规模爆发数次。1987年首次出现时，以色列当局未料到一次以色列军警与巴勒斯坦人的街头事件可以持续成直指以色列心脏的冲突，起初以色列咬定巴解组织指使放任巴勒斯坦人起义，制造事端，毫不手软地加强镇压，但当越来越多的巴勒斯坦人走上街头，从老人到孩子，用上各种不能称作为武器的武器去对抗以色列军人时，这场运动已经远不能称为“恐怖活动”、“暴民运动”那么简单。一场以色列管辖区域内的巴勒斯坦人对抗犹太人的斗争，实际上是以色列不愿意看到的内部骚乱。以色列执政党的“铁拳”政策遭遇国内外的批判，国内反对党猛烈批评执政党在和谈问题上止步不前，海外其他不少国家将以色列的行为与南非种族主义相提并论。在大洋的另外一边，“美国犹太人对以色列长期的心理统治史展开了一场斗争，战场就在犹太会堂、犹太组织、游说团体和犹太出版社里”。[①] 美国犹太社团质疑以色列长期占领加沙和西岸的声音越来越多，关于是否应该批评以色列的争议较之以前更加激烈。“美国犹太人大会”认为不公正地批评以色列，以色列会受到伤害，而美国“主要犹太组织主席会议”认为在安全的问题上最好留给以色列做决定。伴随美

① Steven T. Rosenthal, Irreconcilable Differences? The Waning of the American Jewish Love Affair with Israel, (Hanover and London: University Press of New England, 2001), p. 93.

国政府批评以色列以真刀实枪对付巴勒斯坦平民，并在联合国谴责以色列时，美国犹太人左翼和右翼已公开争论以色列行为的正义性和道德性。希伯来联合工会领导人亚历山大·辛德勒（Alexander Schindler）不顾其他犹太专家反对，向以色列总统发出公开诉求信，说打击因提法达是违背犹太精神和背离犹太复国主义梦想的，请求立即停止疯狂的举动。[①] 时任以色列国防部长拉宾则要辛德勒拿出他认为的可行的对策来。如此，美国犹太人与以色列的立场分歧，公然出现在媒体上、集会上。美国犹太人敦促以色列结束冲突，推动和平进程的声浪越来越高，这客观上为克林顿时期中东和平进程的展开起到了作用。

五、以色列是否民主国家的争议

建国后，为获得世界性支持，以色列被塑造成民主的世俗现代化国家，是美国自由民主在中东的延伸。有此形象，美国犹太人就可以巧妙地将犹太复国主义和美国主义结合在一起，[②] 去游说美国人支持耶路撒冷，理由是支持以色列就是为世界的和平与和谐而奔走。民主的以色列可以使美国犹太人在心理上和行动上免受双重忠诚之困。

但是随着阿以争端的持续，关于以色列持强凌弱的负面报道越来越多地见诸于媒体，巴勒斯坦因提法达运动发生后，以色列以武力攻击镇压为安定与生存请命的无辜平民，以色列的民主形象在美国犹太人心目中由确定变得模糊。随着越来越多的美国犹太人到以色列旅游、学习和寻根，以色列社会的保守化、宗教对婚姻自由、男女平等等基本人权的多度干预逐渐被美国犹太人了解。以色列少数民族的人权状况则更让美国自由派犹太人吃惊。以色列没有宪法，但有基本法，基本法将以色列界定为“犹太人的国家”（the State of Jewish People），任何挑战此概念的政党很难加入议会。在美国，公民是“我们即人民”（we the people）。在以色列，这个国

① Steven T. Rosenthal, Irreconcilable Differences? The Waning of the American Jewish Love Affair with Israel, (Hanover and London: University Press of New England, 2001), p. 99.

② Ofira Seliktar, Divided We Stand: American Jews, Israel and the Peace Process, (Westport, CT: Praeger Publishers, 2002), p. 5.

家是不是属于在那里居住的“阿拉伯人”，规定相当含糊。1992 年和 1994 年，两次基本法修正案均将以色列改为“犹太的民主的国家”（A Jewish and Democratic State），但纠正并未直指核心。

2010 年，以色列内阁拟通过一项提议，要求想成为以色列公民的非犹太裔必须承认并宣誓效忠以色列为犹太国家和民主国家，后受到阻碍没有成行。奥巴马任内，在中东和平进程中断后重启的 2013 年，以色列一直谋求让巴勒斯坦承认以色列是犹太国家，以此作为谈判的基础之一，为此不断在国内做各种单边努力。2014 年 11 月 23 日，以色列内阁投票通过“犹太国家”法案。2015 年 7 月中旬，以色列法律与司法委员会批准通过了利库德集团议员巴尼·伯甘提交的法案，规定：“以色列是犹太民族的国家，也是一个遵守先圣意志，以自由、民主为基本原则的民主国家”。据说这个法案还会交给议会批准。该法案令以色列的阿拉伯人非常失望。以色列议会的阿拉伯议员乌萨马·萨迪认为这是右派政府针对以色列阿拉伯人的，带有种族主义色彩的决议。巴勒斯坦领导人绝对不能接受以色列的这种带有种族色彩的单边决定，而且对于巴勒斯坦来说，如果接受这样的概念，将意味着剥夺了上百万在 1948 年第一次中东战争中逃离家园的巴勒斯坦难民的回归权，同时也损害了目前在以境内的阿拉伯巴勒斯坦人的利益。以色列越是追求“犹太国家”地位，越是阻碍中东和平进程。美国自由派犹太团体已经留意到以色列右翼政府的一系列做法，认为这些做法和以色列民主国家的追求不相符。

在平等问题上，包括美国国务院在内的观察者也感受到以色列对阿拉伯裔的态度。比如在征兵时，不将阿拉伯裔作为强制征兵范围，而服兵役往往是进入某些重要国家部门的前提条件。数万贝都因阿拉伯人缺少水资源供应，居住条件恶劣。5000 多巴勒斯坦裔以色列人配偶很难获得医疗保障，伊拉克裔、叙利亚裔、黎巴嫩裔配偶的探视权无法得到满足。十几万埃塞俄比亚裔犹太人在居住和教育方面面临较严重的歧视，甚至在教育中出现过埃塞俄比亚犹太学生被人为隔离的现象。① 冷战前，这类现象客观

---

① Israel and the Occupied Territories, Country Reports on Human Rights Pratices for 2011 (Israel), pp. 19 – 22. The U. S. Department of State, Bureau of Democracy, Human Rights and Labor, http: //www. state. gov/documents/organization/190656. pdf. （上网时间 2013 年 5 月 20 日）

存在，但美国犹太人对此知之甚少，冷战思维亦抑制了人们的客观判断。冷战后，直接接触的渠道增多，一些欠缺民主和公正的安排进入到美国犹太人的视野，与他们所支持的自由民主价值观发生了较大碰撞。

所有这些有关以色列的动态状况，均使得美国犹太人疑虑：以色列是否属于民主国家？这种质疑带来的是美国犹太社团的内部分歧，以及和以色列情感上的疏离。犹太复国主义者继续为以色列辩护，说以色列对黎巴嫩真主党，加沙哈马斯组织的打击只是为了反恐和生存，即便伤及了巴勒斯坦平民，也不能证明以色列是穷兵窦武之国。正统派将外界对以色列的批评看成是歪曲和中伤，“中东精确报道委员会”（CAMERA）就在那时应运而生，旨在对媒体不利以色列的报导进行监督与反击，而世界主义者则谴责以色列的不人道行为。反诽谤联盟不得不为此投入巨资进行亲以宣传和释疑性报道。2008 年 2 月，“美国主要犹太组织主席会议”主席马尔科姆·霍恩莱因（Malcolm Hoenlein）出席主席会议年会时指出：“（美国）对以色列的支持还是一如既往地高，但是我们的民调表明，虽然支持面很广，但支持力比较薄，许多美国人视以色列为黑暗和黩武的地方。”①

以色列在阿以争端中追求绝对安全的战略理念，与自由派和保守派美国犹太人对安全的理解无法一致，甚至直接挑战了他们对什么是自由、什么是民主的理解。一份评估 35 岁以下的美国犹太年轻人对以色列态度的报告披露“许多犹太年轻人渐渐相信，如果要说以巴纷争中如有受害者的话，那么它当然不是以色列犹太人。以色列受迫害者的形象，较之冷战前，发生了对比性的扭转，即成为施害者……这造成他们（美国犹太人年轻人）要么疏离以色列，要么转向反犹太复国主义言论者一边”。② 而疏离以色列的犹太年轻人，他们对以色列的情感爱恨交加。就内心来说，他们承认：以色列作为祖国，在他们犹太身份认同里发挥了极其重要的作用。但同时，他们会关注以色列“不道德”的方面，思考美国犹太人怎样才能

① Anshel Pfeffer, U. S. Jewish Leader Worried by Thrust of White House Campaign, Washington Report on Middle East Affairs, 87554917, Apr 2008, Vol. 27, Issue 3.

② Ariel Beery and Hindy Poupko, “Contemporary Currents in the Americn Jewish Relations with Israel”, distributing in the Taub Semiar, New York University, Robert F. Wagner School of Public Servica, Program in Non-Profir Management and Judaic Srudies, Spring 2007, pp. 10 - 13.

通过给美国的立法者施压，让以色列做出积极的改变。

六、某些重要事件上的分歧

近20—30年，最为影响美国犹太人与以色列关系的事件，莫过于“波拉德事件”① 和苏联犹太人问题。

（一）“波拉德事件”

众所周知，美国给予了以色列巨大帮助，以色列在一定程度上依赖于美国才得以独立和生存，以色列却利用一个信仰犹太复国主义的美国犹太人替它服务，刺探施恩国的机密情报，这真是讽刺意味强烈的一出戏剧。该剧无异于在美国社会投下了一枚炸弹，美国犹太人的国家忠诚和美以关系均因此面临严重考验。

对待“波拉德事件”，美国犹太人立场分化，与“以色列中心主义”形成较为明显的对比。像“美国犹太复国主义组织”（ZOA）那样的正统派组织视波拉德为英雄，认为美国犹太社团应该声援以色列政府，去积极解救波拉德，为此应游说美国政府宽容处理，甚至释放他。保守派和自由派犹太组织则认为波拉德使美国犹太人蒙羞，令他们对美国的国家忠诚受到了质疑，为“反犹主义”者提供口实。而以色列的做法只是狂妄自大，必须依法处理波拉德才可以平民愤。犹太专栏作家威廉·萨夫利（WilliamSafire）在《纽约时报》上撰文称：“美国犹太人感觉被背叛了。一为我们美国人外交捐助的钱被用来买美国机密，二为以色列间谍头子利用波拉德的犹太复国主义思想去引诱他去做叛国活动，并对后果毫不负责。”② 在此事件中，美国犹太组织的主流一反以往不批评以色列的做法，站在保

① 乔纳森·波拉德（Jonathan Pollard）是出生于美国的犹太人，曾任美国海军情报部情报分析员。从1984年开始，他利用工作之便，为以色列收集情报长达18个月，提供数以千计、多达50万页的敏感性文件，有些属于绝密级。这些文件中还有许多涉及阿拉伯国家的防务安全问题的机密，引发阿拉伯国家的强烈不满。1985年，波拉德事发被捕。

② New York Times，Mar. 9，1987. Quote from：Steven T. Rosenthal，Irreconcilable Differences? The Waning of the American Jewish Love Affair with Israel，Brandeis University Press，（Hanover，NH，2001），p. 80.

护美国犹太人免遭以色列攻击的一边。“主席会议”认为以色列的行为是不负责的、是损伤美以关系的。AJC 宣称：“如果被人感觉我们因为波拉德是犹太人我们就袒护他，我们犹太社团的信誉就会一夜之间降到零，以色列终将成为失败者。”① “他们新的独立的、对以色列领导人好感日渐减弱的态度将影响到他们自己在中东议程上的立场，哪怕是安全问题也是如此。”② 为了更好地解决问题，不少犹太组织领袖专门飞到耶路撒冷去劝说以色列慎重处理。

以色列处理“波拉德事件”的做法，不仅让美国与以色列心生芥蒂，更让美国犹太人对以色列失望。以色列对部分美国犹太人的指责很恼火，认为那些人简直是懦夫。以色列政府嘴上答应道歉，并处罚相关人员，实际上却把吃香的国企职位“赏”给事件的主要负责人，根本不像美国希望的那样依法办事。在法和国家安全面前，以色列更看重国家安全在国家选择中的重要性。与普通美国民众相比，美国犹太人对于“波拉德事件”的关注度更高。据统计，每5个美国犹太人就有3个知晓这件事，而普通美国人对此只有两成的人有所了解。因此，与其说“波拉德事件”对美以关系的伤害大，还不如说，它对美国犹太人与以色列关系的伤害度更大。犹太社团主流公开批评以色列的禁忌由此事件始被打破了。

波拉德被判终生监禁，美国犹太人和以色列均十分震惊。在营救波拉德问题上，美国犹太人并没有像如今不少媒体所说的那样，几十年如一日，和以色列政府联手做不懈的努力。20 多年来，美国犹太人更多的是用自己的眼光看待这一事件，而不是唯以色列态度使然。波拉德被监禁的最初几年，除了正统派组织还在继续为其减刑努力外，其他团体基本不提该事件。直到海湾战争后，美以关系改善，“约言之子”会在《纽约时报》上刊登了一封致布什总统的求情信，并附上了 560 位来自全国各个犹太派别的拉比的签名。信上承认波拉德的罪行，请求考虑其基于“伦理原因”

---

① New York Times, Mar. 9, 1987. Quote from: Steven T. Rosenthal, Irreconcilable Differences? The Waning of the American Jewish Love Affair with Israel, Brandeis University Press, (Hanover, NH, 2001), p. 80.

② Steven T. Rosenthal, Irreconcilable Differences? Introduction, Xix.

从事间谍活动，予以减少刑期。可惜新一轮的请求并不见效。克林顿上台时，犹太社团对是否将这一问题提交新总统存在分歧。保守派的“美国犹太复国主义组织”（ZOA）想继续，而“犹太社区顾问关系委员会”不同意，“反诽谤联盟”和“主席会议”则不主张干预。中东和平进程重启后，右翼犹太组织为波拉德事件向克林顿说情，但是美国防部门显示波拉德泄露的资料有些流入了俄罗斯，克林顿为此否定了这次请愿。尽管有200多个犹太组织参与其中，但是“主席会议”并未积极于此。与美国犹太人的分裂相比，以色列一直没有放弃营救波拉德，20世纪90年代给予波拉德公民身份，从拉宾到佩雷斯都在一直请求美国政府为波拉德减刑，但遭遇美国情报部门的坚决抵制。到内塔尼亚胡执政时，因“谁是犹太人”问题和美国犹太人搞得不愉快。主席会议自然不愿意出头继续向美政府提及“波拉德事件”。1997年底，波拉德自己诉请减刑，才第一次得到“主席会议”的应和，改革派的“中央拉比会议”也加入进来，克林顿受到情报部门的压力，予以拒绝。内塔尼亚胡继续努力，以色列政府公开承认以政府在这件事上的责任，甚至将这一事件与正在进行的中东和平进程挂钩，克林顿被说动了，不过在关键时刻，中情局局长坚决不同意，不惜以辞职相逼迫，克林顿不得不让步。这是波拉德最接近被释放的一次。而今波拉德已经坐了快满30年的牢，依照美国法律，他应该像一般的无后继违法活动终生监禁者那样，获得释放。

“波拉德事件”所造成的美国与以色列之间的裂痕，就像一道难以愈合的伤口，他让美国犹太人既不愿以触摸它，又难以回避它。以色列对部分美国犹太人来说，已经不仅是荣耀的母国，也是痛苦的来源。

（二）苏联犹太移民问题

苏联解体前后约200万苏联犹太移民去向，同样是美国犹太社团和以色列产生摩擦的重要问题。以色列从国家安全以及犹太人必须成为犹太国绝对主体的立场考虑，希望所有苏联犹太人移民以色列，而且希望美国政府和美国犹太人都支持。在美国看来，苏联犹太人问题不是冷战结束后才有的，不能完全由以色列安排。二战结束后，美国就开始关注当时世界第三大犹太社团——苏联犹太人的处境，要求苏联放宽对他们的移民限制，那些犹太人的命运与权力成为美苏冷战、特别是人权之战的一个重要组成部分。[①] 美国不少犹太组织积极声援苏联犹太人，并联合政府向苏联施压。比较著名的有“救助苏联犹太人全国大会”（NCSJ）、“救助苏联犹太人全国理事会”（UCSJ），这些犹太组织获得最大的胜利是推动国会通过了“杰克逊—瓦尼克修正案”，将对苏联东欧国家的贸易最惠国待遇和苏联对待犹太人的人权状况相挂钩。1987 年，苏联领导人戈尔巴乔夫访美期间，美国犹太组织在华盛顿发起 20 万人集会，向他施加压力。正是有了美国政府和美国犹太人的持续努力，在苏联解体之际，苏联犹太人才得到获准可以选择移民地。美国政府和美国犹太人与以色列不完全一致，前者更倾向于让苏联犹太人自行决定移民地，而不是非得去以色列。自由和人权是美国犹太人看重的价值，和“波拉德案”一样，以色列更看重移民对于国家安全的现实主义效果，这必然导致他们经常唱反调。

小结

以色列建国已经 60 多年，就整体而言，美国犹太人对它仍然饱有亲切感，当阿以冲突的双方摆在美国犹太人面前供其选择时，多数美国犹太人会毫不犹豫地倾向以色列，把破坏和平的帽子扣在了巴勒斯坦头上。但是如果把过去美国犹太人对以色列亲近度和现在美国犹太人对以色列的亲近度作一比照，不难发现，美国犹太人对以色列的热情在降温，在以色列建国 50 年时，就有人针对美国犹太人与以色列关系的状况，呼吁是时候考虑美国犹太社团和以色列的新关系了。华盛顿著名记者詹姆斯·D. 拜瑟（James D. Besser）撰文说：“美国犹太人是爱以色列……但是他们也发现以色列越来越难去爱了。”用学者阿诺德·M. 艾森（Arnold M. Eisen）的话说：“爱以色列需要美国犹太人付出超出一般美国人的热情，同时也要承受犹太历史和传统的负累，有些美国犹太人选择不去承受，自然他们与以色列的关系就逐渐疏远。”[②]“以色列中心主义”将在美国犹太人社会性

---

① 汪舒民：“犹太人和美国的人权外交”，载《外交评论》，2009 年第 3 期，第 138—139 页。

② Arnold M. Eisen, “Israel at 50: An American Jewish Perspective.” In American Jewish Yearbook 1998, (New York: The American Jewish Committee, 1998), p. 48.

变迁中逐渐弥散化。美国犹太人在阿以争端和以色列问题上的独立性比以往增强，他们越来越以他们自己认同的、对以色列有益的方式发挥政治和经济的影响。

第三章 美国犹太亲以游说团体的属性、派别与现状

第一节 概念论争中的美国犹太游说团体

一、为何是“犹太亲以游说团体”

由于历史、文化、族群发展、现实政治等诸多原因，如何界定犹太人和犹太教、如何界定犹太游说至今是个难题。笔者曾经小心地将犹太亲以色列游说团体，统称为“犹太利益集团”，认为他们是“以犹太人为主体，集宗教团体与种族团体为一身，以影响政府公共政策实现犹太民族利益为终结关怀”的团体。但是犹太游说的复杂性，让笔者这样小心构建的定义，依然难以逃脱界定过于宽泛的“指控”。比如，美国有些犹太文化组织，他们关心的是犹太文化在下一代以及在美国社会的传播，重心不在犹太政治，也无意直接去影响美国与以色列、美国与中东地区的外交政策，这类组织能否被视为犹太游说团体的一部分？芝加哥大学教授米尔斯海默和哈佛大学教授沃特在撰写《以色列游说集团与美国对外政策》一书时，曾谨慎地指出“像其他的特殊利益集团一样，以色列游说集团界限不能够准确地辨别清楚，总是存在一些难以分清其立场的个人与组织”。他们强调使用“亲以色列游说利益集团”一词只是作为犹太游说团体“速记式的便捷术语”和“标签”，用以代指“那些通过积极活动塑造美国亲以方向

外交政策的个人和组织所构成的一个松散联盟……他们以美国犹太人为主体，由一些核心组织和有影响力的个人构成，……他们公开宣称的目标就是要鼓励美国政府和美国公众向以色列提供物质支持，并支持以色列政府的政策”。[①] 尽管他们在书中已经指出，有1/3的美国犹太人并未把亲以色列作为自己的首要关注，也并非所有在观点上支持以色列的人都是犹太利益集团的成员，但是仍被不少学者批判他们的界定不够慎重。沃尔特·罗赛尔·米德（Walter Russell Mead）在《外交》季刊上批评该界定过于面面俱到，将从杰米·卡特、乔治·索罗斯、鲍尔·沃尔福威茨到汤姆·丹在内的所有人全都包含在内，而不注意区分[②]以《犹太权力——美国犹太权势集团内幕》闻名的美国著名犹太媒体人戈登伯格（J. J. Goldberg）在著名犹太日报《前进》上称，他们简直是把亲以色列游说团体界定成“可怕的八爪鱼”，实质是对犹太人的污蔑[③]。中东问题专家杰罗姆·斯莱特（Jerome Slater）则批评他们的定义过于宽泛，还不如局限于参与直接游说的团体和个人。[④] 在此问题上，笔者部分赞同米尔斯海默等人在《安全研究》杂志上的自我辩护，即过于狭窄并精确地界定亲以色列游说是既不可能也没有必要的。因为任何利益集团都难有明确的界定，支持堕胎团体和环保团体在此问题上无一例外。[⑤] 一般来说，有影响的游说团体在绝大多数时候主体成员相对固定，但是并不排除一部分组织因为各种原因选择短暂退出、完全退出或中途加入，这就像一趟长途列车，开动之后，有人上车，也有人下车一样自然。狭隘地把这些人或组织排除出去，其实并不能反映游说团体的真实状况。但是在笔者看来，用“亲以色列游说团体”，

---

① ［美］约翰·米尔斯海默、斯蒂芬·M. 沃尔特著，王传兴译，《以色列游说集团与美国对外政策》，上海世纪出版集团，第164—166页。

② Jeffrey Goldberg, “The Usual Suspect,” New Republic, 8 October 2007; Walter Russell Mead, “Jerusalem Syndrome: Decoding the Israel Lobby,” Foreign Affairs 86, No. 6 (Nov. /Dec. 2007): 163.

③ J. J. Goldberg, Jewish Power: Inside the American Jewish Establishmen (Reading, Mass.: Addison-Wesley Publishing Co. 1996). J. J. Goldberg, In the Dark Time, Blame the Jews, Forward, Mar. 24, 2006.

④ Jerome Slater, “The Two Books of Mearsheimer and Walt,” Security Studies 18, no. 1 (March 2009), p. 14.

⑤ John J. Mearsheimer Stephen M. Walt, “Is It Love or the Lobby? Explaining America's Special Relationship with Israel”, Security Studies, 18, 2009, p. 63.

还不如用"犹太亲以游说团体"更好。一方面，美国犹太社团一贯以来不仅关注犹太事业，还关注普世性的种族平等、公民自由等世界性话题，这不是亲以色列游说所能涵盖的，用"亲以色列游说"容易造成犹太游说的狭隘性；另一方面，由于"亲以色列游说"本身具有一定的争议，那些不为犹太事业，而为自身利益进行亲以色列游说的团体能否叫亲以色列游说团体，在美国很多探讨"亲以色列游说"的作品里是能的，但是它们实质上并不是代表犹太事业（如我们下文要提到的基督教福音派）而奔走。在笔者看来，不能算，它们充其量只能成为犹太游说中实用派的临时盟友。正如第一章所展示的，美国犹太社团的最新变化已经使得美国有些犹太组织，在价值判断和政策选择上，既看重是否有利于以色列国家的发展，更看重是否有利于犹太事业。所以在本书中，笔者倾向于用"犹太亲以游说团体"代指美国那些忠于犹太事业的亲以色列游说组织和机构。

二、犹太亲以游说团体的属性

美国犹太亲以游说团体本质属于利益集团。政治学领域关于"利益集团"的概念争议较大。笔者倾向于美国著名政治学教授戴维·杜鲁门（David Truman）的界定。1951 年，他在专著《政府的进程》中如此阐述："利益集团是一个持有共同态度，向社会其他集团提要求的团体，如果它通过或者向政府的任何机构提出其要求，它就变成一个政治性的利益集团。"① 他的界定优点是将学界争议中的广义利益集团和狭义利益集团均包含在内。美国犹太亲以游说团体，主要属于狭义范围内的利益集团，即：为了共同的特殊利益联合在一起，将团体的利益作为政治生活和个人生活的某种持续追求，并试图通过游说影响公共舆论、媒体和决策者，使国家在公共政策上做出有利于本团体的改变。总括而言，利益集团必须具备三大要素：第一，属于有组织的自愿集团；第二，集团成员具有共同的利益或目标；第三，成员为了共同目标向政府机构提出要求或施加压力，目的是使公众舆论、政府政策符合他们多样化的利益诉求。

---

① David Truman, the Governmental Process, Greenwood Press, Connecticut, 1951, p. 37.

利益集团的三要素中，第三方面最为关键，政治性被视为利益集团的主要特征。有必要特别指出的是，“利益集团”的政治性，并不是说它仅仅关心政治问题，其实它关注一切与集团利益有关的政治、经济、宗教、文化等各类问题，政治性意指它试图通过政治的手段影响权力，从而干预利益分配。另外需要留意的是，“利益集团”这个词中的“利益”二字，它不仅包括经济利益，而且包括“公益、集体财富、权力、权势、意识形态、思想、主张、舆论、道德关怀”等方面的含义。①

具体到犹太亲以游说团体，它们是美国犹太人和关心犹太事业的美国人的自由组合体，有号召力的核心犹太组织和有重大影响力的犹太领袖在其中起到关键作用。该团体以犹太民族利益和以色列的生存和发展为核心关怀，通过合法的手段影响美国政府在有关犹太事业和以色列问题上的公共决策，使其有利于犹太文化的传承与发展，有利于以色列的存继和进步。政治性、公共性和民间性是犹太亲以游说团体的主要特征。国内不少研究作品与媒体报导，谈及美国大选、美以关系、美国中东政策等问题时，十有八九会关注到犹太亲以游说团体在美国政治中的能量及其游说活动，这是好事，但常常会有不必要的夸大，从而导致歧见。不少报刊作品将美国犹太组织描写成无所不能的“国会山之王”，它们齐心协力、分工明确，在华盛顿和白宫施展拳脚，纵横捭阖，施加压力，要求批准对以色列有利的中东政策和援助方案，彷佛美国的决策机构在犹太团体面前彻底丧失了原则，这无疑不符合历史与现实。

犹太游说团体是以主要犹太组织为核心的松散联盟，美国犹太人自然是最主要的参与者。在美国犹太世界里，一个好的犹太人，不一定是每天刻板细致地尊奉犹太教规范与仪式的人，但是那些遵循犹太风俗与习惯、积极为犹太事业向媒体、议员、官员写信表明立场、提出诉求的人，肯定是好的犹太人。美国大多数犹太组织因这些犹太人的存在，普遍将亲犹太事业、亲以色列作为追求和集团使命。需要指出的是，不是所有的犹太人都参与了犹太游说团体，如前文提及的部分世俗犹太人，他们只承认自身的犹太出身，但对犹太事业不是非常关心，更没有为这类事业付出过实际

---

① ［日］过迚丰著，郝玉珍译：《利益集团》，经济日报出版社，1989 年版，绪言，第 3 页。

行动，这类人员不能被算是犹太游说组织的成员。也有一些犹太团体，虽然关注犹太事业，但完全是内向性运作，几乎不参与社会公共活动，对政府公共决策毫无诉求或影响，这类团体也不能归入犹太亲以团体。是否有一定的组织形式及有政治诉求并参与公共活动，是犹太亲以团体作为利益集团的政治性和公共性特征的关键所在。至于犹太亲以游说的民间性，主要指它的非官方性，还有它们虽然参与政治和公共活动，但只发挥民间影响，而不以入阁和参与政党活动为主要目标。

二战至今，国际形势、巴以局势、美国犹太人自身，美国内部社会环境等都发生了非常大的变化，在什么是犹太民族的核心利益、什么是以色列的国家利益、什么政策既有益于以色列又有利于维护美国国家利益等方面，美国犹太人和亲犹太力量有很多不同的理解，他们不像米尔斯海默在书中所描绘的那样强大与充满能量。因此，必须对当今的美国犹太游说团体做深入地了解与区分，方能评估其对美国外交的事实影响。

第二节 犹太亲以游说组织的发展现状与类别

伴随世界形势与美国国内政治生态的变化，犹太游说组织发生了较大的变迁。那些成立于以色列建国前的组织和那些在20世纪60—70年代保卫以色列的国际舆论战中发挥极大影响的犹太组织被称为“传统组织”，它们坚持历史传统，坚决游说政府和政客，支持以色列。它们的立场是要么代表以色列说话，要么你们就等着受报应。也就是受惩罚，主要是竞选资金、宣传舆论等方面的打压。但是正像我们在第二章所论述到的，美国犹太社团从20世纪70—80年代以来，已经发生了比较大的变化，不少人对阿以争端、中东和平进程、以色列的安全、巴勒斯坦人的生存权利等有了自己的理解，他们无法和传统犹太组织形成共识，因此，谈论今天的美国犹太亲以游说组织时，需要关注新兴的力量。这种关注是正视犹太组织发展到今天的客观现实，那种将犹太组织看成是协调一致的民间军队的观点，其最直接的后果是夸大美国犹太游说的政治影响，要么导致反犹主义情绪的产生，要么人为地增加中东问题相关国家在阿以争端决策中的难度。

一、美国犹太组织概况

当今，美国犹太组织通常以《美国犹太人年鉴》登载的469个全国性组织为依据，① 这还没有包括全国性组织的地方分支机构，有些地方机构众多，比如致力于校园犹太文化宗教活动的组织“希勒尔”，在全国有500多个分支机构。有些组织地方机构少一些，比如“犹太正义与和平联盟”（Brit Tzedex V'Shalome）只有30个分支机构。在全美有全国性影响的，除全国性犹太组织外，政治上特别有影响的犹太团体，还包括亲犹太、亲以色列的政治行动委员会，2010年，规模大的有80多个，20世纪70年代后期，它们成为募集个人与公司捐款向候选人提供选举资助的重要渠道，对聚集美国犹太人和犹太公司的力量影响选举发挥了较大的作用。《美国犹太人年鉴》上还登记了散落在各州主要城市的158个地方犹太联合会，② 它们在地方筹集资金，开展犹太社区教育与福利，并支持包括以色列犹太人在内的海外犹太人。地方犹太会堂是犹太人活动的中心，这些组织在《美国犹太人年鉴》上没有准确地登记与反映，但其数量要远超全国性犹太组织和地方犹太联合会。

犹太组织多属民间机构，并不是所有组织都在《美国犹太人年鉴》上登记。有些已经关闭，有些又悄然建立。尤其是在思想多元化的后现代社会，不同见解的人另起炉灶组建新组织并不鲜见。要完全熟悉美国犹太组织非常困难，若不做细心留意或研究，“连很多美国犹太人都难以说得清楚美国犹太人委员会和美国犹太人大会之间有什么具体的区别”③。《美国犹太人年鉴》将全国性犹太组织分为“社区关系类组织”、“文化类组织”、“与以色列相关类组织”、“海外援助组织”、“宗教教育类组织”、

---

① 根据American Jewish Year Book 2008年公布数据统计而得，详见：American Jewish Year Book，2008，pp. 621 – 680。

② 根据American Jewish Year Book 2008年公布数据统计而得，详见：American Jewish Year Book，2008，pp. 684 – 696。

③ Transforming America's Israel Lobby，p. 58.

“学校研究机构”、“社会慈善类组织”、“社会福利类组织”、“专业协会”、“妇女组织”、“青少年和学生组织”等。浏览所有名录不难发现，其划分并不精细，存在众多交叉情况，“社区关系类组织”很可能涉及到其他各类组织的事务，宗教、教育类组织和学校研究机构有很多交集，而宗教类组织同时也在做海外慈善、与以色列和纳粹大屠杀相关的教育和媒体渗透工作，因此，若以犹太组织的核心工作内容对其作明确划分，看似容易，实质不易。在全国性犹太组织中被明确划分为“与以色列相关”的组织最多，高达97个，加上31个“社区关系”类的综合组织，与以色列直接关联的组织占近三成，而与以色列间接关联的组织，则为100%。关联并不意味着这些组织均将影响以色列政策或美国中东政策作为自己的核心工作，只有部分组织积极于此类活动，其他组织只起到辅助影响作用，或在某一时期发挥比较关键的作用。

二、美国犹太亲以游说的发展

以色列国的产生与犹太复国主义运动相联，但是美国犹太组织与犹太复国主义的关系微妙。早期美国犹太组织对犹太复国主义主要持负面看法，认为这种思想是对美国主义的干扰，1906年成立的美国犹太人委员会，反对犹太复国主义，他们以美国犹太国际事务的代言人自居。到了20世纪20年代，在布兰代斯、斯蒂芬·怀斯等犹太领袖的努力下，美国犹太组织才将保护世界各地犹太人以及支持巴勒斯坦地区的犹太事业加入到自身的使命。美国犹太人主流转向投身犹太复国主义事业则受纳粹大屠杀的刺激，不少犹太领袖决定：将以色列建国游说常态化地实施于公共政策领域。

早期犹太组织的对国家政策的影响主要依赖“静悄悄外交”，即精英游说，有社会影响的犹太人劝说政府决策者改变对犹太人不利的政策。这样的游说策略曾经发挥过积极的影响，1911年，AJC的领袖就曾成功游说政府废除1832年的俄美贸易条约，以此抗议俄罗斯对当地犹太人的粗暴对待。但是“静悄悄游说”的不公开性，也曾让犹太人错失了一些重要的时机。20世纪30年代中后期，欧洲犹太人遭遇迫害时，“静悄悄游说”模式使得纳粹对犹太人的暴行只为一部分犹太领袖所获知，在犹太族群性命攸关的时候，个别犹太领袖的奔走自然很难让罗斯福政府伸出援助之手。“这段历史教训后来成为犹太组织积极参与以色列相关政治的重要动力与原因。”①

参与意识加强并不意味着一致性同步提高。犹太组织最初多各自为阵，有些组织还是内讧的产物。比如因为不满 AJC 的精英专断，1922 年有了“美国犹太人大会”（American Jewish Congress）。在是否支持犹太复国主义、怎样对付反犹主义，支持世界犹太人问题上，美国犹太人各有见解，直接导致 20 世纪 30—40 年代，在“反诽谤同盟”、“约言之子会”等早期大型犹太组织的基础上，美国又涌现出更多的犹太人组织，而各组织为了扩大影响又纷纷组建大型“伞形组织”，如：1937 年“犹太委员会总会”（General Jewish Council），1944 年“全国犹太社区顾问关系委员会”（the National Jewish Community Relations Advisory Council，NJCRAC，现为犹太公共事务委员会）。

二战后，吸取了教训的美国犹太社团开始重视对政府的亲以游说，在如何游说上，犹太组织的无序状态造成了美国政府苦不堪言，说客劳累苦闷。原因是很多组织都想去影响政府或议员，于是都去约见，结果政府官员每天都要接待一个又一个的犹太团体，且公说公有理，婆说婆有理，政府不胜其扰。为加强游说的效率，1954 年，专门进行亲以游说且主攻国会的免税游说机构“美国犹太复国主义者公共事务委员会”（American Zionist Committee for Public Affairs，AIPAC 的前身）诞生。1956 年，美国犹太社团组建了能协调犹太机构意见的伞形组织——“美国主要犹太组织主席会议”，主攻政府游说，目前已经有 51 个成员组织，NJCRAC 以及犹太公共事务委员会主要负责地方犹太组织的协调和草根动员，并在 AIPAC 需要时，和“主席会议”一起积极声援。这几大组织联系紧密，“主席会议”成员组织的主席均是 AIPAC 行政委员会成员。这些犹太领袖在 20 世纪 70 年代前，信奉犹太传统的游说模式，即“静悄悄外交”。电视时代开启后，

① Alan Mittleman，Jonathan D. Sarna，Robert Licht，Jewish Polity and American Civil Society，(MD：Rowman&Littlefield，2001)，p. 34.

大众媒介对外交的影响日渐扩大，AIPAC 为首的犹太组织顺应时代发展，转向舆论动员为终结目标的“大声外交”，广泛吸纳会员，利用电视、电报、报纸、信件等各种手段诱导舆论，游说政府，使得美国政府对以色列的支持达到了历史最好水平，以色列成为美国援助最多的国家。由于“六·五战争”的特殊性，犹太亲以组织达到了空前的团结，此后犹太组织的规模和会员人数有了飞跃式的增涨。到 1993 年，AIPAC 的会员达到 5 万多人，AIPAC 的社会影响达到了顶峰，它被《纽约时报》评为美国最有影响的游说组织，有些人还送给了它一个绰号——“国会山之王”。

犹太组织走向鼎盛的 20 世纪 80—90 年代，也是犹太组织走向分裂与衰退的阶段。前文所述的中东和平进程、冷战结束、美国犹太人口的社会性变迁均发挥了各自的影响。

三、冷战后主要犹太组织派别及其立场

（一）传统组织与新兴组织

从形成时间来看，目前美国犹太组织主要有两大类：一类是历史悠久、成员众多、组织较为严密的传统犹太组织。代表性的主要有：“美国犹太人委员会”、“美国犹太人大会”、“美国犹太复国主义组织”（American Zionist Organization）、美国主要“犹太组织主席会议”、“美以公共事务委员会”、“犹太公共事务委员会”、“北美犹太社区顾问关系委员会”、“以色列国防之友”、“反诽谤联盟”、“哈达萨”、“约言之子会”、“北美犹太联合会”等。这些犹太组织的特点是：成立至少有半个世纪的历史，曾经经历过近现代诸多与犹太民族生死存亡攸关的大事件；组织方式相对老派，通常是领袖领导、地方服从；政治立场保守，亲以色列，支持犹太复国主义，坚决反对反犹主义；在美国中东政策上，倾向于对症下药，切中要害，直接游说政府重视以色列的安全，在经济、军事、国际政治舞台上支持以色列。传统犹太组织因大屠杀记忆浓重，因此对民间的反犹主义极为敏感，一旦发现，很少放过，通常选择通过邮件、集会等方式展开抗议，直到取得效果才罢休。在以色列问题上，传统犹太组织对外界批评以色列的声音容忍程度较为有限，倾向于“以色列中心主义”。在组织运作

方式上，传统犹太组织比较看重精英的影响力，其领袖常常为国会山或白宫的座上宾，它们在利用人脉影响美国中东政策方面得心应手。

在美国犹太组织是否有权影响以色列政府的决策、是否可以干预以色列内政等方面，传统组织认为以色列之外的犹太组织应该少说多做。即尽力帮助犹太国，但不应该有过多地给了钱就有权对以色列的政策指手画脚的想法，即便客观上对以色列是好的干预措施，也应该控制在适当的范围内，并以恰当的方式提出来了，以便更容易接受。

第二类是与传统犹太组织相对的是新兴犹太组织，他们大多建立于近二三十年。1977 年，执政了 30 年的以色列工党被利库德集团打败，贝京的“大以色列”构想以及在西岸毫不妥协的态度造成了许多美国人对以色列未来的前景产生分歧。美国犹太组织也因此面临诸多的争论，比如如何看待 1982 年的黎巴嫩战争，如果对待被占地区的巴勒斯坦人的苦难与处境，如何应对巴勒斯坦难民问题，如何面对以色列国内犹太人和阿拉伯人间的民族矛盾，如何对待耶路撒冷的最终地位等，这些问题上的不同立场，造就了传统犹太组织和新兴犹太组织的巨大分歧。

表 4 犹太领袖犹太身份认同情况表（百分比）

	非传统犹太组织中的年轻人	非传统犹太组织中的长者	传统犹太组织中的年轻人	传统犹太组织的长者
我有强烈的属于犹太人的感觉	73	80	75	83
我有义务关心世界范围的犹太人	33	48	49	51
我担心以色列的安全受到威胁	23	39	43	59
我对针对以色列作为犹太国的批评感到忧虑	24	41	45	57
我担心美国的反犹太主义	9	14	19	19

数据来源：根据 Jack Wertheimer 调查小组数据整理，pp. 14－15。

首先，新兴组织领导人年龄很多不到40岁，成员以年轻人居多，且在犹太身份认同上与传统犹太人区别较为明显（详情可以参见表4），虽然表4中的非传统犹太组织并不都是新兴犹太组织，但是多数可以纳入新兴组织的范畴，所以有一定的参考价值。新兴组织突出的特点有以下几点：第一，它们多产生于互联网时代，成员熟悉并擅长互联网宣传、电子邮件、博客、社交媒体的运用。在阿以争端问题上，他们更相信来自于网上以色列朋友传递的消息，而不仅仅是传统纸质媒体的报道或是大型犹太组织定期散发的小册子。这对依赖报纸报道和组织机构、犹太会堂资料的传统组织来说，挑战巨大。第二，新兴组织大多不迷信权威，常常毫不犹豫地发出它们的质疑。对内，他们不满于传统犹太组织的政治动员方式和政治动员能力以及政策指导，他们还对传统犹太组织喜欢代替所有人发声感到不满，认为有悖民主。对外，他们认为以色列的政策过于僵化，不利于阿以问题的解决，主张改换思路。再有这类组织对以色列的人权、教育、妇女权益、环保等诸多方面都有自己独特的看法，希望以色列做一些和民主国家声誉完全匹配的改进与行动。成立于2002年“大卫工程”（The David Project），是一个总部位于波士顿的致力于校园亲以教育与宣传的犹太组织，在纽约和耶路撒冷均设有分部。2013年，它被美国犹太公司创新力的斯林肖特（Slingshot）基金评为社区内最具创新力的50大犹太组织之一。其主要工作是在校园加强亲以教育，与反以色列之声作斗争，同时加强对潜在的犹太领袖和未来国会议员的亲以色列宣传教育。其策略主要包括：为全国范围内的众多犹太中学提供犹太教、美国中东政策、阿以争端以及时事问题的报道、相关参考资料和多方观点；在大学校园里组织犹太活动，培养犹太活动与项目专家，让大学生在社会上更全面、更积极地开展亲以色列宣传。该组织的首席执行官在2012年撰文提及以色列在大学校园里已不像以往那样受欢迎，虽然大学生们并不认同攻击以色列的种种言论，比如以色列是个种族分离主义的国家，以色列不应该存在等等，但是他们确实对以色列的人权和和平动机有很多疑问。[①] 这种校园现状，让该

---

① A Burining Campus? Rethinking Israel Advoccy at America's Universities and Colleges, The David Project. May. 24, 2012. 资料来源 The David Project 官方网站。http: //www. davidproject. org/wp-content/uploads/2012524 – ABurningCampus-RethinkingIsraelAdvocacyAmericasUniversitiesColleges. pdf。（上网时间：2012年10月23日）

组织感到必须用更贴近现代年轻人的方式展开宣教工作。

其次，新兴犹太组织常常使用新颖的组织方式，对年轻犹太人充满吸引力。新兴犹太组织都产生于现代互联网信息时代，他们在资金募集和人员招募、政策宣传方面很多走的是和传统犹太组织不同的路径。社交网站、博客等在这类组织中被大量使用。其会员不再受传统地域的限制，其资金来源也不像传统犹太组织那样，大多得益于犹太富翁和大财团的资助与慈善。年轻犹太组织资金多来自网上的小额捐助。近年来，影响比较大的“J 街”就是这类策略的运用好手。除前文提到的用互联网筹募资金、招募会员与志愿者以外，他们还用互联网实现了重要事项的网络视频会议，调研资料的信息汇总和分析报告的跨地域分享，方便快捷，又能节省大批资金。

再次，新兴犹太组织彼此联系较为紧密，不像传统犹太组织过多矜持于彼此的影响力和地位。最后，新兴犹太组织即便是亲以，关注点也并不一定局限于以色列政治、宗教与文化。像“J 学生联合会”（JCorps）、“阿瓦达哈”（Avodah，希伯来语，原意为“工作”，犹太服务组织）、“哈纵”（Hazon）、“1948 俱乐部”（Club 1948）等组织均非常热衷环保、户外运动、救助穷人、以色列内部的人权和法律完善等等。在新兴犹太组织看来，若要真正有利于犹太国的未来和长远福祉，就应全方位地向以色列建策建言，并在行动上有所体现。有些年轻犹太机构经常组织美国犹太年轻人到以色列进行实地教育、环保、卫生等方面的支援，直接参与到以色列国的各项活动中。而这类做法在传统犹太组织看来，有些不务正业之嫌。

介于新兴犹太组织和传统主流组织之间的是第三类组织——与大型犹太组织保持亲密关系的团体，这些组织运营时直接与主流组织相连，但是运转时有一定的灵活性，主要由青年犹太组织成员负责日常的运行。如受现代正统派犹太组织支持的“查巴德”，它在许多高校校园中吸引了大批单身年轻人。笔者在佛罗里达大学访学时，正值“查巴德”组织成立 100 周年，佛罗里达大学及其周边院校众多犹太人积极参与了庆祝活动，以色列国旗和“查巴德”组织的旗帜非常醒目，还有大量有关以色列和犹太教的资料书籍供犹太学生和其他参与者浏览。另外一个非常有名的与主流组织联系紧密的组织是“希勒尔”，它是世界上最大的犹太校园组织。在美国就有550个“希勒尔”，基本上稍微有点规模的大学附近都有“希勒尔”，通常有固定的场所和定期的活动，犹太大学生在里面既可以了解犹太知识，交流认知，还可以参与各类犹太学生的活动。“希勒尔”也被公认为犹太领袖的培养地，按照其网站的宣传资料，它每年可以吸引10万犹太新生参加。“希勒尔”和“查巴德”组织，对于延续年轻犹太人与以色列、与犹太教之间的关联具有十分重要的影响。虽然就直接政治影响而言，它们的实力非常之小，但是从长远来看，它们的影响力是巨大的，因为绝大多数校园犹太领袖后来成为亲以色列事业的积极支持者。还有一点需要注意的是，这些犹太机构，因为处在大型犹太组织的下游，自然会受其资金制约，因此，其政策倾向受传统犹太组织的指引。

（二）犹太亲以游说组织的左、中、右各派

前文中，我们从时间上对美国犹太组织进行的划分，可以方便读者从时序上纵向对比美国犹太组织的变化。但即便在新旧犹太组织交替存在的20世纪90年代，面对众多的亲以犹太组织，《奥斯陆协议》主要签订者——以色列总理拉宾都很苦恼，他抱怨有些亲以组织明显敌视以色列。当时以色列政府并不急于耶路撒冷问题的最终解决，AIPAC却要游说美国政府将驻美使馆从特拉维夫迁到该地。拉宾的苦恼实际上是犹太组织在以色列相关问题上的态度分歧造成的。因此若以亲以程度对亲以犹太组织加以区别，则可以窥见当今美国犹太组织的横向变化。

犹太亲以色列团体最鲜明的特色不是他们支持以色列政府的每一项政策，而是它们希望以色列作为犹太国家永远存在下去，这是亲以色列组织区别于亲阿拉伯组织之间的重要方面。但怎么样做对以色列是好的？正如不同犹太人通常观点很难协调一样，犹太组织同样分歧明显。分歧主要围绕阿以争端中的如下问题：是否赞同土地换和平方案，是否认同巴勒斯坦拥有建国的权利，是否支持耶路撒冷成为以色列不可分割的首都，是否支持以色列扩建犹太定居点，是否支持巴勒斯坦难民部分回到故土家园，是否赞同与可能有助于和平的各方展开谈判等。多夫·韦克斯曼对美国犹太社团的最新变化关注比较多，他通过对犹太亲以色列社团的观察与研究，结合它们对上述问题的看法，将犹太亲以组织划分成左、中、右三个派别。

中派，主要是那些历史悠久，以代表美国犹太人“主流意见”为己任的组织，以“美国犹太人委员会”、“主席会议”、“哈达萨”为代表，他们主张私下协调犹太组织内部的分歧。在美国国会、白宫一致展开亲以色列游说活动，在外部反驳伊朗、哈马斯和真主党等以色列敌对势力对犹太人的中伤与侵害。他们十分关注以色列的安全，因此他们虽然不反对美国主导的中东和平进程，但是并不是特别热情，他们在支持的同时，很有保留，因为传统上他们会担心和平进程意味着以色列让步，这需要以色列付出安全代价。这类组织通常非常在意自己在美国社会中的形象，他们不希望被指责“双重忠诚”，通常不公开反对美国政府对以色列的施压。中派主流组织也会不满以色列政府独断的右翼立场，有时甚至会抗议，但从本质上它们并不想给美国政府施加压力，让美国去批评以色列，他们想做的是想方设法维护美以关系，保证美国对以色列坚定的支持。他们与左派和右派最大的区别在于他们主张尽量与以色列政府的政策保持一致，并且认为美国犹太组织没有太多权利挑战以色列的政策。当美国政府与以色列政府关系比较和谐时，中派组织通常是中东和谈的积极推动者。以一个与基层联系比较多的中派组织“犹太公共事务委员会”为例，它是个伞形组织，既有基层防御机构、也有基层社区关系分支组织，不少社区组织的领导人倾向左派立场，反对扩张定居点，支持分割耶路撒冷，但是“犹太公共事务委员会”并没有成为左派组织，因为它的任务是凝聚共识，在其组织内部还有一些强硬的大捐款人，最终它成为一个不情愿的中派。[①] 当美国总统希望阿以双方为了和平展开谈判时，这一派一般可以成为总统的支持者，如奥斯陆和平进程构建过程中，他们对克林顿政府的支持。但是中派的问题是：当美国的政策与以色列产生严重分歧时，他们会自然地调整立场，给美国政府施加压力，让政府缓和对以色列的压力。

左派，在韦克斯曼的分类中，是指那些主张通过谈判与外交手段解决中东问题的犹太组织。早在“两国方案”[②] 流行的21世纪初，他们就已是

---

① Dan Fleshler, Transforming America's Israel Lobby, p. 65.

② 两国方案：巴以实现持久和平的方案之一，即认为巴以争端最终的解决，需要在巴勒斯坦地区建立独立的巴勒斯坦国和以色列国，两国彼此承认对方的存在，并和平共处。

这种设想的支持者。他们认为以色列从西岸撤出、减少定居点、美国作为公平的中间人，推动以色列与巴勒斯坦温和派展开谈判是解决巴勒斯坦问题最好的出路，也是让以色列更安全的路径所在。出于对以色列安全的关切，他们对以色列坚决打击哈马斯恐怖活动的政策，持支持与赞赏态度。但是他们不是很主张以色列为了绝对安全，展开进攻性打击，他们甚至主张为达到和平的目的，美国应该适时对以色列施加压力。左派代表性组织如“正义与和平同盟”（Brit Tzedek v'Shalom）、“J 街”，“美国现在就和平”、“以色列政策论坛”等。“以色列政策论坛”属精英团队，由彼此关系密切的富有的犹太人构成，有些人来自主流犹太组织，多为民主党金主，人数不多，能量非同一般。“正义与和平同盟”属草根左派，2008 年大约有 3 万至 4 万支持者，规模不算大。

“J 街”成立于 2008 年，成立后便一鸣惊人，几乎成为美国犹太左翼组织的旗手，虽然它不能根本性地改变美国政府对中派或右派组织诉求的倾斜，但是它成功地将左派的声音带进了行政部门和国会，成为奥巴马政府咨询的对象，因此，值得在此花费点笔墨交代一下。

“J 街”创建人是我们前文提到的杰里米・本－阿米。1962 年出生于犹太家庭，父辈在以色列，致力于为耶路撒冷筹集款项。他毕业于普林斯顿大学，曾任克林顿内政顾问，早期为以色列和平组织工作，涉足亲以组织募资。后来他想将美国的小型左翼犹太组织全部整合起来，发出犹太左翼的声音，支持美国政府发挥主导作用，采用和平和外交的方式解决阿以争端。因力量所限，只联合了其中一小部分，并于 2008 年在华盛顿推出“J 街”① 这一非盈利性免税社会福利组织，致力于亲以游说和美国国内有关以色列、中东政策的公开公正的讨论。与此同时，还成立了与该机构相关连的政治行动委员会，影响国会选举，与 AIPAC 主攻保守派和共和党人不同，它的目标是自由派和民主党人。此外，“J 街”还有两个致力于普通犹太人和大学生的基金机构。

---

① 美国政治中心华盛顿特区的街道原先基本以字母按顺序来命名，但是从 I 街跳到了 K 街，没有将 J 纳入到街道命名。而在华盛顿中心区有个 J 街，是美国很多游说公司的大本营。“J 街”利用这些特点，加上 J 又是犹太人的首字母，因此给组织取名“J 街”，意指要发出华盛顿被灭失的声音之意。

2008年"J街"PAC筹集60万美元，支持41位候选人，33位获得胜利。2010年，它筹集150万美元，支持61位候选人，其中45位获胜。2014年，它募集资金达到240万美元，据说是亲以PAC中募资最多的。以2008年民主党众议员候选人多娜·爱德华兹（Donna Edwards）为例，她的当选和"J街"的支持有很大关系。最初因为她在阿以问题上的偏左立场，遭到美国主流亲以团体的批评，但是她却得到了"J街"的支持，600多个"J街"政治行动委员会成员在一天之内向她捐款超过25000美元，并帮她赢得了选举。爱德华兹获胜后专门制作视频致谢"J街"，在视频上她明确表示支持"两国方案"，对"J街"左翼立场做了热烈回应。"J街"用新型网络手段将不少年轻人的小额捐助吸纳进捐款库的方法令传统犹太组织侧目。有人攻击"J街"接受来自亲阿组织的钱，本-阿米并未完全否认，理由是"J街"不是一个以宗教和种族来定性的组织，只要捐助者关心以色列就可以。"J街"对"两国方案"的高调支持，让这一方案为越来越多的美国人所熟知，客观上，"J街"为美国政府中东鸽派政策的推行起到了不少宣传效果。

而右派则是与左派相对的犹太组织，通常是犹太复国主义团体，在阿以问题上持强硬立场。以"美国犹太复国主义组织"（ZOA）、"美国利库德之友"（American Friends of Likud）等为代表。右派组织怀疑外交所能达到的效果，因此反对用谈判手段解决阿以争端，否认巴勒斯坦权力机构的谈判者地位，反对为和平考虑向巴方提供经济援助，反对以色列在领土问题上向巴方做让步，主张加强军事力量，用军事手段巩固以色列的安全。希望美国政府能在军事和经济上给以色列更多的支持，在国际上给以色列更多支持，而不要过多地干预中东和平进程。坚决打击以色列的敌人——真主党、哈马斯和伊朗。以ZOA为例，克林顿时期，它是反《奥斯陆协议》犹太组织的代表，甚至不惜在国会公然与美国主流犹太社团决裂。1995年9月20日，该组织坚决反对美国做出援助巴勒斯坦当局5亿美元的决定。犹太右翼通常都持保守主义政治立场，里根政府以来，犹太右翼就与美国共和党政府中的新保守主义建立了比较好的私人关系和工作关系，小布什入主白宫八年，犹太右翼知识精英成为其政策幕僚，对其发动的伊拉克战争负有一定的责任。

中派犹太组织在阿以争端问题上的观点相对温和而平衡，未来仍然占据主流，[①] 韦克斯曼做此判断的前提是以色列保持政策的相对稳定性，美国犹太社团与以色列的矛盾不尖锐。但是我们不能忽视的是：冷战后以色列政坛多数时候被利库德或前利库德成员、后来的前进党成员控制。以色列现总理内塔尼亚胡作风一贯强硬，甚至连美国领导人对他都很无奈。2015 年 7 月，美国总统奥巴马就曾对媒体抱怨：内塔尼亚胡是唯一干预美国外交政策的外国领导人。[②] 以色列政坛的右翼态度必然会强化美国右翼的立场，这必然导致美以分歧。自然，美国犹太社团与以色列的分歧也会较以往明显。

表 5　美国犹太亲以游说团体的主要派别及其代表性组织

极左	犹太人争取巴勒斯坦公正（Jews for Justice in Palestine）、犹太和平之声（Jewish Voices foe Peace）、美国反房屋拆迁以色列委员会（Israeli Committee Against House Demolitions，USA）、犹太人反占领组织（Jews Against the Occupation）
左派（含中左）	美国拉比中央会议、改革派犹太复国主义者联盟（Association of Reform Zionists）、改革派犹太教妇女组织（Women of Reform Judaism）、保守派犹太教联合公会（United Synagogue Congress of Congress of Conservative Judaism）、美国现在就和平（APN）、以色列政策论坛、正义与和平同盟（Brit Tzedek v'Shalom）、J 街、修补世界运动（Tikkun Movement）
中派	美国犹太人委员会、美国犹太人大会、约言之子会（B'nai B'rich）、哈达萨、犹太公共事务委员会（The Jewish Council for Public Affairs，前身是 NJCRAC）、美国犹太人联合分配委员会、全国犹太民主党委员会、美以友好关系联盟（American-Israel Friendship League）、全国苏联犹太人大会（National Conference on Soviet Jewry）
右派（含中右）	美以公共事务委员会、以色列国防之友、共和党犹太人联盟（Republican Jewish Coalition）、反诽谤联盟（ADL）、中东精确报道委员会、犹太战争老兵组织
极右	美国犹太复国主义组织、美国为了安全的以色列（AFSI）、犹太国家安全事务研究所、美国利库德之友、一个以色列基金会（One Israel Found）、美国正统派犹太公会联盟、美国以色列正教组织（Agudath Israel）

资料来源：由笔者个人绘制。

---

① Dov Waxman，the Israel lobbies：A Survey of the Pro-Israel Community in the U. S.

② http：//www. guancha. cn/america/2015_ 08_ 12_ 330306. shtml，上网时间 2015 年 8 月 15 日。

美国犹太社团对以色列和阿以问题的心态，相较冷战前已复杂很多，单纯的左、中、右三分法往往过于简单。以“美国犹太和平之声”（Jewish Voice for America）与“美国拉比中央会议”（Central Conference of American Rabbis）为例，按照韦克斯曼的划分都属于左派，但是前者是因为注重和平的犹太“普世价值”而帮助以色列，而后者是因为犹太教而帮助以色列。前者对以色列的占领政策采取批判或敌视的政策，而后者因为与犹太教有难以割舍的联系，通常不将以色列放在对立位置，由此可以看出，这两个组织在政策上的分歧还是比较明显的，因此有必要在此基础上做稍微细致的划分。应该在中派组织中分出中左、中右两派，另外将左右两派中的政策比较尖锐的单列为极左、极右两派，同时将原来左右两派中温和势力归并到中左、中右两派中（如表5）。

美国犹太组织主席会议属于伞形组织，虽然其大多数成员组织意见一致、主攻国会工作，但仍有一部分成员组织分歧较大，就派别而言并不同类。因此在分类时，不能整体划分为哪一派。AIPAC 在政策上与以色列一致，在阿以政策问题上比较强硬，但是它很少把责任推到以色列政府身上，以色列国防部之友也是如此，将他们划分为中派或右派都不合适，他们实际上属于中右派，它们不希望美国插手阿以争端，认为阿以双方直接谈比美国介入更好。2008 年，美国国务卿赖斯在 AIPAC 年会上讲应采取措施解决巴勒斯坦人的苦难时，会场报之以令人压抑的沉闷。中右派积极与以色列的敌人作斗争，在奥巴马执政时期，AIPAC 多次施压政府对以色列的世仇——伊朗施以制裁，甚至是军事的压力。与中右相对的是极右派，狂热地支持大以色列主义，与利库德集团保持一致，他们主张美国政府对伊拉克、伊朗、叙利亚等反美政府要强硬，为此不惜一战。他们反对以色列政府的任何“鸽派”动向。这里面有代表性的组织有“ZOA”、“犹太国防组织”（the Jewish Defense Organization）、哈希迪教徒为主的“以色列正教组织”（Agudath Israel）、“犹太国家安全事务研究所”（JINSA），JINSA 的顾问委员会成员多为新保守派，如约翰·博尔顿（John Bolton）、理查德·珀尔（Richard Perle），其强硬立场被人称为简直是利库德集团在美国的分支机构。

左派与极左派，最大的区别在于它们批评以色列的程度。极左组织认为：如果以色列继续推行强硬政策，那么还不如没有，其实质是恨铁不成钢而形成的负面情绪性政策。左派相对理性，多为改革派和保守派组织，它们希望批评能让以色列发展得更好，同时认为以色列有决策的自由，与极左派不同的是，它们特别希望美国政府能在和平进程中发挥关键作用。

三、犹太权势集团的垄断？

美国犹太社团是一个有着共同追求的种族宗教特色浓厚的团体，属于自愿的民间组织。关于犹太社团是否民主，美国犹太人意见不一。外界评估则受制于对民主的理解。什么是民主？一直存在精英代议制民主和全民参与制民主两种。[①] 代议制民主论者认为，美国犹太社团的结构当然不是非常民主的，它们通常由专业领导者或志愿者领导，有些领袖由于传统的缘故，属自我任命，有些由封闭的董事会任命，有些是由某个组织的常任工作人员任命，但这些领袖做出的决定却影响着社区的绝大多数犹太人。在精英民主论者看来，多数犹太人忙于个人的工作与事务，无暇管理犹太公共事务，让一部分致力于公共事务的人领导犹太社团，就是比较现实的民主操作，毕竟全民民主是不可能的，现在世界上大多数声称的民主国家其民主本质也是代议制民主。

就犹太社团来说，犹太人参与社团公共聚会的热情较美国其他族裔低，占犹太人多数的自由派和保守派参与犹太会堂宗教活动的几率也比基督教徒低很多，能够在社会上代表犹太人发声的经常是犹太组织，毕竟它能聚合基层声音与意见。这种基层聚合是全民自由民主制作用下的一个自由联合体，所以从基层层面，多数犹太人乐于被他所在的组织所代表。犹太组织很重要的功能是动员与募集资金，大型犹太组织因其财力雄厚，能够影响的面比较广泛，因而在众多犹太组织中崛起，而这些大型犹太组织的捐款人自然或是经济富裕者，或是有强烈宗教情结的犹太人，他们共同形成了一个以他们为核心的犹太权势集团，经常在国家层面标榜代表犹太

① 孙晓玲：《犹太利益集团与美国中东政策》，博士论文复旦大学2005年，第21—27页。

社团的主流声音。而基层小的犹太组织，或因成员较少、资金有限，或因宣传费用有限，自然很难发出自己的声音。在“J街”创始人杰里米·本-阿米看来，权势犹太人约占所有犹太人口的8%，而他们恰恰是最大声的8%，这个观点存在一定的道理。以犹太权势集团的最有代表性组织——“美国主要犹太组织主席会议”为例，它是一个伞形组织，其组织方式是：在重要事务的决定权方面，一个代表组织一票。这看上去非常公平。但是“规模小财力厚的保守派团体，其数量绝对超过规模更大的自由派团体的数量”，因此，存在小团体能够压制那些大团体影响力的可能。这也就是为什么克林顿任期内，多数普通人支持奥斯陆和平进程，而最终犹太组织还是从左向右地渐渐偏移了，最终导致和平大厦的倾覆。

另外，大型传统犹太组织一定程度上可以在利益团体内部限制行为出位的新兴组织。比如2014年初，“主席会议”通过决议，否定左派组织“J街”为其成员，给了这个新兴组织“壮志未酬先挨揍”的教训。作为大型传统犹太组织的伙伴，以色列也在强化这一点。还是以“J街”为例，它成立后，以色列驻美国大使拒绝出席其会议，批评它是反以色列的。以色列政府曾公开反对“J街”支持的国会议员访问以色列。

可见，美国犹太组织的派别化已经比较明显，而且各派的力量有一定的不均衡性，犹太社团用一个声音说话已经很困难。

第三节　犹太右翼和基督教福音派的联盟

谈到亲以游说团体，不得不提及近些年来在美国发展非常迅速的亲以团体——基督教福音派，它并不属于本书的核心讨论对象，但是它对以色列充满着狂热的支持情结，对美国政府的中东政策影响不可小觑，以至于有些人将它看成是美国犹太力量的重要组成部分，这其实是一种误解。但是犹太右翼团体确实与基督教福音派保持着友好的关系。该如何看待这类比较奇怪的同盟，对美国犹太社团与以色列关系、对美国中东政策等的影响，非常值得仔细观察与研究。

一、基督教福音派的亲以议程

20 世纪 40 年代，基督教福音派在基督教右翼基要派基础上诞生，强调传播福音为神的首要旨意。在神学领域，福音派热爱以色列主要是基于《圣经》的解读，他们认为人类历史从创世纪开始到耶稣复临人间重建千年统治为止，人类一共要经历七个时间段，目前人类处于第六个时间段，《圣经》中提到的一些预言都将会实现。犹太人是上帝的选民，以色列地是基督诞生的地方，犹太人终将回归巴勒斯坦建立第三圣殿，一旦时机成熟，基督将在那里再次降临圣殿，信仰的人得道升天，而留在地上的人将遭遇痛苦。在此过程中，会发生一场正义对邪恶的战争，皈依基督的犹太人和基督徒将得到拯救。由此可见，福音派的基督降临是以犹太人回归巴勒斯坦——圣经中给予上帝的选民犹太人的地盘[①]——为前提的，他们是出于基督教信仰与宗教目的而狂热支持以色列的团结与统一。而这种支持早在以色列建国前后就已开始。“六·五战争”中，以色列占领耶路撒冷旧城、以色列在西岸和加沙建立定居点，在基督教福音派看来都是重建圣殿的重要节点，也是上帝预言的体现。随着福音派在 20 世纪 70—80 年代的逐步壮大，其亲以议程越来越引人注目。

20 世纪 70 年代，保守主义势力取代自由主义成为美国社会的主导思潮，福音派因其相对保守的宗教价值观受到不少信徒的追捧。其时，基督教保守派不满于自己在美国政治参与方面缺乏动员力的状况，以杰里·福尔韦尔牧师（Jerry Falwell）为代表的一些宗教人士认为，如果能以福音派为指导纲领，建立有组织的政治机构，基督教保守派所倡导的议程就能够得到更好的体现。1979 年“道德多数派”应运而生，目标是动员基督教会代表社会和道义发声，参与到政治议程中。通过众多的教会和信众，“道

---

① 根据《圣经》，以色列地是上帝赐予犹太人的，因为在《圣经旧约·创世纪》15：18 中：耶和华与亚伯兰立约，说：“我已赐给你的后裔，从埃及河直到幼发拉底大河之地。”这就是为什么保守派基督徒相信死海、约旦河之间的土地属于犹太人，地中海也属于犹太人的原因。《圣经·中英对照》，中国基督教三自爱国委员会、中国基督教协会出版，2007 年版，2012 年第 11 次印刷，第 23—24 页。

德多数派”很快家喻户晓，“基督教右翼”因此名声大噪。福音派领袖得到保守主义里根政府的赏识，道德多数派受到政治保守派的欢迎，杰里·福尔韦尔牧师成为里根的座上宾。1988 年基督教广播网的帕特·罗伯森（Pat Robertson）竞选总统，使得基督教福音派名声大振。

福音派以犹太社团盟友自居，“基督教联盟”（Christian Union）创始人帕特·罗伯森（Pat Robertson）、“基石教会”（Cornerstone Church）的创始人约翰·黑吉（John Hagee）、道德多数派的创建人福尔韦尔等对以色列充满热情。在福音派礼拜仪式上，乞求上帝护佑以色列的声音和犹太会堂里的祈愿声一样常见。根据民调，在美国，除犹太人外，基督教福音派比任何其他种族或宗教团体都更愿意表达对以色列的支持，① 他们因此被称为“基督徒 AIPAC”。福音派的人口大约为 5000 万—7000 万，大大超过了犹太人总数。成立于 1983 年的“国际基督徒和犹太人团契”（International Fellowship of Christians and Jews，IFCJ）致力于加强基督徒和犹太教徒之间的联系，从 1994—2004 年的 10 年间，该组织为以色列人道援助捐赠近 1 亿美元。目前主要的福音派亲以色列组织有：“基督徒支持以色列联合会”（Christians United for Israel，简称 CUFI）、“以色列社区基督徒之友”（Christian Friends of Israeli Communities）、“基督徒和犹太人国际协进会”（the International Fellowship of Christians and Jews）、“耶路撒冷祈祷小组”（Jerusalem Prayer Team）、“以色列基督徒之友”（Christian Friends of Israel）、“基督徒以色列公共行动运动”（Christians' Israel Public Action Campaign）等。

二、保守右翼与基督教福音派的“联盟”

从亲以游说的政治影响来说，基督教福音派是非常重要的力量。以色列政府在美国犹太保守力量与福音派的接触和结盟方面起到了一定程度的撮合和推动作用。以色列右翼对基督教福音派从一开始就表现出极大热情

---

① Carl Schrag，“American Jews and Evangelical Christians：Anatomy of a Changing Relationship”，Jewish Political Studies Review，spring，2005. pp. 171 – 182.

的欢迎。1979 年，受以色列邀请，福尔韦尔团队到访以色列圣地参观，他热情地对以色列政客宣称：“上帝善待美国人是因为他善待了犹太人。”福尔韦尔说这句话时饱含宗教深情，以色列人点头称是，则很大程度上基于政治考虑。① 1980 年，为显示对福音派的友好，以色列总理贝京邀请福尔韦尔和福音派领袖葛培理（Billy Graham）出席在纽约的一次大型犹太庆祝活动，在这次活动上犹太右翼领袖做了大会演说。在这次活动中，福尔韦尔和葛培理都获称“以色列国永久的朋友”，并被授予以色列政府颁发的荣誉奖章。这次授奖被看成是基督教右翼与以色列正式合作的标志。

1981 年，以色列单边轰炸伊拉克核设施后，贝京立即致电福尔韦尔，请求美国福音派基督徒支持以色列的单边行动。20 世纪 90 年代，内塔尼亚胡执政时期，他也曾积极接触基督教福音派，以抵御来自克林顿推进中东和平进程的压力。1998 年，内塔尼亚胡到美国与白宫要员商议西岸撤离计划时，其第一站不是出席美国犹太社团的活动，而是出席由福尔韦尔组织的千名福音派基督徒集会，内塔尼亚胡和福音派互表喜爱与赞赏，承诺要相互支持。他的行程安排顺序一度让美国犹太社团极为震惊。有趣的是，那些坚持以色列中心的犹太社团领袖心领神会。

单就亲以势力的整合与构建，福音派加入无疑是好事情。但是在此问题上，美国主流犹太组织和犹太民众有些区别。犹太民众更愿意从宗教层面和内政层面做比较，有些犹太人认为福音派支持以色列用心险恶，其根本不但不是为犹太人着想，而且在他们的理念中，犹太人的最终命运不是下地狱就是皈依基督教。除神学理念上的不同理解，在内政方面，福音派和以自由著称的犹太人在诸如堕胎、同性恋、民权、控枪、政教分离等方面，观点差异颇大。犹太人整体的自由主义倾向和福音派的保守立场形成了鲜明对比。所以，笔者在走访过程中，当和部分犹太人谈及福音派的亲以选择时，发现犹太民众的感受通常是“不舒服”，但多数人选择不作过多的解释。另外，在中东政策上，福音派表现出的强势、咄咄逼人的亲以色列立场，实际上和中东和平进程以及美国中东利益不合拍，有时甚至完

---

① Allan C. Brownfield, “Strange Bedfellows: The Jewish Establishment and the Christian-Right” Washingon Report on Middle East Affairs, August: 71.

全背离。

右翼犹太组织和美国犹太精英，最初是反对与基督教右翼结盟的，[1]因为两者在宗教和社会问题上的观点截然相反，比如，基督教右翼通常强调基督教在全美的优越性、反对同性恋、抨击堕胎。然而，随着基督教右翼实力的不断壮大与巩固，在其成为美国有影响的政治集团后，犹太领袖们的观点改变了，他们开始以另外一种立场看待基督教福音派。反毁谤同盟的领导人亚伯拉罕·福克斯曼声明说："尽管他们（福音派）对犹太人持有灾难性的预言，但是只要它们没被实现，犹太领袖就应该欢迎基督教锡安主义者对犹太事业的支持。"[2] 也就是说，为了犹太社团的利益和其他社团结成联盟没有什么不妥。历史上犹太组织曾和黑人民权社团、基督教主流派别建立过多种联盟。福音派和它们没有区别。犹太右翼成员主要来源于正统派犹太人和在20世纪60—70年代由自由派转向保守派的犹太知识分子，也称为犹太右翼知识精英，他们不同于犹太教中的极端正统派，后者否认了以色列的存在对犹太人最终获得救赎的巨大意义；而犹太右翼重视犹太传统、恪守犹太性、对犹太教教义和风俗遵循严格。部分犹太精英在对美国民权运动和冷战的反思过程中，从自由主义向保守主义靠拢，他们成为犹太右翼新的组成力量。

美国民权运动中，犹太人的传统盟友——非洲裔越来越激进，甚至在犹太人的私产上动土，犹太社团中希望保持秩序和规则的呼声渐高，这反过来引发了非洲裔的不满，此后，这部分犹太人与黑人盟友决裂，他们开始重新思考之前支持的自由主义。动荡之下约翰逊"伟大社会"计划也以失败告终，它未能改善贫穷和社会动荡不定，受此打击，犹太社团中的知识分子更坚定了与自由主义作别的信念，他们认为美国社会必须改变浪漫主义态度，运用现实主义手段去实现传统自由主义的目标，他们成为新保守主义的倡导者。如"新保守主义"教父欧文·克里斯托尔（Irving Kristol），他在1976年发表《何谓新保守主义》，指出新保守主义的一些基本

---

① Allan C. Brownfield, "Strange Bedfellows: The Jewish Establishment and the Christian-Right" Washingon Report on Middle East Affairs, August: 71.

② Malcolm Forster, Evangelical Christians odd allies for U. S. Jews' Ottawa Citizen (1 February), 2003: L6.

原则，如支持市场经济，不反对福利政策，但是社会福利不能损害个人主义。因不满20世纪60年代社会价值观混乱的状况，“他们主张回归传统西方价值观，在外交上表现为反对共产主义、在世界范围内推销美式自由民主思想”。[①]

部分犹太知识分子的转变，实际上是和美国社会保守力量上升相互推动的。民权运动后期，新保守派在美国呼声日高，冷战后期，美国和苏联的力量对比发生决定性扭转，美国开始转向攻势，这一定程度上加强了新保守派的政治正确性。新保守主义者认为美国理应对世界的自由负责，这和威尔逊式的自由主义如出一辙，但是在实现方式上，却与威尔逊依赖国际组织的想法有天壤之别，新保守主义者更相信现实主义的手段，即依靠美国强大的军事实力和民主道德价值示范。表现在外交领域有代表性的就是里根政府的“里根主义”、布什政府的“单边主义”。在中东，新保守主义强调美国应该输出自由、民主思想，支持中东唯一的“民主国家”——以色列。犹太右翼和美国新保守主义的合流是20世纪80年代到21世纪初美国最引人注目的政治现象，部分犹太人加入到对共和党政府的支持阵营。

“主席会议”等主流犹太组织曾经刻意与新保守派右翼保持距离，前者批判后者是“宫廷犹太人”，[②] 1986年“主席会议”主席换人，其行政高层均为前苏联犹太移民，较为认同新保守派的立场，因此对待新保守派的态度较为实用主义，他们公开宣称，以色列问题上可以合作，这类合作不会影响他们之间在其他问题上的分歧。“主席会议”这样的转变引发成员组织的争论。争论对犹太组织的团结有较大伤害。但不管怎样，犹太右翼和基督教福音派在共同保卫以色列的旗帜下，达成了事实的盟友关系。需要指出的是，仍然有一些极端正统派犹太组织和自由派犹太人决然不能接受基督教锡安主义者，2002年，这类组织在中央公园集会，抗议基督教锡安主义者，抗议的主旨是“不要以我们的名义！”可见，犹太社团内部对右翼的实用主义是有很大保留意见的。

---

① 王联合：“论美国新保守主义及其外交影响”，载《现代国际关系》，2003年第4期，第38页。

② Divided We Stand, pp. 83 – 84.

犹太右翼和福音派在保证以色列的安全和独立问题上立场非常一致，均具有强烈的“大以色列”观，将巴勒斯坦全境看成是以色列不可分割的领土，耶路撒冷是以色列永久的首都，反对“土地换和平”，将在土地问题上做退让看成是违背上帝旨意的表现，因此他们支持以色列扩建定居点的政策，反对巴勒斯坦建国。福音派与中右翼犹太组织的互动并不少见。2002 年，基督教联盟的前负责人拉尔夫·里德（Ralph Reed）在 ADL 报刊上发表系列亲以色列广告。第二年，里德在 ADL 全国领导人会议上讲话，说“9·11”事件之后，更多的美国人，尤其是福音派感受到与以色列的亲近关系。“支持以色列”（Stand for Israel）组织很早就身体力行展开亲以活动。2003 年，它从福音派教徒那里募集 4000 万美元支持犹太人移民。2003 年 4 月，在 AIPAC 年会上，福音派领导人、当时的总统候选人盖理·鲍尔（Gary Bauer）发表热情洋溢的支持以色列的讲话，赢得多次全场起立与掌声。2003 年，“犹太公共事务理事会”（Jewish Council for Public Affairs）年会通过了一项决议，肯定犹太社团与基督教福音派之间的联盟，理由和以色列政府一贯的理念一致，即以色列在困难时期，需要各方面的朋友。这可以被看成是犹太人与福音派关系的一个重要进展。

基督教福音派因其广泛的人口，未来将有望成为美国亲以色列的最主要力量，这在不久的将来可能会改变亲以团体以犹太人为主的组成结构。福音派的卷入，对美国中东政策的影响并不一定是好事情，他们比美国犹太大众更亲以色列右翼，这实际上对美国犹太社团的利益以及以色列来说，均是有害的。举例来说，就定居点问题，美国基督教福音派比以色列人的态度还要强硬，他们坚决不能容忍以色列做出让步，而事实调查发现，至少有 1/3 以上的以色列人同意将西岸交给巴勒斯坦以换取和平。而福音派团体在这个问题上的理由更为固执。他们说：“我们不关心以色列人的意见，我们更关注上帝怎么说，上帝已经把这个地方赐给了犹太人！”①

犹太右翼势力和福音派保守势力的联合，在小布什执政时期，达到顶

① RammyM. Haija, “The Armageddon Lobby: Dispensationalist Christian Zionism and the Shaping of US Policy towards Israel-Palestine”, The Holy Land Studies, Vol. 5, No. 1, 2006, p. 85.

峰，它们成为小布什政府大中东战略的重要支持力量，结果阿以争端愈演愈烈，直到加沙战火再起，中东和平进程非但没有前进，反而发生了历史性倒退。小布什时期，美国深陷中东泥潭实际上也是福音派和犹太保守势力合作的恶果，后文中我们还会有进一步的论述。

综合来看，由于美国犹太人的社会性变迁、中东和平问题上的不同立场，美国犹太组织已经发生比较明显的分化，也就是说犹太亲以组织的多元化发展已经是一个不可改变且不可忽视的现实。他们对美国中东政策的影响也将呈现出彼此竞争牵制的状态。基督教福音派作为近20年来崛起的亲以势力，它对犹太亲以游说的影响客观存在，但是对犹太社团来说，很难说是有益的帮助，对中东和平进程来说，也不能算是建设性的推动者。[1]

---

① 相关研究参见：Rammy M. Haija，"The Armageddon Lobby"，pp. 75－95.

第四章 犹太亲以色列游说与美国的中东政策

第一节 冲撞——犹太亲以游说和老布什政府的中东政策

一、"世界新秩序"和老布什[1]的中东构想

1989年，老布什接替里根成为美国总统，他未能保持里根当年所创下的犹太人对共和党总统候选人的高位记录，得到的犹太选票很少。原因是历史上布什家族较强的WASP[2]情节，家族石油业务与中东阿拉伯国家保持着联系，犹太人担心老布什上台会对以色列不利。

老布什上台之时，正是冷战铁幕落幕之际，冷战意识形态在老布什的对外战略布局中地位下降，他更关心的是如何在冷战废墟上建立一个世界帝国，中东自然是其全球战略的重要一环。布什想将中东改造为"美国治下的中东"，为此，惩治中东不听话的某些国家、拉拢中东的温和派国家就成为必须的措施。在此设想下，将美以关系放在一个正常的框架而不是一个特殊框架下，使巴以冲突冷却到可控范围，且不以最终解决为目标，

① 即美国第41任总统——乔治·赫勃特·沃克·布什（George Herbert Walker Bush）下简称"老布什"，以区别于其子——美国第43任总统乔治·沃克·布什（George Walker Bush），下简称"小布什"。

② WASP，即White Anglo-Saxon Protestant的简称，意指盎格鲁—撒克逊裔美国白人，由于这些人在美国早期是开拓者和中产阶级的代表，现用来指新教上流社会。

会更有利于美国改善与阿拉伯国家的关系。所以1989年，得老布什应允，国务卿贝克推出面向阿以双方的“贝克计划”，希望双方通过谈判解决分歧。因以色列不承认巴勒斯坦代表团的合法性，以色列在定居点问题上的强硬立场也令巴方难以接受，1990年3月10日，“贝克计划”首先被以色列拒绝。海湾战争后，为进一步扩大美国的影响，建立美国主导的中东“新秩序”，也是为了争取国内的政治支持，老布什和贝克开始推动巴以和平进程。贝克早就预见不能解决全部问题，但值得一提的是，1991年10月，他成功地劝说了阿以双方代表一起召开“马德里中东和会”，在重启中东和平进程上迈出了有历史进步意义的一步。

这一时期，多数时候，美国的政策不能令以色列满意。特别是美国希望以色列能配合美国战略的想法使以色列感到很不舒服、甚至恼火。比如，老布什上台不久，美国就给以色列施加压力，要求其停止在巴勒斯坦建立新的犹太定居点；海湾战争之后，美国要求以色列不要卷入到战争中，结果以色列旅游业遭受重创不说，还要忍受不计其数的伊拉克导弹。

老布什的以色列“搭档”是著名的犹太复国主义者、利库德集团领袖沙米尔。两者在阿以争端解决路径上有不少分歧，有时甚至达到对抗的地步。贷款担保问题就让两者的矛盾一度摆在世界舆论面前，美国犹太社团不可避免地卷入其间。

二、美国犹太社团与对以贷款担保

苏联解体前后，大批苏联犹太人移居以色列，沙米尔认为大以色列方案可以为这些移民提供必须的容身和发展之地：“我们需要‘以色列之地’，需要一个大而强的以色列国，我们将需要大量的房屋来接纳每个人，每个移民将能去他想去的地方。”① 为给新移民提供必要的帮助与服务，以色列急需流动资金。1990年3月，贝克对外透露美国将考虑以色列的一项请求，即为以色列一笔100亿美元的贷款提供担保，这笔贷款将为移居以

① Joost R. Hiltermann, “Settling for War: Soviet Immigration and Israel's Settlement Policy in East Jerusalem”, Journal of Palestine Studies, Vol. 20. 1991 No. 2. p. 77.

色列的苏联犹太人建设住房。美国要求以色列保证不将这笔钱用在被占领土上修建新的定居点。这并非是以色列第一次提贷款担保请求，1990 年 5 月 25 日，美国就为以色列提供了 4 亿美元贷款担保，前提是以色列不得在“绿线”（以色列 1967 年前边界）以外建定居点，结果以色列无视了美国的限定。因为有不好的先例，美国对以色列 100 亿美元的担保设想存有戒心。“这是自艾森豪威尔以来，美国政府第一次将美国援助与以色列服从美国政策联系起来。”① 以色列沙米尔政府拒绝做出类似保证。1990 年 3 月 3 日，老布什在记者招待会上做出有关定居点问题的表态，引发美以关系的轩然大波。老布什说：“我的立场是：美国外交政策不认为（我们）应该为苏联犹太人在西岸或东耶路撒冷建立新的定居点做担保。”② 老布什将东耶路撒冷与被占领土混为一谈的说法，令以色列和美国犹太人难以释怀。以色列立即宣称，耶路撒冷是以色列不可分割的一部分。部分美国犹太社团感觉无论是布什口误还是他就是那么认为的，老布什的表态都威胁到了以色列的安全以及犹太尊严。ZOA 与“犹太妇女全国委员会”（The National Council of Jewish Women）派代表到华盛顿游说国会支持贷款担保。1990 年春天，贝克的中东问题顾问阿隆·米勒（Aaron David Miller）在华盛顿旅馆向一群美国犹太人简要说明政府的中东政策，一位来自亚特兰大的犹太人向他大喊大叫：你是个一无是处的自己恨自己的犹太人，你的老板是个反犹主义者！米勒后来回忆说：“作为一个犹太人，我感觉自己被冒犯了”③。

1991 年 1 月 22 日，以色列正式向白宫申请 100 亿美元贷款担保，老布什政府认为以色列的请求很不是时候，因为海湾战争才打响几天，避免与阿拉伯其他国家激化矛盾很关键。贝克后来在其回忆录中写道：“在公开场合下，我们说美国会全面考虑（以色列）的请求，但事实上，不到一个合适的时机，我们无意去做这个事情。”④ 同时，作为老布什政府构建

---

① 赵伟明：《中东问题与美国中东政策》，时事出版社，2006 年 5 月版，第 293 页。

② New York Times，Mar. 3，1990，p. A5.

③ Aaron David Miller，The Much Too Promised Land，（New York：Bandom House，2008），p. 87.

④ James A. BakerIII，The Politics of Diplomacy：Revolution，War and Peace 1989 – 1992（New York：G. P. Putnam's Sons，1995），p. 544.

“世界新秩序”一部分的阿以和谈计划正在酝酿之中，美国希望以色列冻结定居点，不要刺激阿拉伯国家，贝克要求沙米尔推迟提出贷款担保请求。沙米尔不愿退步，美国舆论开始不利于布什。老布什不得不出面救火，一再声明，美国对以色列政策没有变，同时美国坚持耶路撒冷最终地位应该由谈判解决。为取信于以色列，1991 年 3 月，美国国会批准给以色列提供 6.5 亿美元，以补偿以色列在海湾战争中蒙受的损失。但是在对待定居点问题，美国政府还是坚持其强硬态度，这令本来就比较敏感的贷款担保问题变得更加难以解决。

美以在贷款担保问题上的对立，使美国犹太社团陷入到“支持以色列还是支持美国”的尴尬境地。它们中的相当一部分成员能够理解政府对以色列的不快，沙米尔的政策确实比较强硬顽固。对此，多数犹太组织有独立的判断和观点，有些犹太右翼组织公开支持以色列，犹太左翼组织支持贝克，认为以色列不应将受美国担保的这批贷款用于定居点建设，而中派组织则避开支持以色列的政治理由，转而从人道主义的角度支持贷款担保。持自由主义立场的左派、中派组织希望以色列冻结定居点。APN、“新犹太议程”（NewJewish Agenda）[1] 等左翼组织成员敦促国会将贷款担保与定居点挂钩，并为此进行国会听证会。它们还发表声明要求以色列：为了安全和和平着想，通过冻结定居点的临时决议。美国改革派“犹太复国主义联盟”（ARZA，the Association of Reform Zionists of America）的埃里克·约菲（Eric Yoffie）警告以色列：这么做易造成苏联犹太人问题因定居点而陷入困境。“美国犹太人大会”前任主席谴责在被占领土上建新的房子，因为那样做最终会对苏联犹太人有害。[2] 传统上凝聚美国犹太社团地方共识的组织——“全国犹太社区关系顾问委员会”（NJCRAC）、“美国犹太人大会”、“希伯来联合公会”等均持这一观点。而中右或极右组织则坚决地站在支持以色列、谴责老布什的一边。比如“美国正统派联盟”、“美国为了一个安全的以色列”，均亲利库德，谴责中左派，并认为它们的提议有损以色列利益。后者甚至抛出一份可信度存疑的调查，力证绝大多数美

① 犹太左翼组织（1980—1992 年），关注阿以和平，同性恋者权益等议题，1992 年因预算问题关门。

② Divided We Stand，p. 100.

国人认为以色列不应放弃所占领土。一些美国犹太领袖私下里请求沙米尔不要这个时候提贷款担保。时任“美国主要犹太组织主席会议主席”的肖莎娜·S·卡丁（Shoshana S. Cardin）在其作品《为苏联犹太人征战》中提到：“我劝沙米尔将贷款担保请求压到至少马德里和会之后，我们会晤很热诚，但是总理正如外界盛传的那样固执，我没办法让他收手。”①

争议中，美国犹太社团亦存在更大的共识：“不应将贷款担保与定居点政策挂钩，反对美国利用经济援助向以色列施压，认为这种行为有乘人之危之嫌”。② NJCRAC 前主席米歇尔·派尔文（Michael Palevin）在该组织开大会时，对老布什顾问理查德·哈斯（Richard Haass）说，虽然个人不赞同以色列的定居点政策，但是为了道德义务美国应该给以色列提供贷款帮助。会场上，500 多位代表以热烈掌声报之以应和。主流美国犹太社团投入到一场支持以色列的游说活动中。当年夏天，AIPAC 受“主要犹太组织主席会议”委托，代表犹太组织展开游说工作，美国国务院派出丹尼斯·罗斯（Dennis Ross）和珍妮特·马林斯（Janet Mullins）进行反游说，希望通过犹太组织劝说以色列放弃在不恰当的时机内提贷款担保问题，理由是“如此会是一个双输的结局”。③ 犹太领袖认为，国会误解了美国犹太社团对以色列的影响力，也误解了美国犹太人对以色列紧急需要的义务感。NJCRAC 大会本应通过指导基层顾问关系委员会的文件，但在定居点问题上最终未明确表态，只是请美以协商出一个好的方案，由此可见中派组织相对温和的立场。

9 月，老布什要求国会推迟 120 天再提担保问题，否则会威胁到正在进行的阿以和谈。令政府没有想到的是，美国犹太社团在“主席会议”主导的一个特别小组的运作下，展开了大规模的支持贷款担保活动。AIPAC 自然是此次公开游说的急先锋。1200 名犹太人与亲以积极分子齐聚国会山，为贷款担保游说，有些人认为从人道角度，美国应该提供担保，有些

① Shoshana S. Cardin, “Marching for Soviet Jewry,” in Shoshana S. Cardin ed: Memoirs of Shoshana Shubin Cardin (Baltimore: Jewish Museum of Maryland, 2008), pp. 93 – 94.

② Alan Mittleman, Robert A. Licht, Jonathan D. Sarna, Jewish Polity and American Civil Society: Communal Agencies and Religious Movements in the American Public Square, (Md.: Rowman & Littlefield Publishers, 2002). pp. 135 – 136.

③ US Jewry on the Eve of Oslo, p. 31.

则认为海湾战争中，以色列忍受伊拉克太多的飞毛腿导弹，就补偿的角度，美国也应该提供担保。老布什不得不召开白宫记者招待会进行反游说。可是这是一场很糟糕的“狙击战”，某种程度上对老布什的连任来说，构成了相当杀伤力的打击。老布什在记者招待会上抱怨道：“我们遇到了强有力的反对团体，我知道今天有成千上万的说客在为另外一边游说，这里有个孤独的家伙在孤军奋战……如果我只能得一票，我也不会在乎，我在为我坚信的事业坚持，我认为美国人民和我在一起。”[①] 尽管老布什一再强调他毫不怀疑美国对以色列安全的义务与责任，但是将“美国人民”和“美国犹太人”对立起来的表达，激起了美国犹太人敏感的神经。老布什远未料到这句话，对那些深受纳粹种族主义摧残的犹太人的后裔，是什么后果。在老布什讲完话后，甚至有白人至上主义者为之狂欢，他们的反应帮了老布什的倒忙。卡丁去函向老布什抗议并理论，她强调：“那些说客是行使自己作为美国公民的权利，关注人道问题符合美国民主程序。”为扑灭犹太社团的怒火，老布什不得不回信为自己引发误解的言论道歉，他强调自己本意并非如此，他说：“我提及说客和强有力的政治力量从不意味着对他们的任何轻蔑。作为政府和政治领域的有着多年工作经历的老手，我对民主进程中的自由表达极其尊敬。政治类组织团体和个人是民主国家政策决策过程中合法而有益的一部分。”在卡丁收到这封信之前，该信被提前发给《纽约时报》[②]，并全文刊登。由此可见，老布什意识到了他的言论可能造成犹太选民对自己的负面看法。国会给老布什的压力更大，71 名参议员联名写信要求老布什为以担保。在另一次记者招待会上，老布什提醒他的批评者说，美国相当于给了每个以色列公民 1000 美元。[③] 这番言论被恶意的批评者视为老布什在暗示犹太人贪婪成性。

在国会与行政部门因为以色列和美国犹太社团在贷款担保问题争论不休之时，老布什不得已祭出“大棒”，提醒议员们，如果他们坚持己见，

---

① George H. W. Bush, “Excerpts from President Bush's News Session on Israeli Loan Guarantees,” The New York Times, 13 Sep. 1991. Jewish Polity and American Civil Society: Communal Agencies and Religious Movements in the American Public Square p. 135 – 136.

② “Bush's letter to US Jews”, the New York Times, Sept. 21, 1991.

③ 【美国】安妮·科恩布卢特：“布什家族与犹太人”，载《参考消息》，2002 年 6 月 3 日。

他可能动用否决权。国会无法收集否决总统的足够票数，最终妥协。1992年初，贝克要求以色列，已建的定居点可以建完，但不得再建新的。令美国政府和犹太人关系更为紧张的是老布什的朋友——《纽约邮报》专栏作家埃德·科齐（ED Koch）引用匿名信息称，为布什连任做准备工作的贝克，在白宫的一次会议上私下对犹太人爆粗口，并说："他们（犹太人）从来没有支持过我们！"多年后，据埃德·科齐自己讲，匿名信息其实来自美国犹太人的朋友——住房部长杰克·坎普（Jack Kemp）。① 老布什致信科齐说他不相信贝克会这么说，同时为政府的政策辩护。

面对以色列和国内的反对声音，老布什宣称，贷款担保问题的决定权在以色列手里。冻结定居点对沙米尔来说，是否定其执政理念，因此，他对美国的要求置若罔闻。1992年3月，美国正式拒绝为以色列贷款提供担保的要求。老布什不是没有考虑到在这一关键时期，拒绝对自己选举可能带来的影响，只是他觉得美国领导了一场漂亮的反伊拉克战争，有些犹太人会投票给他，另外APN那样的左翼犹太组织在国会中发出的不同声音使老布什团队嗅到了犹太社团的分裂。当然，老布什不放弃做些弥补工作。例如：派副总统奎尔向AIPAC成员做解释，坚称美国对以色列的承诺不变，道路的崎岖……不能改变或威胁美以关系背后的基本原则②；再比如说，老布什还亲自对以作保证。1992年3月底，他给一些有名的共和党犹太人写信，强调美国对以色列的义务，并说："我将尽力让最近的紧张关系缓和而不是恶化，而且，我们希望能将这些不快抛之脑后。"AJC执行主席对此的回应是："行为更有说服力，我们不得不等着瞧。"③

事实上，"主席会议"一直希望与工党领导的以色列政府打交道，1990年3月，拒绝"贝克计划"的沙米尔政府被以色列国会投了不信任票，以色列不得不进行大选，"主席会议"明显表现出希望工党当选的偏向，可惜利库德集团最终还是获得了胜利，"主席会议"主席西摩·瑞奇

---

① Edward I. Koch and Rafael Medoff, The Koch Papers: My Fight against Anti-Semtism (New York: Palgrave Macmillan, 2008.), p. 91. 转引自：US Jewry on the Eve of Oslo, p. 34。

② 赵伟明：《中东问题与美国中东政策》，时事出版社，2006年5月版，第332页。

③ US Jewry on the Eve of Oslo, p. 35.

（Seymour Reich）很是失望。[1] 1992 年以色列大选，沙米尔下台，赞同“土地换和平”的拉宾上台，美国政府和美国犹太人都舒了口气，美以关系终于不用那么剑拔弩张。老布什接见到访的拉宾时，表示美国会尽快满足以色列在贷款问题上的需求。10 月 5 日，美国国会通过了对以贷款担保。由于贷款担保之争发生在 1992 年总统选举前后，老布什的立场成为民主党攻击共和党以色列政策的把子。支持贷款担保的部分犹太团体立场高调，老布什和贝克应对这种高调强硬有余、柔性不足的态度，使得普通犹太百姓很难理解老布什对犹太人的善意。总统大选时，他们的情感很难站在老布什一边，他们将 80% 的选票投给了克林顿。老布什丢掉了总统、特别是丢了非常多的选举人票，不能说与此关系不大。

三、受挫的游说透现分歧但仍然有力

贷款担保问题是老布什任期美以关系的晴雨表，美国犹太社团不可避免地卷入其中，成为美国外交决策中的一个重要内部牵制力量，在外交双层博弈[2]中发挥着持续的影响。作为游说主体，它们利用美国式民主程序，合法地与美国国务院展开多轮博弈，期间多次利用媒体与舆论来造势，目的是给政府传递压力。从本案的结果来看，一个比较强大的犹太共识与广泛的国会支持并不一定能对抗强势而坚定的美国政府。老布什是政坛老兵，有丰富的外交经验，有自己在外交上的精神追求。建立世界新秩序，既是冷战胜利后美国最符合国家利益的宏伟规划，也符合老布什作为白人精英阶层的梦想。所以他对追逐这一梦想毫不迟疑，碰到艰难险阻，也不随意更改目标。老布什个人的坚持就像他自己说的，是

---

① Divided We Stand. p. 101.

② “双层博弈论”是美国学者罗伯特·普特南在 1993 年提出的国际关系分析框架。他认为，可以将国际谈判比拟成国内国际“双层博弈”。在国内层面，各种利益集团通过向政府施压，迫使决策者采取对其有利的政策。在国际层面，政府需要回应国内利益集团的诉求，同时利用国内压力向国际谈判的对手提出诉求，以争取获利最大化、损失最小化。对各国的领导人、谈判者来说，他们实际上是和国内、国际两个对手谈判。详见 Robert D. Putnam，“Diplomacy and Domestic Politics：The Logic of Two-level Games.” In Prter B Evans，Harold K. Jacobson，Robert D. Putnam，eds，Double-Edged Diplomacy：International Bargaining and Domestic Politics，（Berkeley University of California Press，1993），pp. 431 –468。

与美国的国家利益保持一致的。因此美国犹太人的游说也要符合这一目标，才有实现的可能。

支持以色列，捍卫以色列的国家安全，美国从未动摇。但是在坚持这一目标的过程中，如何对待阿拉伯国家，美国的态度则有多次摇摆，当美国政策有摆动时，以色列不随机应变，美国犹太人不见机行事，就会令以色列和美国犹太人追求的最终目标与美国国家利益相左。贷款担保是美国政府愿意为以色列做的，但是美国需要总体评估这一政策是否存在单边有益而多边风险过大的弊病，因此选择时机非常重要。主流犹太社团潜藏的危机心理与习惯，使得他们在处理这些问题时，显得比较急躁与非理性。

“再也不要有第二次”的受害者思维模式，使得美国主流犹太社团遇事希望谋求万无一失。这种不顾形势变化，“以色列中心主义”的游说方式，局限性非常明显。美国犹太社团处境尴尬，美国和以色列政府均难以真诚感谢其付出，而且会将其看成有效决策中的扰民因素。而这对犹太游说在美国的合法性来说，不是增进而是抑制，对美国犹太游说的“独立性”与自我认知不是好事情。尽管美国犹太社团还在刻意维持与以色列的团结，但是犹太社团在政治议程上的分散化已是一点就破的秘密。左翼、自由派犹太社团在贷款担保游说上有自己的立场和态度，可惜与传统右翼相比，力量还比较弱，到贷款担保问题激烈化时，左翼派别已很少发声，因为主流组织已经将贷款担保和以色列安全与发展紧密联系起来，它们这个时候发声，实际上是把自己置于与以色列为敌的态势。

犹太社团欲在外交上改变美国政府的既定政策难度相当大，但是游说的失败并不意味着影响弱小。就像 AIPAC 曾经广泛参与的反对售沙特预警飞机（AWACS）一役一样，AIPAC 虽败犹荣，AIPAC 最大的成果是它让美国政客知道不对以色列好就难以成就好的政治（后来的克林顿某种程度上是摸到了精髓）①，它成为华盛顿数一数二的院外游说组织，会员人数由 20 世纪 80 年代初的 1.1 万，迅速上升到 5.5 万人，影响依然不可小觑，

① Aaron David Miller, The Much Too Promised Land, New York: Bandom House, 2008, pp. 96 -97.

甚至到了以色列工党领导人都不得不敲打提醒的程度。以色列总理拉宾就曾直言不讳地批评 AIPAC 董事会："你们激起了太多的对抗，你们树敌过多，你们的记录很糟糕。"① 美国犹太社团的影响还表现在它可能改变外交上发挥影响的人，比如老布什的下台，比如，对有影响的议员捐助。密歇根大学奥根斯基（A. F. K. Organski）通过其调查发现，美国参议员对以相关问题的支持率和他们接受的犹太捐款成正比。虽然议员们主要基于国家利益投票，但金钱加强了他们的投票意向。

经过贷款担保风波，美国犹太社团也在总结自身的得失，它开始意识到，自己不再总是和一个处于生存危机中的以色列打交道。以往捍卫安全的目标，可以很容易让它们和以色列走到一起，为犹太民族的利益奋斗。20 世纪 80—90 年代，阿以问题的核心已经转向如何有效解决被占领土，以色列不同党派意见不一，而将这一问题纳入世界新格局的美国，已不再愿意用老思维出牌。美国犹太社团内部着有不同的声音，"以色列中心主义"已绝不是易事。值得玩味的是，在贷款担保危机期间，主流犹太组织因对沙米尔强硬的西岸政策不满，甚至故意放松对国内犹太左翼组织的压力。像"新犹太议程"这样的组织被主流接纳，允许它们在主流组织的会议上展示立场，其成员获准在洛杉矶、底特律等大城市做宣传活动。这些非同寻常的举动，实际上是主流犹太组织和以色列政治关系紧张的体现，也是主流犹太组织对以色列的告诫。

第二节 分裂——犹太亲以游说与克林顿政府的中东政策

如果说老布什时期，美国犹太亲以游说组织还在努力维持统一，至少对外如此，那么克林顿时期，他所主导的奥斯陆和平进程，客观上导致了一种新型的以色列与流散团体间关系的诞生。美国犹太社团右翼组织公然

① Steven T. Rosenthal, Irreconcilable Differences: The Waning of American Jewish Love Affair with Israel. (Hanover, NH: University Press of New England for Brandeis University Press, 2001), p. 121, 转引自 Neil Rubin, American Jewry and the Oslo Year, p. 35。

与以色列工党政府及其美国支持者分道扬镳了。[①] 而美国犹太亲以组织中的左派和中派顺应时势，成为中东和谈政策的推动者。克林顿执政八年，犹太游说组织公开地走向了分裂，这种分裂被以色列左派用来推动和平进程，被以色列右翼用来对抗白宫的施压。而克林顿却没能很好地把握住犹太组织分裂、对抗而损耗能量的有效时机，顶住以色列的强硬态度，坚定地推动和平。妥协的结果是：共和党保守势力和犹太右翼、以色列右翼政府、软弱的巴勒斯坦权力机构一起葬送掉美国民主党政府精心搭建的奥斯陆和平框架。

一、克林顿的中东构想和《奥斯陆协议》

（一）克林顿的中东构想

比尔·克林顿与老布什相比是外交新兵，上任最初，中东政策基本延续老布什的路子。与老布什不同的是，克林顿时期，美国在中东问题、特别是中东和平进程问题介入更深。正如前文提及，在老布什与贝克时期，中东和平进程属于美国全球战略中的重要一环，美国希望自己扮演一个诚实的掮客，对阿以双方同时施压，推动双边谈判顺利进行，至于结果，美国采取等着瞧的态度。克林顿完成接任后，他更希望美国主导中东和平进程，使得阿以关系有一个颠覆性的进展。美国的角色已由“掮客”、“召集人”，变成“积极的推动者”。克林顿政府与老布什政府相比，政策起点有别。后者外交经验丰富，美国主义情节浓重，抱负宏大，重视中东但不局限于中东。前者国内经验胜过国外经验，政策起点在振兴美国经济，国外政策服务于美国国内经济需要，视稳定的中东为美国强盛经济的重要一环。克林顿执政初期的政策思路是：维护美国在海湾地区的切身利益，“东遏两伊、西促和谈”。伊拉克经过海湾战争已经削弱，伊朗和伊斯兰激进主义威胁加大。扶助以色列，拉拢阿拉伯温和派，谋求与土耳其、埃及、约旦建立战略协作关系，对抗伊朗，推动中东和谈，实现阿以和平。如此，有助于克林顿整体思路的实现，同时还可以有效保证美国在中东的

---

① Divided We Stand, p. 119.

石油利益和军火利益，美国政府对以色列安全的道义承诺亦可以一并实现。

克林顿上台后第一次会晤以色列总理拉宾即奠定了执政八年的对以色列的政策主调，他对自己十分仰慕的拉宾“将军”说，尽管世界风云变幻，但是美以之间的特殊关系不会改变，它是以共同的价值观和共同的理想为基础的。以色列是中东民主典范，以色列的民主是美以关系的基石，美以关系的良好发展和维护美国在中东的利益一致。① 克林顿接受中东政策顾问丹尼斯·罗斯（Dennis Ross）的建议——如果要以色列为了和平而冒险，它必须先感到安全。在会晤拉宾后，美国和以色列一起规划了未来10年的合作事宜，延长1988年签署的《战略合作协议备忘录》：美国每年向以色列提供30亿美元的军事和经济援助；以色列将海法作为美国第六舰队的常驻基地；加强武器与情报交流；支持以色列与巴勒斯坦、叙利亚和约旦实现和解等。这些合作目标归结起来共有三点：加强以色列的安全、推动中东和平、捍卫美国的中东利益。

（二）《奥斯陆协议》的构建与覆灭

老布什时期，马德里中东和谈框架已经搭好，只不过没有处理好以色列的安全关切，也没有给予巴勒斯坦解放组织领导人所要求的身份和地位，谈判在克林顿上台时僵化不前了。克林顿要做的就是推动一下，以色列那边的拉宾，是可信赖的搭档。巴解组织对美国的戒心还未放下，由马德里和会肇始，美国主导下的华盛顿渠道旷日持久，难以取得突破。克林顿上台时，巴以双方都希望能够往前走一步，当时的氛围比较利于和解：以色列拉宾想一劳永逸解决安全困境、巴勒斯坦既要公认的名分又想乘机解除以色列对巴人生存空间的挤压、因提法达运动体现出的基层民众对对抗的怨恨。是时候，抛弃华盛顿渠道，另觅他途，或许还能够创造奇迹。

1993年春夏，在挪威外长约翰·霍尔斯特（Johann Holst）牵头协助之下，拉宾的高级代表和阿拉法特的代表展开了谈判，因为双方要求和谈

① “The President's News Conference with Prime Minister Yitzhak Rabin of Israel”, March 15, 1993, Public Papers of the President of the United States, William J. Clinton, 1993, Washington DC: U. S. Government Printing Office, 1994. p. 303.

判意愿非常强烈，8 月下旬就达成了协议。对于谈判，美国是知晓的，积极程度一般，甚至未给予足够重视。① 双方谈判如此之快有结果，着实让美国国务卿克里斯托弗惊喜，他甚至询问美国犹太社团的领袖，是否事先得到了风声，结果是确实没有。参与奥斯陆谈判的巴以双方都知道大国对于协议实现的价值，他们在谈判时通报了埃及与美国。1993 年 9 月 13 日，巴以《临时自治安排原则宣言》，即《奥斯陆协议》最终签订地点定在美国白宫，既为满足美国要求，更为了获得美国在推进协议问题上的巨大支持。根据协议：巴勒斯坦人立即在加沙和杰里科实行自治，以色列将西岸地区权力交予巴人；巴勒斯坦自治过渡期为五年，尊重联合国安理会第 242 号和 338 决议，双方应本着相互承认对方合法权利、相互尊重的原则追求和平共处；巴勒斯坦问题分阶段解决，先加沙和杰里科，然后西岸，再谈边界、主权、军备控制、难民和耶路撒冷最终地位等棘手问题。

《奥斯陆协议》的这种先易后难的路径为各方提供了信心，就政府层面，阿拉伯和以色列之间的关系得到短期改善。以色列展开和巴解组织以及北方劲敌叙利亚的双线谈判。除此以外，在美国推动之下，以色列和约旦签订了和平条约，这一进展增加了中东和平进程的成果。尽管有 1994 年 2 月的“希伯伦惨案”② 的阴影，1995 年 9 月 28 日，《第二阶段奥斯陆协议》还是在美、以、巴三方的共同努力下签订了，包括安全、巴勒斯坦选举、巴以合作、释放被关押巴勒斯坦人各项内容。以色列需撤出 30% 的西岸领土，在安保方面区别对待不同地区，巴勒斯坦需要进行选举，修改宪章中消灭以色列的条款。

《第二阶段奥斯陆协议》标志着巴以第一阶段临时自治政府安排的谈判结束，为以后的谈判奠定了基础。尽管拉宾在签署该协议时，宣称耶路撒冷是以色列永久的首都，以色列国内右翼势力还是没有原谅他的让步，1995 年 11 月 4 日，拉宾被暗杀。一时间，阴霾笼罩，中东和平进程一度中止。1996 年以色列鹰派内塔尼亚胡政府组阁，拒绝“土地换和平”原

---

① ［巴］马哈茂德·阿巴斯著，李成文等译：《奥斯陆协议之路——巴以和谈内幕》，世界知识出版社，1997 年版，第 209—210 页。

② 1994 年 2 月 25 日，一名犹太极端分子闯入约旦河西岸希伯伦易卜拉欣清真寺，开枪打死了正在做礼拜的 29 名巴勒斯坦人，制造了举世震惊的“希伯伦惨案”。

则，也拒绝执行第二阶段《奥斯陆协议》。连任成功的克林顿没有气馁，继续劝说阿以双方放下成见，展开谈判，促使有关以色列撤退希伯伦大部分地区的《希伯伦协议》，以及以色列分三阶段向巴人移交约旦河西岸13.1%土地、巴勒斯坦必须打击恐怖主义的《怀依备忘录》。在内塔利亚胡下台后，美国成功地推动了以色列工党巴拉克政府签订了执行《怀依备忘录》的《沙姆沙伊赫备忘录》，将《怀依备忘录》规定的撤退区域分为三个区域，逐步完成撤退，并规定最终巴方在约旦河西岸单独控制和巴以联合控制的地区将占西岸总面积的42%。巴拉克有自己的和平进程思考，也有推进协议和做出让步的决心，他甚至在2000年9月25日，大尺度地宣布耶路撒冷可以作为巴以的共同首都。这冲击了以色列右翼的底线，利库德党魁沙龙借机提出"以安全换土地"的战略思路，时隔三日，他突然造访位于东耶路撒冷的穆斯林圣地阿克萨清真寺，由此再次引发因提法达，及其后长达五年的巴以流血冲突。克林顿即便已经到了要离任的关头，还在尝试在巴以之间达成一个折中的建议，终因他在耶路撒冷安排、巴勒斯坦难民"回归权"等问题上无法达到阿拉法特的请求，其外交努力功亏一篑。

二、美国犹太亲以团体与《奥斯陆协议》

回顾历史，会发现美国犹太亲以社团对《奥斯陆协议》有一个从整体欣慰到态度逐渐分化的过程。就像拉宾与宿敌阿拉法特握手所带来的冲击那样震撼，《奥斯陆协议》的签订极大地震动了美国犹太社团。在此之前，阿以双方非常对立，以色列的生存受阿拉伯邻国威胁，在此背景下，它们习惯于扮演以色列的保护者和支持者的角色。《奥斯陆协议》一改过去紧张的图景，美国犹太社团一度认为自己当务之急需要考虑的是：如何与已经放弃敌视、准备和对手修好并谋求和平与安全的以色列政府打交道？如何同过去关系相对紧张的美国阿拉伯裔团体相处？

（一）犹太社团和阿拉伯社团短暂的友好

《奥斯陆协议》成功达成、巴以双方承诺互认，绝大多数美国犹太人第一反应是乐观其成，毕竟母国的安宁是很多美裔犹太人的期盼，这也是美国政府和以色列政府欢迎的外交安排，因此无论站在美国人的角度还是站在犹太人的角度，美国犹太人均应该支持。就像是拉宾与阿拉法特之间颠覆性握手的映衬，在美国，美国犹太社团和美国阿裔社团之间的关系在一月之间发生了戏剧性的改善。协议签署当晚，“以色列政策论坛”的前身“奈西玛计划”（Project Nishma，“Nishma”希伯来语，意为学习、研究并传播《托拉》）、“美国犹太人大会”甚至和“美国阿裔联合会”（Arab American Association）一起在华盛顿搞了一场欢庆招待会。之后双方还联合举办了一系列的公共活动。1995 年 5 月 4 日，“全国犹太顾问关系委员会”（NJCRAC）与“阿裔美国人全国协会”（National Association of Arab Americans，简称 NAAA）史无前例地发表了阿犹关系声明，共同谴责以平民为目标的恐怖主义，表示要携手支持和平进程。①

一切看起来都在向好的方向及“和”的方向发展，然而随着《奥斯陆协议》文本内容被越来越清晰地了解、巴勒斯坦恐怖活动时不时地爆发、定居在划定撤离区域的犹太人的安全忧虑的加深，美国犹太社团对《奥斯陆协议》的支持率逐步下滑。根据 AJC 的调查数据，从协议签署当年的 84%，下降为 1994 年的 68%。②

（二）犹太社团的分歧与内讧

犹太社团内部对待《奥斯陆协议》，不仅存在派别分野，而且因为派别和形势变化，左右翼观点逐渐显现。改革派、保守派犹太人大约只有不到 10% 反对《奥斯陆协议》，而正统派的反对者超过一半，并且随着签订时间的延续，不断走高，只在拉宾被暗杀之后，稍稍回落，③ 以色列工党政府看到了这样的苗头。克林顿执政初期，美以在政策上的接近，并未立刻带来美国犹太社团与以色列关系的轻松。拉宾政府对美国犹太游说不是

---

① “Statement of Principles on Jewish-Arab Relations”, National Jewish Community Relations Council 4 May 1995.

② Lawrence Grossman, “American Jewish Communal Affairs”, American Jewish Year Book 1997 (New York: The American Jewish Committee, 1997), p. 178.

③ American Jewry and the Oslo Years, p. 57.

很买账，他们认为美国犹太人对以色列最好的支持是“阿利亚”（重归应许之地）。拉宾对以 AIPAC 为首的美国犹太游说很有意见，认为它们对沙米尔政策的支持造就了以色列政策的僵化，对贷款担保的游说造成美国政府对以色列的戒备，他在会晤 AIPAC 高层时说，美国犹太人没有权力干预以色列的政策，若要做，也应该向以色列驻美国大使馆征询建议。他在会晤“美国主要犹太组织主席会议”领导时表达了同样的观点，甚至要求 AIPAC 和“主席会议”的时任领导辞职。美国主流犹太组织对这样的强硬要求不能接受，理由是一个外国领导人不得干预美国社团的人事任命。[①] 拉宾的强硬估计也是为自己的和谈之路做铺垫，防止美国犹太社团，尤其是其中的右翼势力拖后腿。

从 1993—1994 年，拉宾曾在多个场所，对美国犹太人喊话，希望他们支持《奥斯陆协议》，希望他们到以色列投资。在拉宾看来，以色列不仅面临外部敌人的威胁，还需要谋求自身的发展。美国犹太社团和以色列之间可以建立“真正的合作者之间的关系”，美国犹太人可以通过投资、支持中东和平进程来推动以色列的可持续发展。拉宾甚至积极支持组建“以色列政策论坛”来对抗 AIPAC，希望它能取代后者在美国带来的影响。美国犹太社团以公开的分裂回应拉宾的号召，这种分裂从根本上是一种犹太自由主义和犹太复国主义的分野。一定程度上造成国会议员对犹太社团立场的迷茫。

左翼组织，如“美国现在就和平”、“以色列政策论坛”等一直主张通过和谈，改变中东乱局，还以色列永久的安全，《奥斯陆协议》正合它们的自由主义构想，它们因此在众多的犹太组织中脱颖而出，甚至声望大振。它们积极支持《奥斯陆协议》，想方设法影响政府，加强对中东和平进程的影响。他们认为虽然阿拉法特不是个完美的谈判对手，但是巴勒斯坦官员已经形成了和平的“战略决心”，因此应该有这个耐心等待和平的出现。在《奥斯陆协议》之前，左翼自由主义组织在犹太主流世界里几乎没有声音，但是《奥斯陆协议》签订后，“美国现在就和平”被吸纳为主席会议的合法成员，它可以在美国犹太权势集团中发出自己响亮的声音。

---

① Jewish Polity and American Civil Society, p. 153.

1996年，《奥斯陆协议》因内塔尼亚胡政府的强硬立场而岌岌可危时，“美国现在就和平”、“以色列政策论坛”积极游说政府、游说国会向以色列政府施压。克林顿听到了它们的声音，但是它们的主张在主流声音和右翼组织的呐喊、阻吓面前，仍旧弱小。

右翼组织，以ZOA为代表，开始公然与以色列主和派政府对抗，反对政府按照《奥斯陆协议》的安排，向巴勒斯坦提供援助，因为在该组织看来阿拉法特不是一个合适的谈判者，其理由是他支持恐怖主义组织，缺乏责任与信誉。《奥斯陆协议》直接导致了ZOA的内讧，1993年，坚持在公开场合不与以色列政府对抗的来自巴尔的摩的詹姆斯·W. 席勒（James W. Schiller），被右翼活动家莫顿·克莱因（Morton Klein）击败。后者不仅继续ZOA的右翼立场，而且一改以往，开始公开与以色列民选政府唱反调，反对《奥斯陆协议》，而且在政策上坚决游说美国国会拒绝援助巴勒斯坦，这令克林顿政府无奈，更令拉宾政府恼火。1994年，该组织成功游说国会通过“斯派克特—西尔伯修正案”（The Specter-Shelby Amendment），该修正案将对巴勒斯坦自治机构的援助与该机构是否遵守《奥斯陆协议》挂钩，总统行政部门须为此提供相关证明。拉宾反对这类人为对中东和平进程设置障碍的安排。1995年5月，给巴勒斯坦提供援助的方案更是让他们无法接受，主要右翼组织在国会里做了大量工作，游说国会否决美国在5年内给巴勒斯坦提供5亿援助和贷款担保。这让拉宾非常气愤。①

犹太社团因《奥斯陆协议》而分庭抗礼，国会山上的议员为此都特别迷惑。最戏剧性地表现在1995年9月，《第二阶段奥斯陆协议》签署仪式上，两派犹太社团的羊角号此起彼伏，每一方都认为自己代表着和平。亲奥斯陆的“奈西玛计划”和坚决反对和谈的“青年以色列全国委员会”（the National Council of Young Israel）唱起对台戏，后者称拉宾背叛了犹太复国主义。甚至有犹太拉比放话支持暗杀任何一个出卖以色列国土的人。不出几个月，拉宾被暗杀，这很难让人不怀疑其中的某些巧合。

---

① Alison Mitchell, “Rabin Rebukes US Jewish Groups on Lobbying,” The New York Times, Sep. 30, 1995.

对《奥斯陆协议》的不同态度，导致了不少犹太组织的内讧。巴尔的摩的詹姆斯·W. 席勒被右翼莫顿·克莱因打败后，索性带领 ZOA 巴尔的摩分部另立山头，组建了独立的“巴尔的摩犹太复国主义者区”（Baltimore Zionist District）。1995 年 10 月 23 日，NJCRAC 准备招待阿拉法特时，相当数量的犹太组织拒绝参加，理由是事先该组织未与它们充分协商，NJCRAC 一贯自豪于能调节犹太社团内部矛盾和分歧，结果被众多犹太组织公然放了鸽子。美国犹太社团的另一次内讧来自主流组织“美以公共事务委员会”。AIPAC 很难被轻易定性为左派或右派，从成立开始到 20 世纪 80 年代，政策比较偏右，且常常以美国犹太社团的代表而自居。AIPAC 的自信常常让犹太三大防务组织①恼火，1988 年，它们联合要求 AIPAC 不要将本机构的政策公开为犹太社团的政策，因为犹太社团并不像它那样强硬，AIPAC 嘴上答应，行动上却很少主动兑现。老布什时期，AIPAC 坚持一贯的“安全换和平”的指导思想，与以色列右翼政府站在一边，与美国政府政策需求有悖，而当以色列工党赢得选举后，AIPAC 有些成员仍抱着右翼方针不放，拒绝与“巴解组织”（PLO）会谈、拒绝在领土上做任何让步。这样的态度造成拉宾对 AIPAC 极为不满。AIPAC 不得不转变路线，要游说国会支持向巴勒斯坦人和 PLO 提供援助。AIPAC 左右摇摆的态度引发内部地震，其执行副主席汤姆·丹，因过于坚持独立的判断，表现得不够鹰派，因而被 AIPAC 的部分主要捐款人赶走。AIPAC 右翼强硬派成员在那段时期脱离了 AIPAC，转而加入到 ZOA 的也有不少。

犹太社团因中东和平进程产生分歧与内讧，主流犹太组织如坐针毡，AJC 召集主要犹太领袖讨论“我们还是一族人吗?”的两个月后，他们出版了一个 200 页的重建犹太人民族性的小册子。几乎与此同时，AIPAC、NJCRAC 与主席会议在华盛顿发起“全国和平进程促进日”活动，邀请以色列总理佩雷斯、美国主要谈判代表、美国驻以色列大使马丁·因迪克（Martin Indyk）讲话。听完他们的演讲后，众议院发言人和其他国会领导，以及犹太积极分子向国会山传递积极支持阿以谈判的声音，并积极支持美国做一个好的中介。当全世界都在为拉宾和佩雷斯欢呼时，犹太社团感到

---

① 分别为反诽谤联盟、“美国犹太人委员会”、“美国犹太人大会”。

不再为以色列安全担心。一位以色列外交官说：在中东形势发生变化的情况下，美国犹太人是那个需要接受“再教育”的人。可是这样的挽救分裂的活动，在佩雷斯失利后，似乎又成强弩之末。

（三）多米诺骨牌效应

《奥斯陆协议》在拉宾被暗杀后逐渐显现疲态，拉宾的死“刺伤”了克林顿，他痛苦地想干预以色列的政局走向，让佩雷斯继承拉宾遗志，可既怕得罪他的犹太朋友，又担心刺激阿拉伯人。连可以给佩雷斯重大帮助的申明，即美国“计划”把驻美大使馆搬到耶路撒冷，也不敢轻易发出。这是一种姿态性的声明，未来美国完全可以以条件不成熟取消“计划”。结果佩雷斯落选，美国政府不欢迎的内塔尼亚胡上了台。

克林顿第二任期，其第一任期内与以色列政府在和平进程上的一致性自然难以为继。内塔尼亚胡、沙龙等以色列右翼强硬派并不想与巴勒斯坦组织谈判，也不希望有个巴勒斯坦政府存在，更不希望在领土问题上做让步。1997 年 2 月，以色列宣布在东耶路撒冷建筑 6500 处新住房，明显与美国政府唱反调。内塔尼亚胡是美国通，他英语熟练、通晓美国文化与政治体系，有很多犹太朋友。他将共和党主导的国会、亲以色列的基督教右翼、美国右翼犹太团体都看成是与克林顿政府谈判的筹码。1998 年，内塔尼亚胡曾亲自会晤福音派领袖和南方浸礼会领袖，请他们游说克林顿政府不要在阿以和平进程问题上过多施压以色列。其实，内塔尼亚胡这种做法是对“美国总统极端粗鲁而无礼的举动”。[①]

共和党主导的国会对克林顿的牵制在其第二任期表现得非常明显。1995 年，参议院多数党领袖罗伯特·多尔（Robert Dole）提了有关美驻以使馆迁址耶路撒冷的议案，这是非常讨美国犹太右翼欢心的议案，结果在参众议院获得压倒性多数的支持。尽管这和克林顿当时推动的政策完全背道而驰，因克林顿坚持一贯的不与犹太朋友敌对的原则，他签署了该议案。[②]

---

① American Jewry and the Oslo Years, p. 78.

② 该法案到目前为止，只具象征性意义，因为它有个前提，即总统需要评估迁址是否符合国家安全。从克林顿到奥巴马总统都以安全为由，推迟迁址。

内塔尼亚胡上台，美国主流犹太社团持审慎的欢迎态度，正统派则把他看成是以色列安全的重要保证。美国主流犹太组织处境极为不易，一边是主张推动和平进程的美国政府，一边是想放慢和谈进程，支持犹太人在西岸、加沙和戈兰高地建设定居点的强硬派内塔尼亚胡政府。美国犹太社团中与以色列政府一致、以安全为中心的派别再次获得上升的力量。受国内宗教党派的压力，内塔尼亚胡政府关于“谁是犹太人”的规定以及对皈依者的正统派限定，让90%的美国非正统犹太人遭受到了“不被认同”的伤痛。以色列政坛的摇摆对美国犹太人的伤害已经超越了喜不喜欢奥斯陆进程的范畴。① 有些犹太人选择退缩，不再对犹太政治抱有兴趣，转而主要关注美国犹太社团组织的健康发展。必须与以色列政府打交道的AIPAC，出于捍卫以色列利益的需要，再次与内塔尼亚胡政府并肩作战，并在为争取国会加强对以色列的援助等方面，立下汗马功劳，这自然给克林顿的政策设置了不少障碍。问题是 AIPAC 越是与以色列强硬派政府合作，就越难与工党政府建立起默契。1999 年，AIPAC 年会在邀请内塔尼亚胡还是巴拉克问题上绞尽脑汁，最后还是得罪了巴拉克，AIPAC 再一次在以色列政坛的转换中难以确立自己的方向。

其他的美国犹太社团同样面临着如何与一个从强硬转换为温和、从宗教使命感觉重，到世俗化浓厚的以色列政府打交道。20 世纪 90 年代，以色列领导人到美国访问时，开始选择符合自己执政理念的犹太组织发表讲话。这也是美国犹太社团与以色列在诸多问题上存在分歧的另一种证明。巴拉克上台后，被内塔尼亚胡冷落的“以色列政策论坛”，再次受到欢迎。巴拉克访美时，选择在政策论坛上发表自己在中东和平进程问题上的立场。美国犹太社团经常因为政治风向标的变换，而陷入到谁更代表美国犹太社团主流的争议中。唯一能让美国犹太社团齐心协力的是游说国会支持对以援助，因为在保守派右翼团体看来，无论中东和平进程如何，援助本身有益于以色列的强大；在改革派看来，援助将有助于推动以色列从协议地区撤退，有助于中东和平进程的达成。1999 年，在美国犹太社团的游说

---

① Neil Rubin, American Jewry and the Oslo Years, (New York: Palgrave Macmillan, 2012), p. 72.

和积极推动下，美国同意援助以色列18亿美元，用于以色列撤退工作。顺着这一思路，在国会讨论中，保守派和正统派对巴勒斯坦的援助项目的反对程度比改革派要强烈。拉宾时期，美国犹太社团和阿拉伯裔之间颠覆性友好，在中东和平进程遭遇阻碍、第二次因提法达运动再起时，其脆弱性立刻显示出来。一边是阿拉伯裔抗议佛罗里达奥兰多迪斯尼乐园以色列展，原因是展览中将耶路撒冷标示为以色列首都；另一边是ZOA号召抵制抗议约瑟夫·佐格比（Joseph Zogby）做美国国务院主管近东事务的国务卿马丁·因迪克特别助理的任命，理由是他是著名阿裔美国人詹姆斯·佐格比（James Zogby）之子，曾经发文将以色列对巴勒斯坦人的行为和南非种族主义相类比，并批评美国政府支持以色列。他们认为这样有严重政治倾向的人不适合当政府雇员。因迪克非常被动，解释自己并不赞同佐格比，而后不得不给左格比升职的机会，让他得以脱离阿以问题，也算给了ZOA一个交代。这场风波，令美国政府在做每一项事关以色列或阿以冲突的安排时不得不小心翼翼。即便如此，《奥斯陆协议》之后，美国政府为执行协议所努力搭建的框架，在沙龙造访清真寺后，多米诺骨牌效应立刻显现。

三、和平溃败的责任与启示

2000年12月底，克林顿还想促成阿以争端在他离任前有所起色，结果因难民问题、耶路撒冷最终地位问题的安排属于阿以争端的核心难点，阿拉法特感到自己很难向民众交代，拒绝了美国的建议。多年之后，克林顿曾不止一次地将奥斯陆和平进程的失败归咎于阿拉法特，[1] 绝大多数美国犹太组织也将原因归咎于巴勒斯坦一方，认定他们没有反恐的诚意。阿拉法特本来在美国的名声就比较糟糕，将责任推给他，对于克林顿来说，这是最方便且最不得罪国内比较有影响的亲以势力的方法。但这样简单扣帽子的方法，掩盖了不少真相。

美国著名中东问题专家威廉·匡特（William B. Quandt）在其名著

---

① Janine Zacharia, "Clinton Blamed Arafat for Failure——Cheney", Jerusalem Post, January 16, 2004.

《中东和平进程：1967 年以来的美国外交和阿以冲突》中，分析了奥斯陆和平进程失败的原因，他分别列举了在美国学界流行的四种解读：第一是总统的性格；第二是国会和亲以色列团体的影响；第三是美国中东团队制定的战略背后的基础设想；第四是参与谈判的谈判方不愿意配合并承担风险，在那样的情况下，美国能做的极其有限。①

（一）克林顿的亲犹情结令其丧失了果敢

笔者认为，匡特提及的几点比简单地把帽子扣在阿拉法特头上更为中肯。首先需要分析的就是克林顿的个性及其亲犹情结。这既促使他积极于中东事务，也让他在奥斯陆和平进程中，面对国内环境，缺乏老布什总统的果断与胆识，而这些品格在推动中东和平进程中极为关键。

很多政治决策是个人情感和现实利益的集合体。对犹太人的个人情感以及对国内选举利益的关注，让克林顿成为最亲以的美国民主党总统。就个人情感而言，克林顿具有强烈的亲以色彩。他是南方浸礼会的信徒，孩提时代的牧师对以色列非常着迷，将基督教福音派有关以色列的解读传授给小克林顿。克林顿在很多公共场合谈起自己对以色列的热情，他经常运用圣经语言，听上去很像基督教犹太复国主义者的口吻，“它（耶路撒冷）也是我们的圣地，我永远忘不了，我唯一去以色列的那次是我牧师带我去的，回来时他对我说，哪一天一旦你成为总统，你要记住，如果你背叛以色列，上帝永远不会原谅你”。② 当选总统后，克林顿为赢得基督教保守派的支持，曾多次造访福音派总部“美国福音派联盟”（National Association of Evangelicals），与副会长奇齐克（Rich Cizik）合影八次。克林顿将福音书背诵得非常流畅，并在演讲中大量引用。③ 克林顿因福音思想亲近犹太文化，喜欢犹太礼物，爱交犹太朋友。卸任后的 2010 年，他的家族还坦然接受了一位犹太裔女婿。

---

① ［美］威廉·匡特著，饶淑莹译：《中东和平进程：1967 年以来的美国外交和阿以冲突》，华东师范大学出版社，2009 年版，第 375 页。

② Paul Charles Merkley, American Presidents, Religion, and Israel: the Heirs of Cyrus, (Praeger Publishers Inc, 2004), p. 198.

③ 于歌：《美国的本质：基督新教支配的国家和外交》，当代中国出版社，2012 年版，第 19—20 页。

克林顿的政治生涯中从不缺犹太密友，他们有的成为他竞选总统时的金主，有的成为他国际舞台的合作伙伴，有的成为他外交政策的智囊，直接为他出谋划策。克林顿政府有多位犹太裔成员，如国务卿奥尔布赖特（Madeleine Korbel Albright）、国防部长科恩（William Cohen）、中央情报局局长约翰·多伊奇（John M. Deutch）、财政部长鲁宾（Robert Rubin）、农业部长丹·戈尼克曼（Dan Glickman）、劳工部长罗伯特·赖克（Robert B. Reich）、贸易代表巴尔舍夫斯基（Charlene Barshefsky）、国家安全事务助理桑迪·伯杰（Sandy Berger）、驻联合国大使霍尔布鲁克（Richard Holbrooke）等。克林顿能在第一任期将《奥斯陆协议》最终签订仪式定在白宫，并能推动后续一系列协议的签署，还得益于他与拉宾间的信任关系。拉宾在克林顿心目中是"犹太英雄"与"挚友"。拉宾在与克林顿首次会晤后就难掩自己对后者的喜爱，称其是"以色列在白宫的朋友"。接替拉宾的佩雷斯，则称克林顿是"伟大的领袖"、"令人感动的朋友"。[①] 克林顿两次竞选总统，犹太人都没有辜负他的喜爱，一直是他最忠实的支持者。1998 年克林顿因为性丑闻遭遇弹劾，美国犹太社团内部曾有分歧，最终他们为了犹太事业，决定保护克林顿。他们拿得出的公开理由，正如加州哈罗德·舒伟斯（Harold Schulweis）拉比引用犹太人的传统："当众羞辱某人实质就是你让他喋血"，事后克林顿对犹太社团的宽容与帮助充满感念。[②]

克林顿作为一个没有什么外交经验的总统，如匡特所言："在应对阿以关系的难题中，会更加依赖顾问和他自己对政治局势的估计。"[③] 而他身边的犹太朋友，自然成为他的政策依靠。克林顿第一任期的国家安全委员会中，犹太高层官员占 60%，其中有名的有桑迪·伯杰、马丁·英迪克等。就中东事务而言，有三位犹太裔高层官员对克林顿的影响甚大，他们

---

① "The President's News Conference with Prime Minister Yitzhak Rabin of Israel", March 15, 1993, Public Papers of the President of the United States, William J. Clinton, 1993, Washington D. C.: U. S. Government Printing Office, 1994. p. 303; "The President's News Conference with Prime Minister Shimon Peres of Israel in Jerusalem", March 14, 1996, Public Papers of the President of the United States, William J. Clinton, 1996, Washington D. C.: U. S. Government Printing Office, 1997. p. 445.

② Ameircan Jewish Year Book, 2000, pp. 150 – 151.

③ ［美］威廉·匡特著，饶淑莹译：《中东和平进程：1967 年以来的美国外交和阿以冲突》，华东师范大学出版社，2009 年版，第 321 页。

分别是：前美驻以色列大使丹尼斯·罗斯、马丁·因迪克、阿隆·大卫·米勒（Aaron David Miller）。罗斯和因迪克均是“华盛顿近东政策研究所”（Washington Institute for Near East Policy，WINEP）成员。WINEP 以增进美国中东政策的质量为己任[①]，实际上是美国很有影响力的亲以色列智囊团。因迪克曾在 AIPAC 工作，是 WINEP 的创始人，罗斯在被克林顿重用前也曾获得主管提名。正如前文提及的，两人共同参与的《缔造和平》报告曾对老布什执政初期的政府决策产生很大的影响。他们对克林顿中东和平进程框架来说，是“政策的思想建筑师”，克林顿的“双重遏制”政策就是因迪克在 1993 年提出的。罗斯自己也不否认这一点，他说：“由于我在布什政府担任阿以冲突政策的制定人，并在克林顿政府担任阿以和平进程的主要谈判者，我的理念很重要。”[②] 米勒从老布什时期就在担任国务院阿以冲突顾问，一直到小布什执政时期，以色列与巴勒斯坦、以色列与约旦之间很多协议都有他的身影。

克林顿将那么多的犹太人安排在自己的中东小组，实际上向外界释放出一个信号，他不想与犹太人发生战争，[③] 也算回应了他儿时牧师给他的告诫。克林顿的执政生涯证明，他从未背叛以色列。

不仅如此，克林顿时期的副总统戈尔也是著名的亲以派，他的国家安全顾问利昂·弗尔斯同样是犹太人，这么多的犹太裔成员成为阿以谈判的代表，产生了两大问题。一是每一次政策安排，首先考虑的是以色列的安全，其次才是对地区和平最好的方式。当以色列国内强硬派抵制阿以谈判的成果时，克林顿为避免和犹太人发生冲突，习惯于回避，固然他可以继续推进谈判，但是问题还是问题，最终反而不利于解决真正的分歧。二是造成巴勒斯坦代表难以完全信任美国。他们甚至抱怨，巴实际上同时在和两个以色列代表团谈判，只不过这两个代表团一个打的是以色列国旗，另一个打的是美国国旗。

---

① 详见该组织官网：http：//www. washingtoninstitute. org/。

② ［美］威廉·匡特著，饶淑莹译：《中东和平进程：1967 年以来的美国外交和阿以冲突》，华东师范大学出版社，2009 年版，第 322 页；Dennis Ross，The Missing Peace：The Inside Story of the Fight for Middle East Peace，（Straus and Giroux，2004），p. 7。

③ Transforming America's Israel Lobby，p. 99.

（二）强大但并非无懈可击的国内势力

如何评价美国犹太社团和国会势力对克林顿政府主导的中东和平进程的影响？需要看一看国会中亲以力量的分布与对美国中东政策的影响。特别是在与国会关系方面，20 世纪 90 年代，美国犹太人当选国会议员的人数远超其人口在美国的比例。1998 年第 106 届国会，有犹太裔众议员 23 人，犹太裔参议员 11 人。在犹太人众多，且共和党控制的国会里，偏向以色列的决议经常获得两院一致支持，而需要以色列做出让步的议案往往受到各种阻扰，匡特直言国会是个麻烦，国会和国内政治局限无疑是克林顿中东政策的一个障碍。而克林顿政府在与国会中的犹太势力以及新保守主义势力博弈时，既对美国犹太社团的分裂缺乏把握，也没有应对犹太社团强有力的意志。

《奥斯陆协议》之后，最突出的特征是美国犹太社团的分裂。左派和右派一会儿将犹太舆论推向这，一会儿推向那。主流犹太组织为此颇费心力，维持犹太组织的团结，努力形成一个和以色列以及美国政府利益一致的政策，这是一个内耗的过程，美国犹太社团没有传说的那样无懈可击。再有，美国部分犹太社团，因奥斯陆和平进程，实际上对以色列的热情减弱了。原因是以色列正在和它的阿拉伯邻居和谈，美国犹太社团暂时不用为以色列的安全担忧，美国犹太社团更应转向内部事务，去应对自身所面临的同化风险与“生存挑战”。国会中，犹太精英更多受处于竞争中的犹太社团看法的影响，但是左右翼的竞争最突出的效果是内耗的对冲，主流犹太组织无力解决分歧，可干预能力有限。犹太议员在这个时候其实很容易被行政部门说服，可是克林顿政府显然没有认清这一点，在中东和谈问题上，也从来没有拿出可以放手一搏的洒脱。

尽管克林顿想推动中东和平，但是他和犹太人之间千丝万缕的情感与利益联系，使得他在和以色列与美国犹太社团博弈时，不愿对以色列采取强硬措施。比如 1996 年，克林顿谋求连任时，面对强硬的以色列政府，他选择软处理，因为他相信过于强硬意味着付出“沉重的国内压力”① 以色

---

① ［美］威廉·匡特著，饶淑莹译：《中东和平进程》，华东师范大学出版社，2009 年版，第 340 页。

列宣布在东耶路撒冷建定居点时，安理会考虑通过谴责以色列的决议，美国虽然觉得内塔尼亚胡的决定是挑衅，[①] 仍然投了否决票。匡特在评价克林顿在推动2000年举办的第二次戴维营峰会时，曾比较克林顿与卡特在中东和平进程方面的不同作风，卡特喜欢在实质问题上表明立场，甚至摆出若以色列不答应，美国就要公开谴责。克林顿则发挥耐心的劝说功能促使谈判各方不动怒好好谈，用协商方式劝以色列让步，劝巴勒斯坦反恐并保证以色列安全，但他从不采取严厉的策略，这让克林顿赢得满堂好名声，但是“他更为宽厚的态度是否足以让双方从坚定立场上有所退让，这就不确定了”。[②] 面对不愿与美国交心的巴拉克，还有执意摧毁《奥斯陆协议》的利库德集团，克林顿一直到任期结束都无法挽回和平进程的颓势。

克林顿第二任期已无连任之虑，如果他能下定决心耗费一些政治资本与犹太社团和国会较量，完全可以顶住国内压力。可惜克林顿还是在乎他卸任后民主党人能否赢得选举。[③] 据时任国家安全顾问塞缪尔·伯杰（Samuel Berger）的行政助理回忆，到2000年，克林顿已经明显感觉以色列有诸多不足之处，但他仍然犹豫不决，在做每一次声明或决策时，都要考虑是否损害到了以色列，是否要公开谴责以色列是和平的障碍，是否会招致犹太社团的不满。[④] 事实上，第二次因提法达刚开始时，主要是巴勒斯坦人死伤很多，以色列没有伤亡。决策时深思熟虑是必要的，但是优柔寡断则无益于问题的解决。克林顿热情、亲和的个性魅力很容易打开局面，但是在承担责任方面，他却容易受内外部牵制，表现得不够有魄力。在克林顿下台前，奥斯陆大厦已经倒塌。在中东和平进程问题上，克林顿每每受到以色列压力，就选择为以色列在军援和经援上的请求开绿灯，这样他可以少受压力。关键是这恰恰损害了阿以冲突双方的公平，这是问题的症结所在。

---

① Ross, The Missing Peace. p. 350.

② Ibid, p. 364.

③ ［美］威廉·匡特著，饶淑莹译：《中东和平进程：1967年以来的美国外交和阿以冲突》，华东师范大学出版社，2009年版，第376页。

④ Transforming America's Israel Lobby, p. 98.

第三节 与保守派右翼共舞——小布什政府与美国犹太社团

小布什执政时期，是美国在中东卷入比较深刻的一段时期。与克林顿时期积极主动介入，并把主要精力放在阿以争端，认为阿以争端是解决中东所有问题的核心不同，小布什的介入相对被动。也许是吸取父亲的教训，小布什希望对中东的介入“超脱一些”，应该把美国战略的核心慢慢向更加充满活力的亚洲转移。正当美国在外交战略上犹豫时，“9·11”恐怖袭击爆发，作为一个基督教保守派总统，小布什很快接受了国内新保守智囊和犹太右翼知识精英的建议，推行单边主义，通过全球反恐，构建“大中东民主计划”，进而建立美国治下的民主世界。在阿以争端问题上，为稳住中东温和派，小布什政府提出过没有“牙齿”的“中东路线图”计划，这一计划主要围绕大中东的民主构建而展开，空洞而缺乏执行力，并没有改善美国在中东的处境。伊拉克战争不仅令美国像越战时那样深陷中东纷乱，而且使阿以争端停滞不前。美国国内反战之声不绝于耳，美国犹太人在美国反思小布什单边战争过程中不幸成为靶子。芝加哥大学教授约翰·J. 米尔斯海默和哈佛大学教授斯蒂芬·W. 沃特的《以色列游说集团与美国对外政策》一书影响最为广泛，在论战中美国犹太社团的分裂展现得比以前更为深刻，左派和右派，以及传统上的主流派都在思考美国对阿以争端应有的政策，相对理性的声音在辩论中有了倾听的观众，这为奥巴马上台后，在中东政策上的和解尝试奠定了基础。

一、美国犹太人与布什的新保守主义选择

2000 年 11 月，小布什以 0.0092% 的优势战胜戈尔/利伯曼组合，利伯曼是美国历史上第一位犹太裔副总统候选人，后者曾被犹太人寄予厚望创造犹太人在美国参政的历史性辉煌。但是这样的寄望，还是被小布什终止了。在犹太选票极为关键的佛罗里达州，小布什赢得不太利索，日后成为

小布什的心病。他的另两块心病来自他的父亲和他的前任克林顿。老布什做了一任即败选，他在中东采取相对公平的态度，被很多人认为得罪了美国犹太人。而克林顿在中东问题上以关照以色列盛名，因此深得犹太人欢心，被称为“最受犹太人欢迎的总统”。就是这样一位总统，投入那么多热情在阿以争端问题上，最终还是功亏一篑。阿以争端的复杂性、犹太政治在美国政坛讳莫如深的影响力，使得小布什上任之初，采取与克林顿政府深度介入中东不同的政策选择，“布什不希望将自己比较有限的政治支持率浪费在容易陷入泥潭的问题上”。[①]

经历民主党长达八年的相对自由主义的治理后，美国社会保守主义倾向逐渐回潮，与里根时期相比，有过之而无不及。小布什自称是“富有同情心的保守人士”。在宗教情节上，小布什深受基督教福音派影响。20 世纪 80 年代，他深受酗酒困扰，美国当代著名的基督教福音派布道家葛培理经常拜访布什家庭，还可随时提供电话咨询，他劝布什转向耶稣基督，以获得重生。2001 年，小布什在耶鲁大学发表演讲时，再次提到宗教对他的影响，他发动的反恐战争是善对恶的战斗，连参选美国总统也被他声称为拯救被克林顿毁坏的总统道德。

在治国理念上小布什与新保守主义者极为合拍，“布什主义”[②] 就是两者的结晶。新保守派政治上重视传统自由主义原则，尊重个人自由和自由放任；在经济上主张市场机制，反对国家干预；外交上，意识形态倾向强烈，几乎带有宣教的意味，通常信奉美国例外论，主张实力外交，认为美国的实力不仅应该用于实现传统的防御目标，还应该用来传播美国民主自由价值观。

新保守主义的产生有其犹太根源[③]，它起源于 20 世纪三四十年代纽约城市学院的犹太知识分子，他们根子上是来自苏联的托洛茨基式的犹太左

---

① Robert O. Freedman, George W. Bush, Barack Obama, and the Arab-Israel Conflict from 2001 to 2011, Israel and the United States: Six Decades of US-Israeli Relations, Edited by Robert O. Freedman. (Westview Press. 2012). p. 37.

② 即布什所主张的先发制人、单边主义，追求美国仁慈的霸权，运用美国的军事力量在世界上推进民主的外交政策。

③ Murray Friedman, The Neoconservative Revolution, Jewish Intellectuals and the Shaping of Public Policy (New York: Cambridge University Press, 2005).

派，与原先已经在美国著名大学的自由派犹太精英格格不入。这样一群人却在追求共产主义的过程中对共产主义彻底失望，转身成为坚定的反共右派。代表人物有：欧文·克里斯托尔（Irving Kristol）、丹尼尔·贝尔（Daniel Bell）、西蒙·马丁·李普塞特（Seymour Martin Lipset）、菲利普·塞尔兹尼克（Phillip Selznick）、内森·盖尔泽（Nathan Galzer）、丹尼尔·布罗德卡斯汀（Daniel Broadcasting）等，他们通常依托《评论》《公共利益》《国家利益》等在全美决策界有影响的杂志，阐述对公共政策的看法。越战之后，新保守派逐渐兴起，于80年代得到里根政府的赏识，在被自由主义倾向较重的克林顿政府冷落后，再次焕发出新的生机。保罗·沃尔福威茨（Paul Wolfowitz）、道格拉斯·费斯（Douglas Feith）、埃利奥特·艾布拉姆斯（Elliott Abrams）和理查德·珀尔（Richard Perle）等一批犹太新保守主义者顺利进入小布什政府，担任从国防部副部长到总统政策顾问等各种角色，直接参与美国中东政策的制定。新保守主义还积极组建或参与具有重大影响力的保守主义思想库，如“传统基金会”（Heritage Foundation）、“曼哈顿政策研究所”（Manhattan Institute for Policy Research）、“赫德森研究所”（Hudson Institute）、“美国企业研究所”（the American Enterprise Institute）等。以理查德·珀尔为例，他是“犹太国家安全事务研究所”、“华盛顿近东政策研究所”成员。他们与智囊机构相互合作。犹太国家安全研究所与美国政府关系尤其密切，其董事会成员多来自小布什政府中的鹰派，如副总统切尼、副国务卿约翰·博尔顿、前国防部副部长道格拉斯·费思、国防部副部长保罗·沃尔福威茨、副总统切尼的办公室主任刘易斯·利比、驻伊拉克大使扎勒米·哈利勒扎德、前副国务卿理查德·阿米蒂奇和副国家安全顾问埃利奥特·艾布拉姆。[①] 由于部分新保守主义有着比较浓厚的犹太背景，有不少人将新保守主义者和犹太人混为一谈，这种概括是很武断的，因为不少新保守主义派是没有犹太信仰的保守派。如曾任里根和布什政府教育部长比尔·贝内特（Bill Bennett）、前中央情报局主任詹姆斯·伍尔西（Robert James Woolsey）、前美国驻联合国大

---

① 唐志超：“美国犹太人与犹太游说集团”，详见：http：//zlk. wyzxsx. com/Article/guoji/2009/09/25010. html。

使约翰·博尔顿（John Bolton）、社会科学家詹姆斯·Q. 威森（James Q. Wison）、神学家迈克尔·诺瓦克（Michael Novak）等。[①] 唯一可以确定的是美国犹太右翼知识分子是新保守主义的重要成员。他们人数大概不到犹太人的10%，被美国自由派犹太人称呼为“宫廷犹太人”，他们的思想与美国犹太大众价值观区别巨大，不少观点相左，[②] 但是他们接近白宫和国会上层，影响力比较大。在以色列问题上，虽然和自由派的温和立场不一样，但是保护以色列的最终目标是一致的，因此主流犹太组织，基本能容忍他们对美国中东政策的影响。AIPAC、反诽谤联盟甚至在其影响下政策向右倾斜。

新保守主义对于克林顿时期通过和谈解决阿以争端的路径不屑一顾，认为只有实力才能从根本上解决中东冲突，而不是外交，美国应该支持最强的一方——以色列，而不是充当公正的调停者。中东的那些持有与美国基督教价值观、美国民主理念严重背离的极权国家应该被摧毁。新保守主义的外交思路，使得克林顿时期的外交顾问在小布什政府基本没有作为。小布什上台后不久，阿以争端美国特别协调员罗斯辞职，小布什并没有任命新的继任者。“9·11”事件爆发后，美国受到外部“恐怖势力”的攻击，小布什的新保守主义选择，得到事实的印证，在推行时更为绝决而顽固。

新保守主义的另一支是基督教福音派。小布什第二任期28%的选票来自福音派，曾任白宫中东问题顾问的艾伦·米勒曾经采访过多位著名福音派人士，从他们的谈话中，可以感受到他们对以色列的支持主要出于宗教神学原因，还有就是他们的宗教神学与美国政治的结合，以色列是一个民主国家，从这一点也值得支持，小布什作为一个深受福音派影响的基督徒，对此十分认同。福音派在小布什2000年和2004年竞选时的鼎力相助，在竞选之后，选票的力量必然会转化为政治影响

---

① 周琪：“‘布什主义’与美国新保守主义”，载《美国研究》2007年第2期，第18页。Richard H. Curtiss, “You Don't Have to Be Jewish to Be a Neocon: John Bolton andJames Woolsey”, Washington Report on Middle East Affairs, Oct. 2003, Vol 22, Issue 8, pp. 18 - 20.

② ［美］约翰·J. 米尔斯海默、斯蒂芬·M. 沃尔特著，王传兴译：《以色列游说集团与美国对外政策》，上海人民出版社，2009年版，第186页。

二、小布什政府在阿以争端上的态度

（一）“9·11”之前的超然与偏袒

小布什上任初期，如前所述，出于执政战略考虑，想淡化对阿以争端的关注。但是众多新保守派围绕身边，小布什无法远离以色列。相反他自己其实对以色列非常关注。早在小布什当选总统的1998年，沙龙就作为小布什的向导带他参观了以色列。这个被阿拉伯国家包围的犹太国所面临的险境，以及这个民选国家与中东其他国家的不一样的、更适合小布什口味的气质，令这位未来的总统印象十分深刻。他当时就承诺，要是他当总统，他会为这个国家做点什么。小布什上台后不久就邀沙龙访问美国。在沙龙访问前夕，科林·鲍威尔国务卿在AIPAC演讲公开支持以色列，为小布什对以色列的政策奠定了基调。他在演讲中重申了亲以色列的立场，和平谈判的前提是结束暴力，矛头指向阿拉法特，并指出美国会帮助会谈双方而不是去强加一个和平协议。① 鲍威尔的说法其实还是温和的，小布什的字典里，最初没有“双方”。在他看来阿拉法特不拿出诚意去反恐，那么他就不会在白宫接待这位巴勒斯坦领导人。其目的是先单方扶助以色列，并架空以色列的死对头——阿拉法特，继而扶植美国和以色列认为合适谈判的阿方领导人。小布什的这种选择，使得克林顿时期的谈判、协商氛围荡然无存。也就是说，尽管克林顿卸任时，阿以冲突已经非常浓重。然而小布什并不打算缓和当地的局势，他的理由是：“也许那是局势重回平衡的最好方式，有时候有一方示强可能会使情况明朗化。”② 在此背景下，沙龙与美国主要犹太组织一起游说美国国会，提出三项要求：除非阿拉法特停止暴力，否则美国总统不再接见他；美国关闭PLO在华盛顿的办公室；削减美国对巴勒斯坦当局的援助。而沙龙的欲求，最终得到国会近

---

① Roula Khalaf, “Powell Sets Out Bush Line on Middle East,” Financial Times, March 20, 2001.

② Ron Suskind, The Price of Loyalty: George W. Bush, the White House, and the Education of Paul O'Neill, p. 72. 转引自［美］威廉·匡特著，饶淑莹译：《中东和平进程》，华东师范大学出版社，2009年版，第386页。

300 名议员的支持（87 名参议员 209 名众议员）[①]。

（二）虚幻的“中东路线图”及亲以力量的影响与制肘

阿以双方一波冲突未平，另一波冲突又起。“9·11”事件爆发后，在中东政策选择上，小布什内阁里出现两条相反的路径。国务卿鲍威尔主张致力于和谈，理由是有助于美国反恐战争中获得更多的盟友，而且在他看来“阿以冲突”是中东恐怖的根源；而以国防部长拉姆斯菲尔德和副总统切尼等为首的新保守派则认为应该从打击伊拉克入手，在中东打击那些从意识形态上憎恨美国民主与自由的国家，应该与以色列建立反恐联盟，让沙龙反击他的“拉登”——巴勒斯坦恐怖组织，最终在中东推动民主化进程。小布什表面上赞同鲍威尔，实质上已认同新保守派的建议。从 2001 年 11 月到 2002 年 6 月，为获得伊斯兰世界对反阿富汗塔利班战争的支持，美国启动了阿以谈判。2001 年 11 月 10 日，小布什在联合国大会发表演说提到：“美国政府坚持致力于中东的和平……我们期待有这么一天，以色列和巴勒斯坦两个国家如安理会决议所呼吁的那样，在安全和公认的疆界内和平共处，我们将把双方重新带来谈判。”[②] 这是美国总统第一次在联合国舞台上提出巴以问题的“两国方案”，令以色列很不安。此外，美国还敦促沙龙立即停火，对于美国政策的突然转变，沙龙感到不满，认为美国出卖了以色列。美国在巴以外围施压，无法解决核心问题，结果既无法让以色列撤离，也无法让巴勒斯坦停止恐怖袭击。小布什专注于更大范围中东的战略，无暇考虑这些细节，只是单方面希望在发动伊拉克战争前，阿以能达成决议。2002 年 3 月 13 日，联合国安理会通过 1397 号决议，推动解决巴以问题。可惜 10 天后，巴方针对以色列的袭击再起，造成重大伤亡，沙龙愤而宣布发动“防御盾牌行动”，加强对巴军事行动和因提法达的镇压，阿拉法特遭遇以色列军队的软禁。

以色列的政策和小布什政府追求的“大中东”目标冲撞起来，小布什不想因为巴以冲突影响他伊拉克的安排，2002 年 4 月 2 日，他向沙龙发出

---

① Alan Sipress, “Lawmakers Criticize Palestinians”, Washington Post, April 6, 2001.

② 转引自［美］威廉·匡特著，饶淑莹译：《中东和平进程》，华东师范大学出版社，2009 年版，第 392 页。

强硬的撤退要求。小布什的强硬激发了美国国内亲以势力的批判。政府内部的新保守派认为以色列和美国一样在进行反恐战争；基督教福音派人士攻击政府施压以色列，成百上千的电话、电邮、纸质邮件一股脑地涌进白宫。美国犹太社区组织了25万人在华盛顿进行游行示威，参加者中有当时身份为以色列前总理的内塔尼亚胡、纳粹大屠杀幸存者、著名作家埃利·威塞尔（Elie Wiesel）、前纽约市长朱利安尼等有影响的犹太人，更有不少基督教福音派人士参与其中，他们高调地团结在一起要政府支持以色列反击巴勒斯坦恐怖主义，理由是该政策和美国“9·11”后的反恐政策一致。著名的基督教电台主播珍妮特·巴歇尔（Janet Parshall）激情洋溢地对集会者高呼：“我今天在这儿告诉你们，我们基督徒和犹太人将一起不遗余力地支持以色列。”① 她的讲话赢得阵阵欢呼和掌声。国会里一些有影响的议员也参与到批判布什的行列，比如共和党多数党领袖汤姆·迪莱（Tom Delay）、1998年《国际宗教自由法》的主要起草人之一、共和党参议员阿伦·斯佩克特（Arlen Specter）、众议院领袖之一的迪克·阿迈（Dick Armey）等。沙龙很快捕捉到美国国内对以色列有利的时机，不断出示文件证明阿拉法特和恐怖组织有联系，特别是2002年1月，以色列截获巴勒斯坦从伊朗运武器的船只，沙龙力证巴勒斯坦与“邪恶轴心”关系密切。

小布什决定改变对己不利的政策，他对外宣布以色列在做使自己国家免遭恐怖袭击的事情，美国能做的很少。他还邀请沙龙访问白宫，并称呼沙龙是一位“和平人士”。② 2002年6月，小布什对外宣布，巴勒斯坦必须更换新的领导人，这样才能创建巴勒斯坦国。很明显，在新保守派、国内犹太右翼的影响下，小布什开启抛弃阿拉法特的计划，而这样的政策实际上并不利于美国在中东充当公正“掮客”的角色。

鲍威尔对推动阿以谈判有一定的追求，小布什部分接受他的建议，一边与欧盟、俄罗斯、联合国一起推动中东“四方会谈”，研究中东和平的路线图；另一边则着手准备对伊拉克的战争。很快，美军在伊拉克初战告捷，为避免被孤立，阿拉法特不得不任命阿巴斯为总理，依照美国的要求

---

① Donald E. Wagner, “Marching to Zion: the Evangelical-Jewish Alliance”, Christian Century, 28th June 2003.

② David Hirst, Newstatesman, July 12, 2004. p. 33.

参与国际谈判。像其父亲在海湾战争胜利后迅速转向巴以冲突一样，小布什随即提出：是时候解决巴以冲突了。2003 年 4 月 30 日“中东路线图”出炉。“路线图”规定巴勒斯坦体制改革、建立国家以及与以色列签订合约等一系列前景。看上去十分美好，可惜它回避了巴以之间深层的矛盾。巴勒斯坦极端派根本不接受路线图，以色列右翼也不欢迎这类包含巴勒斯坦建国前景的外来方案。美国国内在“路线图”问题上有不少分歧，参议院 88 名参议员反对。白宫遭遇来自全国的 50000 张明信片的抗议，反对建立巴勒斯坦国，策划抗议的是基督教锡安主义组织“使徒大会”（the Apostolic Congress）和犹太团体“美国为了安全的以色列”。小布什为难了，决定推迟批准“路线图”。到 2003 年 8 月中旬，“路线图”已经无法维持，以色列遭受巴勒斯坦恐怖袭击增多，以色列被迫还击。阿巴斯无法控制形势被迫辞职。

受各自国内保守主义情绪影响，美国和以色列的思路发生了很大改变。小布什相信民主的国家不会使用暴力和恐怖，于是致力于中东的民主化。沙龙则希望通过单边撤离来换得以色列的安全，他下令在 1967 年边界的外围修建隔离墙，并对巴实施“定点清除”，不少隔离墙深入到巴人居住区，引发巴以冲突加剧。在联合国和美国的压力下，沙龙同意将隔离墙移到靠近 1949 年停战线的地方。沙龙的计划实质上符合小布什对阿以冲突的理解，2004 年 4 月中旬，小布什和沙龙会晤，两人关系更进一步。小布什表示支持沙龙的单边撤退行动，拒绝任何“巴勒斯坦难民有权回到以色列”的提法，而且他认为巴以问题回到 1949 年边界根本不现实，他还重申以色列有权反恐。[①] 沙龙非常满意这次访问，他说单边撤离有利于“路线图”的实现，小布什比他见过的任何美国总统对以色列都更有承诺。美国支持以色列的政策实质就是把自己倡导的“路线图”搁置一边，这就难怪当时舆论声称“路线图”已死亡。几乎与“路线图”一起死亡的还有巴勒斯坦领导人阿拉法特，他在小布什成功连任后中毒身亡，这给巴以争端带来不确定的前景。

---

① 布什 2004 年 4 月 14 日致沙龙的信，转引自［美］威廉·匡特著，饶淑莹译：《中东和平进程》，华东师范大学出版社，2009 年版，第 403 页。

小布什对沙龙做如此大尺度的让步，原因有二：一方面确实是他对巴以冲突的解决没有信心和耐心，另一方面，主要是因为竞选和国会的压力，这种压力从其父亲执政起，一直到他自己入主白宫，他需要向美国亲以力量证明，这个布什和他的父亲不一样。在其第一任期，他接受了众议院多数党党鞭布伦特（Roy D. Blunt）联合民主党议员对政府提出的告诫：在巴勒斯坦放弃恐怖主义之前，不得给以色列提要求，也不要达成什么和平协议。① 这等于把解决阿以争端的先后顺序给小布什划死了，小布什只有把压力转给巴勒斯坦方面。2003 年 6 月，小布什对巴勒斯坦总理阿巴斯说："现在我下决心要解决中东的问题。如果你帮我忙，我就行动；如果你不肯，选举就要来临，我得关注这个事情。"从小布什的言语中你能感受某种焦虑，而这种焦虑与选举相关，因此选举对小布什中东政策的牵制是显而易见的。2004 年春，小布什对沙龙让步，同样也有选举考虑，当时他正准备向民主党人克里宣战。沙龙褒扬小布什被外界认为对选战特别有帮助。为向国内保守力量展示自己的亲以姿态，2003 年他任命密苏里州参议员特洛伊（Tevi Troy）为小布什政府犹太社团联络官，加强政府与犹太社团的关系。小布什宣传团队还以国务院平台为依托，向美国犹太组织邮寄《布什总统——美国犹太社团的朋友》小册子。这份 26 页的小册子图文并茂，按照时间的顺序逐一列举小布什与美国犹太人的"深情厚谊"，以及他执政时期做的有益于以色列的"善事"。② 同时他向亲以人士宣称，他将积极反恐，坚决和巴勒斯坦恐怖主义做斗争。为迎合基督教福音派及犹太人，小布什宣布在国务院成立一个办公室，监督世界范围内正逐渐上升的反犹主义。一位不愿透露姓名的国务院官员对《华盛顿邮报》说，那不过是讨厌的官话，而不是真有反犹问题存在。③ 与国务院官员的一针见血相比，确实有犹太组织领袖对小布什的做法表示赞赏，比如"AJC 中东与国际恐怖主义支部"的耶胡迪·巴里斯基（Yehudit Barsky）就公开宣

---

① Alexandra Star, "Can Bush cement his inroads among Jewish voters?" BusinessWeek, May 5. 2003, p. 45.

② President George W. Bush: A Friend of American Jewish Community, http://www.jewishvirtuallibrary.org/jsource/US-Israel/Bush.pdf.

③ "Anti-Semitism Office Planned at State Department", Washington Times, Oct. 14. 2004.

称：小布什确实不同于其父亲。

以色列前政府发言人办公室负责人泽夫·查非茨（Zev Chafets）曾如此点评美国政治：如果民主党赢，AIPAC 拥有白宫；如果共和党赢，福尔韦尔拥有白宫。艾伦·米勒认为这一定程度上反映了政治的现实：如果不对以色列好，一个人很难在美国政治游走并取得成功。某种意义上说，布什应该是认同这些判断的，即从政最保险的办法就是对以色列好。虽然犹太选票和亲以色列选票并不完全一样，美国犹太人在比如“堕胎”、“公共资金支持教育”、“公立学校祈祷”、“同性恋权利”等国内问题上，绝对不会支持共和党，但是亲以色列最起码可以少招致批判，也许还可能多赢得点选票。

（三）没了阿拉法特一样没有和平

阿拉法特去世后，美国积极推动巴勒斯坦实现民主选举，阿巴斯当选，小布什很快接见了他，鼓励他去遏制哈马斯，与反恐作战，而阿巴斯似乎不想对哈马斯下手，担心造成巴勒斯坦内部分裂。这种中间模糊派的立场既不能取信以色列，也无法阻止分裂。小布什的支持率每况愈下。

2006 年，在美国主张的民主选举中，哈马斯意外取得胜利。美国非常尴尬，因为美国在中东的两大目标——反恐和推行民主，在巴勒斯坦居然对立起来了。小布什在 AJC100 周年讲话中说：“我非常相信民主与自由选举，但是这并不意味着我们不得不支持对和平没有承诺的民选官员。”① 以色列总理因沙龙中风由奥尔默特代任，后者不想与支持恐怖活动和“合法抵抗”的哈马斯对话。美国与以色列选择一致，美国通知俄罗斯、欧盟、联合国不要与哈马斯政权有任何瓜葛。除俄罗斯外，其他三方断绝了除人道援助外的一切对巴援助。这种情况下，中东肯定无法推进和平。与此同时，伊朗强硬派内贾德当选总统，说要发展核武器，把以色列从地图上抹去，都给以色列不小的压力。也就是说，此时就地区层面而言，已经没有和谈的氛围。

---

① Bush firm on Hamas in talk to American Jewish Committee, Christian Century, May 30, 2006, p. 20.

2006年夏，加沙战争爆发，以色列被迫跟哈马斯、真主党等作战，互射火箭弹。美国动用联合国否决权否定了谴责以色列袭击加沙的提案。接着是第二次黎巴嫩内战。2006年底，民主党获得国会选举多数，小布什成为跛鸭总统，不能指望在他任期内中东问题能有什么进展。2007年巴内讧，哈马斯占领加沙，法塔赫占领西岸，这给美国支持法塔赫维护阿以安全提供了机会，美国决定帮助训练法塔赫安全部队，奥巴马政府接着做这项工作。小布什则向以色列保证10年内提供300亿美元军事援助给以色列，以加强以色列的安全，并保证让以色列保持地区军事优势。但他不能接受以色列攻打伊朗的要求，也不允许以色列攻打伊朗。在小布什寻求经济和军事加强法塔赫的同时，他还努力构建反伊朗联盟的逊尼派阿拉伯国家联盟，以此来换取一个阿以协议。布什政府祭出明尼阿波利斯会议，但是以色列总统因为丑闻岌岌可危，阿巴斯比较软弱，没有可能真正达成协议。2008年12月，以色列与哈马斯在加沙边境互射火箭弹，以色列大规模反击，小布什政府再度大力支持，和平似乎在历史的循环中走到了死角。

三、反布什的犹太自由主义 VS 亲布什的犹太复国主义

小布什身边的犹太人以及布什在中东的政策，很容易使外界认为美国犹太人是美国出兵阿富汗和伊拉克、偏袒以色列的主要推动者。但是事实证明，这样简单的推断有将犹太人置于“替罪羊”位置的风险，因为美国犹太人从来不是这些行为的主要支持者。有一些数据可以证明这一观点。根据AJC2007年统计的数据，绝大多数美国犹太人反对小布什的新保守主义议程。支持美国反恐战争的只有31%，而反对者达59%，反对入侵伊拉克的达到67%。就巴以争端而言，尽管80%的美国犹太人认为穆斯林国家的目标是摧毁以色列，但是仍有46%的人支持建立巴勒斯坦国，反对者占43%。[①] 美国犹太人中自由派比保守派要多出20多个百分点，有大约61%的美国犹太人认为，民主党比共和党更有能力在伊拉克问题上做出正确的

① Eric Alterman, Bad for the Jews, the Nation, January 7/14, 2008. p. 8.

决定。

不可否认的是，在共和党小布什统治时期，美国大多数犹太人的自由主义黯然失色了，因为正如前文所述，犹太的政界话语被保守派的专业犹太组织和新保守主义犹太专家垄断了。当时美国政坛保守风气强盛，AIPAC、“主席会议”、“反诽谤联盟”、“美国犹太复国主义者组织”、“美国犹太人委员会”，经常在辩论时呈现鹰派色彩，这些大型组织的主要捐款人，只占犹太人的极少一部分，却比更大众的犹太人要保守许多，结果反而是这种夹带犹太复国主义情绪的保守主义——一种与美国多数犹太人的自由情节格格不入的思想，轻易被上层倾听，甚至被小布什看成是获得亲以力量支持的法宝。这就难怪早在小布什执政初期的 2002 年，爱德华·赛义德就评价美国的中东政策已经以色列化了（Israelisation），客观上导致了美国对以色列种族屠杀巴勒斯坦人的事实支持。①

小布什统治时间，犹太右翼在犹太复国主义的激励下，向着心中的“大以色列”、为着以色列的安全，将巴以冲突推入到无法停息的恶性循环，这其中，人命的数字尤为有说服力。克林顿执政 8 年，死于以巴冲突的人数是 1100，平均每月 12 人；其中 3/4 是巴勒斯坦人；小布什执政第一任期，双方死亡人数就达到 4000 人，平均每月 85 人。到小布什第二任期快结束时，双方的死亡人数达到 6000 余人，对比之下，后者执政期间死亡率比前者高出六倍多。一边倒的亲以色列，根植于保守主义的政策，并不能给以色列带来和平和安全。②

小布什时期，美国对以色列扩建定居点、修建隔离墙、阻挠巴勒斯坦建国政策的支持，赢得的只是犹太社团中主要犹太组织和犹太右翼知识分子的支持，它们对小布什强硬而保守的中东政策起到推波助澜的作用。但是需要注意的是，就在这一时期，有成千上万的美国犹太人，对《奥斯陆协议》的失败和 2000 年开始持续的因提法达运动有着不同的观点。

“犹太正义与和平联盟”、“修补世界运动”等左翼组织的立场成为犹

---

① Edward Said, Thoughts about America, Al-Ahram, 28, Feb, 2002. Issue No. 575.

② 数据来源以色列占领地区人权信息中心（B' Tselem）网站，http://www.btselem.org/statistics/fatalities/before-cast-lead/by-date-of-event，（上网时间 2013 年 6 月 20 日）；［美］威廉·匡特著，饶淑莹译：《中东和平进程》，华东师范大学出版社，2009 年版，第 406 页。

太社团中别样的风景线。他们规模不大，但观点新颖，影响力超出其组织应有的规模。他们支持和谈，对于犹太右翼政府的政策极其不满。他们公开在犹太社团中提出关于“亲以色列”的新标准，并且质疑唯以色列政府是从的旧标准。“犹太正义与和平联盟”成立于第二次因提法达最严峻的2002年，他们认为美国政府可以在阿以和平中扮演重要的协调人。针对犹太社团主流保守组织把持话语权的做法，“犹太正义与和平联盟”的目标是团结犹太社团中来自基层的支持和谈的声音，并公开挑战主流犹太社团，要求就以色列问题展开社团内的民主讨论。他们吸引基层会员、基层犹太会堂，支持政府和平的努力，尽管他们反对布什的保守政策，却支持2007年美国牵头的明尼阿波利斯会议。[①] “犹太正义与和平联盟”于2010年加入“J街”，后者在奥巴马第一任期的阿以政策上发挥了比较大的影响。“修补世界运动”是和“犹太正义与和平联盟”类似的组织，面对美国犹太社团中一些组织对沙龙政策的支持，它们质问：亲以色列就是亲沙龙吗？亲以有没有更好的方式？“美国梅雷兹”（Meretz USA）是个致力于人权的犹太组织，其执行主任查尼·布隆伯格（Charney Bromberg）称那种唯以色列马首是瞻的一边倒现象是“以色列病”，其实犹太组织在基层领域已经“暗流涌动”。

除了这三个左翼组织外，在纽约，那段时期，犹太反占领组织也涌现出来，它们说自己既亲以又亲巴勒斯坦。总部设在华盛顿的“美国结束以色列占领运动”（US Campaign to End the Israeli Occupation）向以色列派出观察员，支持剥夺以色列所占领土；北美拉比人权组织，向沙龙发出有400位拉比签字的抗议信，抗议以色列的定居点政策。2002年4月，“犹太正义与和平联盟”组织了上万名美国犹太人的签名，敦促美国和以色列想办法另找地方安置犹太定居者，而不是一味地占领。

这类左翼组织在小布什执政时期，屡次遭遇主流犹太组织的排斥，当“犹太和平之声”（JVP）想在年度活动——“棒球场上的以色列”（Israel in the Ballpark）中申请一个摊位，遭到当地犹太人社团关系委员会的拒

① 资料来源于Bri Tzedek网站，http：//btvshalom.org/about-btvs/。（上网时间：2013年6月20日）

绝，理由是它不够支持以色列。2002 年 4 月，在一次亲以示威中，一位拉比手持支持巴以双方的口号标识，被告为反示威而遭到逮捕；一位美国犹太人委员会洛山矶支部的负责人在组织小组讨论时，发现有两个成员持有左翼立场，就把他们赶走。

共识很多是人为制造出来的，很多拉比会对 JVP 说："我完全赞同你，但是我不能说什么。我完全赞同你，但是我会堂的信众很保守。"有意思的是，某些会堂成员也会对外宣称"我没什么好说的，因为我的拉比很保守"。人们说这些话的时候，显得很恐惧。有些成员到国会游说，国会议员都很害怕见他们，因为 AIPAC 的监控无处不在。有些候选人，包括总统候选人，果断地选择右翼，不是因为他们真亲右翼，而是因为这意味着没有痛苦和麻烦。

尽管处境艰难，且不像主流组织那样受到重视，会员在不断增长的左翼组织仍旧组织了他们自己的国会游说，他们收集各方信息，坚持亮出他们的自由主义之声。但是在布什执政的 8 年里，"9・11"事件后遗症、新保守主义控制的政府，一切都压制着尚且弱小的左翼组织，不让他们发挥影响力，他们等到了决心在中东有所作为的奥巴马。

第四节　左翼的首次尝试——犹太亲以游说与奥巴马政府的中东政策

曾在"9・11"之后几月内迅速蹿升为"美国英雄"的战争总统小布什，由于执意在中东推行新保守主义的"先发制人"、"政权更迭"、"民主再造"政策，其执政后期，美国已深陷"阿富汗"、"伊拉克"的战争泥潭，美国大兵不断在中东死于非命，海外军费持续多年居高不下，到小布什结束任期时，美国民怨已达高位。就战略而言，美国亦有"失策"之处，它赶走了萨达姆和塔利班，却成全了伊朗。以伊交恶不断，常常让美以在解决巴以冲突和伊朗威胁谁更优先的问题上争论不断。作为中东矛盾根源的巴以冲突因此出现历史性倒退式发展。小布什在中东的行动使美国失去了很多的尊重与信任，美国人的形象在阿拉伯世界一落千丈。2008

年，对6个阿拉伯国家的4000多人的民调显示，83%的人对美国持负面观点，认为美国对中东的政策，一是为石油，二是为以色列。① 共和党的保守政策已经很难继续获得人心。反战的自由派政治立场重新获得国内的支持，尽管新保守主义势力、美国犹太右翼仍然是共和党的主要支持者，但是已经不足以在竞选中取得连胜。在此背景下，民主党人奥巴马成为美国总统。

一、奥巴马寻求“改变”

奥巴马竞选时已经明白未来可能要临危受命。为迎合形势，他在竞选时就明确打出“改变”（Change）口号。奥巴马与小布什相比，两者是不同类型的总统，小布什的世界观非黑即白，他在中东政策的起点是：和美国价值观一致的国家一个阵营，与美国价值观相悖的不列入谈判范围。要么是朋友，要么是敌人。奥巴马上台后，首先兑现他在2008年2月竞选辩论时的承诺，和前任有别，要与中东任何有谈判意向的国家进行无条件谈判。相比于小布什的“大中东”宏图，他立意收缩战略，恢复并改善美国在中东的形象，具体包括：从伊拉克、阿富汗撤军，和土耳其修好，与伊朗展开接触，把重点放在巴以冲突以及中东和平进程上。因为这个问题事关系到美国国家利益，它与美国在中东地区面临的其他问题有着千丝万缕的联系。②

尼克松曾劝美国前国务卿贝克远离阿以问题，因为“没法解决”，③ 贝克去了，推动了马德里中东和谈，但是他和基辛格、卡特这几个积极于中东和平进程的人被骂为“坏男孩”。④ 小布什似乎注意到了这个可能的禁忌。奥巴马却非要往这个“火坑”里跳，尤其是他还要应对国内经济衰退

---

① Shahram Akbarzadeh, “Obama in the Middle East failing to bring change”, Edited by Shahram Akbarzadeh, America's Challenges in the Greater Middle East, (Palgrave macmillan, 2011), p. 2.

② Jim Zanotti, “Israel and the Palestinians: Prospects for a Two-State Solution”, Congressional Research Service7 -5700 www. crs. com R40092, p. 29.

③ James A. Baker III, The Politics of Diplomacy: Revolution, War, and Peace, 1989 - 1992, New York: G. P. Putnam's Sons, 1995, p. 116.

④ James A. Baker III, The Politics of Diplomacy: Revolution, War, and Peace. p. 126.

等大麻烦的情况下，究其原因在于他想在中东另辟蹊径于小布什。

巴以争端在小布什卸任阶段陷入失控状态，以色列以哈马斯在停战期间偷运武器为由，发动加沙战争，疯狂轰炸加沙的哈马斯目标，造成1000余名巴勒斯坦人死亡。该行动居然得到小布什政府的支持。奥巴马在加沙被打得千疮百孔时接手巴以问题，他没有回避。因为奥巴马与其顾问认为，中东各类矛盾的根源与焦点在巴以冲突。以色列拖延和平对话危及在伊拉克和阿富汗的美国士兵的生命安全，以色列定居点计划破坏了美国在阿拉伯世界作为调停者的声望。美国能做的且有益于形势的，就是劝说双方结束战争状态，恢复和谈。这与克林顿政府思路有些类似，与小布什第一任期国务卿鲍威尔的看法有接近之处。

二、“两国方案”与棘手的定居点

奥巴马对外宣称，他要在中东和平进程中充当公正的中间人。从他就任后的几件事，可以看出他的政策转向。第一，上任后的第一个电话打给巴勒斯坦总统马哈茂德·阿巴斯（Mahmoud Abbas）；第二，就职第二天，奥巴马任命参与北爱和平进程的参议院多数党领袖乔治·J. 米切尔（George·J. Mitchell）为中东和平特使；第三，奥巴马接受的第一个采访给了阿拉伯电视台，他在访谈中说：美国不是穆斯林的敌人。美国有时候会犯错，美国并不完美，他为美国以前的错误做法向阿拉伯人致歉。他的政府会伸出友善之手，希望可以成为阿拉伯世界的朋友。①

为向阿拉伯世界示好，2009年6月4日，奥巴马在开罗大学发表旨在寻求改善与穆斯林国家关系的演讲。他说：“我来到这里是要在美国和穆斯林世界之间寻求一种以共同利益和相互尊重为基点的新开端……我深信，为了向前迈进，我们必须公开说出内心深处的话，但我们往往关起门来才说这些话。”说到巴以冲突时，奥巴马和美国其他总统的套路一样，会首先强调基于文化，美以关系坚不可摧，警告哈马斯必须放弃暴力。他

---

① “‘Americans are not your enemy’, Obama tells Muslims,” http://edition.cnn.com/2009/POLITICS/01/27/obama.arabia/index.html.（上网时间2013年7月23日）

的独特之处在于强调以色列和巴勒斯坦人均有不可否认的在中东的生存权，“土地换和平”是原则，“两国方案”是解决问题之道，他明确警告以色列，必须放弃定居点政策：“美国不接受以色列继续建造定居点的合法性。这一做法违反了过去的协议，有损实现和平的努力。现在是停止这些定居点的时候了。”①

奥巴马的声明，并不令以色列吃惊。早在5月份，奥巴马与内塔尼亚胡第一次会晤时，他就亮出“两国方案”解决巴以冲突的思路，即：以1967年边界为界，两国首都均在耶路撒冷，对圣地做出合理安排；在符合“两国方案”的原则下解决难民问题，要考虑巴勒斯坦难民深重的不公正感，同时要向他们提供有效的经济补偿和重建家园的援助；立即冻结以色列定居点。这个思路《奥斯陆协议》已有雏形，2002年，沙特王储阿卜杜拉发起提出“阿拉伯倡议”，小布什提出实现的巴以和平相处的“路线图”，但没严肃对待，现在奥巴马政府想宣称，他们会认真对待。奥巴马坚持认为以色列全面停建定居点是和谈的第一步（当时以色列正加紧建造），这些比难民、水资源、耶路撒冷最终地位等问题都要优先解决。全面停建是指没有定居点、没有前哨、没有自然增加（指家庭人口规模扩大而导致的居住规模的扩大）的例外。而以色列方面因为2008年的加沙战争，国内右倾现象非常严重，左翼和中左党派在议会中的席位严重下降。鹰派内塔尼亚胡政府认为只有巴勒斯坦先承认以色列，才能与之进行谈判，才能停止定居点建设，才能有所谓的和平共处。实质上内塔尼亚胡在敷衍奥巴马的倡议。对内塔尼亚胡来说，以色列更担心伊朗，认为后者是对以色列迫在眉睫的威胁，希望美国先和他一起制裁伊朗。而争取和伊朗谈判是奥巴马的策略，可见两者思路南辕北辙。在奥巴马外交政策顾问中，有些曾经任职小布什政府的高层人员，奉劝奥巴马抛弃小布什之后垂死的“两国方案”，所幸有高级顾问丹尼斯·罗斯和外交关系委员会前主席莱斯利·格尔伯（Leslie Gelb）支持。

2009年上半年，奥巴马虽以“两国方案”为核心，力推中东和解，但

---

① 白宫新闻秘书办公室：奥巴马总统在埃及考罗大学讲话的全文，美国务院国际信息局（IPP）《美国参考》，http://iipdigital.usembassy.gov/st/chinese/article/2009/06/20090604121534eaifas0.4368097.html#axzz365Sed3AC。

很明显，他故意冷落以色列、对制裁伊朗不感兴趣的态度，使美以关系蒙上阴影。奥巴马向阿拉伯示好，事实上冷落了以色列。在开罗演讲后，他不是旋即访问美国重要的盟友以色列，而是去访问德国的布痕瓦尔德（Buchenwald）集中营。这被不少以色列人解读为支持巴勒斯坦重于支持以色列，后来很多幕僚劝奥巴马尽早访以，奥巴马直到第一任期结束，都没有访问以色列。奥巴马错失了与以色列人对话的重要机会，而奥巴马与内塔尼亚胡的首晤也没能融洽美以两国领导之间的关系。国家层面和领导人层面均不够信任的情况下，米切尔特使很难完成总统交付的和平使命。

2009 年 6 月，内塔尼亚胡发表有关外交政策的演讲，首次表示，如果巴勒斯坦愿意去军事化、承认以色列是犹太国的事实，以色列愿意接受一个与之和平共处的巴勒斯坦国。[①] 以色列保守派领导人第一次同意巴勒斯坦建国，算是回应了奥巴马"两国方案"的要求，但是内塔尼亚胡开出的条件对缺少"牙齿"的阿巴斯来说，很苛刻，因为接受以色列是犹太国，意味着否定了成千上万的难民回归的权利，同时对以色列境内 20% 的巴勒斯坦人也是严重打击，所以明眼人一看便能识破：内塔尼亚胡对美国做了一个"空头承诺"。米切尔的工作很快变得艰难，真正意义上的巴以和谈从未开始。在第一次和米切尔会晤时，内塔尼亚胡对在西岸建立巴勒斯坦国疑虑重重，担心政权会像在加沙那样被哈马斯控制。他建议加强西岸经济而不是谈和约。米切尔去和阿巴斯谈，巴方对以无限期搁置巴勒斯坦建国恼火，在巴方看来拖下去只会对以色列有好处，它可以借机扩展定居点。到 2010 年初，在其他地区和解毫无进展的情况下，奥巴马对以色列的施压稍稍减轻，在接受《时代》杂志访问时，奥巴马坦言"高估了美国在促使巴以'谈判'方面的能力。"[②]

2010 年 3 月，奥巴马派副总统拜登前往中东继续推动巴以和谈。此前，美国已和阿巴斯协商，后者表示愿意在美国中东特使的安排下与以色列谈判。为吸引以色列参与谈判，奥巴马一改以往要求以色列全面停建定

---

① Jim Zanotti，"Israel and the Palestinians：Prospects for a Two-State Solution"，Congressional Research Service7 －5700 www. crs. com R40092，p. 6.

② Obama Interview with Joe Klein，Time，http：//www. time. com/time/politics/article/0，8599，1955072 －6，00. htm.

居点的做法，让其部分停建。以色列则借美国松口的机会，肆意扩建定居点，甚至扩充到巴勒斯坦人认定的未来首都部分，引发巴人不满。以色列甚至在拜登访问中东期间宣布在耶路撒冷犹太区再建 1600 套房子的计划，巴勒斯坦人绝对不可接受，他们拒绝与以色列间接谈判，使拜登的访问失去了价值，奥巴马的努力打了水漂。这令美国十分尴尬和愤怒。拜登赴以总统宴时，故意迟到 2 小时，目的是显示美国对以色列的不满。希拉里发表严厉声明，说以色列对美以关系传递了一个非常负面的信号。① 总统顾问则称以色列的行动给中东和平进程造成了困难。奥巴马同样气愤，当月内塔尼亚胡访美时，白宫没有玫瑰园欢迎，也没有拍照，这些仪式通常被看成是对盟友显示热情的姿态。中午也没什么午宴，只有美国总统的要求：停止建造定居点。这些被美国媒体评价为："其态度像是对待讨厌的第三世界独裁者。"当奥巴马发现和内塔尼亚胡无法达成一致意见后，他提前离开会场，交由助手来"应付"他。以色列《国土报》称内塔尼亚胡受到奥巴马的"侮辱"。美国政府内部为此争论不休，有一部分声音说，美国应该提出自己的阿以问题解决方案。4 月，奥巴马似乎平静下来，他说这个问题终究要看冲突中的双方要做什么，美国不能要他们做什么就做什么。但是他又强调以巴和平是美国至关重要的国家安全利益。

尽管对以色列领导人态度冷淡，但是为推动以色列停建定居点，美国向以色列做出不少友好的姿态。在每年超过 30 亿援助的基础上另外提供 2.05 亿美元的赠款，帮助以色列完善"铁穹"反导系统对付来自加沙和黎巴嫩的导弹。但是到 2010 年底，美国的战略还是失败了，以色列定居点的建设速度再度加快，会谈中止。美国在中东信誉因此受损。再后来，为争取一个 90 天的有限冻结，美国政府再给以色列"大礼包"的，包括价值 35 亿美元的战斗机和很多友好人士对以色列的保证。前驻以大使丹·库泽（Dan Kurtzer）称这个好处是"不合时宜"的，贿赂带来的效果会更坏。形势的发展证实了他的判断。2010 年 12 月 9 日，希拉里在布鲁金斯学会的有关美国对巴以问题的政策的讲演中，提到美国对阿以争端中的定居点问题的关注（奥巴马上任 2 年来的主要关注）将转向与争端相关的所有问

---

① http：//www.reuters.com/articleidUSN1213959520100312.

题的关注（如安全、难民、边界等等），并寄望双方一起解决问题。2011年初，米切尔称在中东问题上“碰壁”，不再担任美国中东问题特使一职。而这时“阿拉伯之春”正在中东大地如火如荼地蔓延开来，奥巴马政府必须腾出精力去应对美国所没有想象到的“民主化成果”。按照原初的设想，阿拉伯地区民主化进程，将有利于美国解决阿以争端，但是“阿拉伯之春”让一些比较强硬的穆斯林政党上台，使得奥巴马政府感受到问题不是那么简单，他在第二任期对阿以问题的关注度明显比第一任期降温很多，奥巴马已经感受到这一地区矛盾非常棘手，需要时间与耐心。与刚上任时对以色列施压不同，“阿拉伯之春”一定程度上加强了奥巴马政府这样的认识——以色列才是美国中东最可靠的盟友。

2011 年 7 月，奥巴马宣称支持“两国方案”解决巴以问题，但是拒绝批评以色列定居点的政策。这实际上反映出奥巴马对巴以问题思路上的一个重要的变化，他不再紧抓以色列定居点问题不放，不再将这个问题看成是中东和平进程取得突破的首要障碍。此后，奥巴马把精力更多地放到了竞选上，美国国内各种压力使得奥巴马在做很多决策时，已很难从容不迫。尽管成功连任后的奥巴马仍然说要推动中东和平进程，但是，第二任期内，他的中东政策，明显审慎了很多。他的重心已经自觉、不自觉地转向了亚太地区。①

三、美国犹太社团与奥巴马政府的中东政策

2008 年，奥巴马获得大量犹太选票，顺利当选。需要注意的是，不能把犹太因素作为奥巴马获胜的主要原因，奥巴马的胜利应该被看成是民主党的胜利，小布什糟糕的政绩让美国人丧失了对共和党的信任。共和党犹太人联盟和政策中心执行主任马修·布鲁克斯（Matthew Brooks）并不承认以色列因素使共和党失去了选票，在他看来，小布什创造了美国经济的新低，也造就奥巴马获得 78% 犹太选票的佳绩。

---

① 钱文荣：“奥巴马政府的全球战略重心东移”，载《和平与发展》，2011 年第 2 期，第 1—4 页。

（一）自由派奥巴马的优势

奥巴马有两点吸引犹太社团——年轻的自由派民主党人和少数族裔出类拔萃的政治代表。美国犹太社团总体上的自由主义，亲民主党惯例在奥巴马竞选时期没有出现例外。奥巴马出生卑微、年轻有活力，靠个人奋斗成为政坛新星，是“美国梦”的最好代言人，因此深得年轻犹太人的追捧。他们觉得这样的总统就是他们一代的总统。与克林顿得到很多大型犹太财团不同，奥巴马不仅得到大型犹太财团的支持，他还得到新兴犹太团体的支持。犹太大财团中以高盛最为有名，2008 年，高盛给予奥巴马数百万美元的资助,[①] 犹太金融家索罗斯是奥巴马当年竞选的最大金主之一，其捐款达到 500 万美元。除了大财团，还有一些小型和新型犹太团体的支持。他们主要通过网络、社交媒体等新兴媒体来为奥巴马募集基层小额捐款，积少成多，在网络时代会发挥真正的能量。以支持民主党的政治行动委员会——犹太教育与研究委员会（The Jewish Council for Education & Research）为例，其旗下组织——“大力拖拽”就是充满活力的年轻犹太人设计的，这些年轻人思想自由，利用博客、Facebook 等网络和社交媒体，号召年轻人将对黑人总统候选人有疑虑的老一辈拽进来，投奥巴马一票，结果大获全胜。奥巴马在佛州不但得到众多年轻选票，很多年轻人的父母亲也被成功说服，成为他的支持者。奥巴马作为一位黑人，能竞选总统是少数族裔政治话语权上升的体现，犹太人作为少数族裔，同理心促使他们中的大多数把票投给奥巴马。

对犹太人而言，这位民主党总统，也有令人不太放心的地方——他的穆斯林父亲及他与牧师杰里迈亚·赖特（Jeremiah Wright）间的亲密关系。不过奥巴马很快化解了这些疑虑。他声称自己是基督徒，父亲是他的血缘之根。赖特牧师给奥巴马造成的麻烦显然要大一些，他担任奥巴马牧师 20 年，是他们夫妇的证婚人，帮他女儿受洗，他经常发表一些仇视白人的种族主义言论，让人怀疑是否已经影响了奥巴马的价值观。压力之下，奥巴

---

① “高盛由奥巴马的支持者变成反对者”，新浪新闻，http：//finance. sina. com. cn/world/mzjj/20121009/173013319848. shtml。（上网时间 2014 年 3 月 13 日）

马绝然地选择公开与赖特的立场划清界限，但同时又漂亮地回应了两人间的关系。他说："我无法切断和黑人牧师之间的关系，就像我无法切断和白人祖母之间的关系一样。"这样的言论获得多数美国犹太人理解，只有少数敌视奥巴马的人才会抓住这些问题不放。2009 年 5 月，美国民调显示，有 79% 的美国犹太人支持奥巴马。为取信于犹太人，早在竞选时，和其他主要候选人一样，奥巴马签署了文件，成立全国委员会，准备在美国庆祝以色列建国 60 周年。

（二）"两国方案"与左翼声音

奥巴马对"两国方案"的支持，与自由派顾问和自由派犹太团体有很大的关联。在奥巴马竞选总统期间，他就得到曾任卡特顾问的犹太人布热津斯基的支持，奥巴马上台后，后者顺理成章地成为奥巴马重要顾问。对于巴以冲突，布热津斯基希望继续卡特未完成的目标，早在 2007 年，布热津斯基和其他七位公共人物一起在《纽约书评》上发表了《"两国方案"的最后一次提示?》一文，要求政府重视两国方案，并警示美国：错过了，可能造成巴以永远丧失和平的机会。[①] 可惜这个声明在布什任内无法得到重视。所以当他为奥巴马出谋划策时，"两国方案"很自然地就被推到前台。奥巴马上任后，关于中东问题的思考，很多与此方案有关。

在竞选时间，奥巴马得到不少新兴犹太组织的支持，其立场以左翼为主。竞选成功后，白宫的大门自然地向他们打开。2009 年 7 月，奥巴马邀请美国重要的犹太领袖讨论中东问题，"现在就和平"、"J 街"、"以色列政策论坛"欣然受邀，这些左翼小犹太团体，这一次居然和"美国犹太人委员会"、"反诽谤联盟"等一起受到重视，而"美国犹太复国主义者"组织、"犹太国家安全事务所"却没有得到邀请，如此安排实际上是奥巴马释放出的信号，即美国不再一味地只从传统主流犹太社团里听意见，美国对以色列政府一味容忍的态度也到头了。[②] 而这些犹太社团进入白宫，

---

① ［美］伊曼纽尔·沃勒斯坦文著，路爱国译，"两国方案的最后一次提示?"，载《国外理论动态》，2008 年第 1 期，第 92—93 页。

② Jalal Ghazi, "White House Opens Doors for Moderate Jewish Voices", New America Media, July. 27, 2009, http://news.newamericamedia.org.（上网时间 2013 年 11 月 2 日）

实际上也向外界展示出犹太社团变化，即犹太社团内部有着多元主义的声音，以前像“美国犹太复国主义者组织”那样要美国政府充当以色列橡皮图章的做法遭遇到了前所未有的挑战。让主流派犹太社团难以适应的是，奥巴马不再只听他们的意见，相反他很重视以“J街”为首的自由温和派声音。“J街”当时成功获得犹太大亨索罗斯的支持，发展较快。奥巴马上台不久，就派国家安全顾问詹姆斯·L．琼斯（James L. Jones）出席“J街”年会并讲话，同时给“J街”发出参加总统与美国犹太领袖会晤的邀请。在“J街”年会上，琼斯说：“如果有什么问题我要给总统建议的话，那么就是巴以问题，这个问题的解决会让很多问题迎刃而解。”[①] 他的这番表态，让“J街”很受鼓舞。因为”J街”一直公开宣称自己是亲以色列组织，“两国方案”是维护巴以和平的最好方式，他们向奥巴马提议，必须承担起美国的责任，抓住机遇，积极推动中东和平。2010年11月，“J街”的调查数据显示：有82%的美国犹太人认为“两国方案”是加强以色列安全和保持它犹太性的重要方法，只有18%的人反对。有65%的人支持美国发挥重要作用，而只有35%的人持反对意见。[②] 这些调查数据尽管遭到主流犹太组织的质疑，却为奥巴马所热衷的“两国方案”提供了一定程度上的民意支持。

（三）保守派右翼继续牵制

在奥巴马执政时，美国犹太社团间公开场合的较量要更多一些，除了上文提及的左翼组织得到上层的重视，右翼组织和媒体没有放弃影响政府、攻击对方的努力。这些右翼组织中，有些属于新保守派的，有些属于正统派犹太复国主义者。例如，批判美国不够亲以最积极的组织莫过于“心系以色列紧急委员会运动”（Emergency Committee Campaign for Israel, ECI），这是由新保守主义教父欧文·克里斯托（Irving Kristol）的儿子威廉·克里斯托在2010年创办，后者是美国保守主义期刊《标准周刊》的主编。该组织公开批评奥巴马对以色列过于苛刻，从价值形态角度，他们

---

① Jeremy Ben-Ami, A New Voice for Israel: Fighting for the Survival of the Jewish Nation, p. 196.

② Jeremy Ben-Ami, A New Voice for Israel: Fighting for the Survival of the Jewish Nation, p. 93.

主张美以打击伊朗。从2010年中期选举开始，该组织就通过在《纽约时报》等主要媒体登广告批评奥巴马的中东政策。他还与有党派倾向的共和党犹太人联盟联手攻击政府。正统派犹太社团对奥巴马中东政策充满怀疑，2008年竞选期间，很少正统派支持奥巴马当总统。奥巴马执政后对以色列施压，更令正统派不满，他们在不同场合公开批判新政府的中东政策。如果说在克林顿执政时期，AIPAC曾因奥斯陆和平氛围而低调中立过，那么到了奥巴马执政时，AIPAC的政策与以色列政府较为一致，它在多个场合点评奥巴马政策失策，AIPAC还与以色列强硬派声音一致，反对"两国方案"。

代表美国犹太右翼观点的保守派杂志《评论》，在2009年到2010年美以政府关系趋冷时，邀请31位犹太名人发表对奥巴马政府中东政策的看法。① 其询问的问题包括：如何化解现在的紧张关系、如何看待伊朗核问题对犹太人的威胁、如何看待奥巴马曾经说过的"以色列要对美国人在中东的生命与财产损失负责"、还会继续支持奥巴马政府吗等等。多数名人对奥巴马的政策比较担忧，以AIPAC前执行主任阿米泰为代表，他对奥巴马的政策提出严厉批评。他认为美国强加给以色列的和解方案不利于以色列，是时候认识奥巴马政策的真面目了，应该集中精力施压政府，将目标锁定以色列的主要关切——伊朗威胁问题。

"主要犹太组织主席会议"列举数据告诫奥巴马，不要指望中期选举民主党获得的支持率会有2008年高，因为已有数据已不是很乐观。不少民调显示奥巴马的犹太支持率已经下降到40%—50%。共和党犹太人联盟和犹太政策中心的马修·布鲁克斯认为必须两党一致向奥巴马施加压力了，停止对以色列的施压。由于《评论》在美国影响比较大，因此，他对奥巴马政府还是构成事实的压力。

在巴以问题上，犹太社团追求的目标是以色列的和平与长治久安。与左派和右派的鲜明立场相比，主流犹太组织尽量不忘初衷，扮演起美以关系促进人的角色。2009年上半年，内塔尼亚胡和奥巴马总统关系陷入低谷，令人想起老布什时期美以间的膈膜时光。美国主流犹太组织尤其尴

① Obama Israel and American Jews：the Challenge，Comment，June. 2010，pp. 13—36.

尬，因为奥巴马是犹太人支持的总统，而他与以色列之间关系不睦，主流犹太组织感到与其选择站队，不如想办法改善关系，让奥巴马信守对以色列的承诺。

奥巴马懂得犹太选民是民主党的重要支持者，所以从不忽视与主流犹太组织打交道。他在竞选总统时，曾访问过以色列，并表态，当上总统后，一定要保护以色列的安全。他曾多次在 AIPAC 年会上讲话，向犹太人传递友好声音。奥巴马的下属——国家安全顾问琼斯，高级顾问大卫·阿克塞尔罗德（David Axelrod）、国务卿希拉里均曾出席犹太人的聚会，并发表讲话。2010 年 4 月，奥巴马通过主要“犹太组织主席会议”向犹太领袖发公开信，重申美国保护以色列的承诺。为推进中东和平，和前任克林顿一样，奥巴马做了不少有益于以色列的大事。他任命犹太人拉姆·伊曼纽尔（Rahm Emanuel）为白宫幕僚长，一定程度也是为了回应犹太社团对他身份的疑虑。他加强美以之间的军事合作，规模延续前任，甚至有超越，2011 年，奥巴马政府给予以色列 30 亿美元军事援助预算，达到历史最高点。阻吓伊朗对以色列的威胁，遏制伊朗拥有核武器。在调查以色列在加沙行动的“暴行”的《戈登斯坦报告》（Goldstone Report）出来以后，美国在联合国舞台上拒绝承认报告中的事实，成为以色列在国际上的强大后盾。

由上可知，就奥巴马而言，对待国内犹太社团的不同声音，他能主动去倾听，这是美国总统对待国内犹太舆论的一大进步，但是在不同犹太社团面前，奥巴马经常态度暧昧，这是造成奥巴马为美以关系做了不少实质安排，却难得到好名声，美国犹太社团的主流声音最终仍被偏右势力牵走。2009 年 1 月到 5 月，奥巴马已在多个公开场合提及要推进“两国方案”，尽管以色列内塔尼亚胡政府明确不配合，奥巴马坚持向国会说明：“好朋友应该坦诚相待。”可是到 2009 年 5 月 22 日，他又公开说：“美以关系不可动摇。”难怪有专家质疑他：“难道你奥巴马是想说，即便以色列有阻止巴勒斯坦建国的行为，我美国也要保护以色列?”[①] 美国国会被不少亲以势力控制，早在奥巴马提出“两国方案”和“1967 年边界”时，众

---

① Henry Siegman, “Can Obama Beat the Israel Lobby?” The Nation, June 13, 2011, p. 14.

议院少数党领袖麦康纳尔就发话说“根本不应该在此时给以色列施压”。如前文所讲，国会的亲以声音是复杂的，有不少亲以色列的基督徒。奥巴马在对付亲以色列游说方面比较缺少经验和策略。这方面，克林顿可以说是奥巴马的老师。

四、犹太游说组织在政策优先权上的分歧

奥巴马第一任期间，在与以色列有关的中东问题上，美国一直存在着巴以问题和伊朗核问题哪一个更为优先的争议。这种分歧实质是政策性分歧，而非目的性分歧。就目的来说，其实是一致的，都是为了美国在中东的国家利益，也是为了实现对以色列安全的承诺。这类政策性分歧同样存在于犹太社团内部，这是以往犹太游说不常见的现象。这类分歧造成的影响却事关目的性判断，即是否有利于美国国家利益，是否真正有利于以色列。犹太团体的内部分歧，既反应出犹太社团相关问题上的多元化选择，同时也反应出不同犹太组织在影响政府政策进程上的竞争。

从以色列建国到20世纪结束，以色列的安全困境，多数时候因周边的阿拉伯邻居而起。但是2002年伊朗核问题出现后，特别是伊朗鹰派总统内贾德上台后，经常发表“将以色列从地图上抹去”等极端言论后，以色列的安全困境很大程度上被转移到伊朗。经过美国多年的帮助，以色列的军事装备能力应对周围国家比较充裕，但是若应对核武器，则无法胜任。以色列和美国部分犹太组织认为：美国必须阻止伊朗获得核武器，为此，必须坚决打击伊朗针对以色列的任何军事行动。而奥巴马认为美国无须继续小布什时期树敌过多的政策，应该通过与伊朗改善关系，通过和解和遏制，来遏制伊朗对以色列的威胁。而中东问题的根本在巴以冲突，如果巴以问题缓和了，伊朗就不会敌视以色列。但部分犹太组织则认为，伊朗为右翼控制，该政权和核武器的结合，关系到以色列的生死存亡。总体来说犹太社团中左翼组织，以“J街”、“以色列政策论坛”、“现在就和平为代表”，早在奥巴马上台前，就已主张政府与伊朗谈判，而不是一味强硬。它们认为伊朗核问题与巴以问题联系密切，两者都威胁以色列的安全，美国应该鼓励以和谈方式解决这一问题。在打击伊朗问题上，他们反对全面

打击，只主张在情况危急时，才针对伊朗政府展开行动。右翼组织以“美国犹太复国主义组织”、“美国利库德之友”为代表，坚决反对与伊朗接触、主张全面打击。在巴以争端和伊朗问题孰轻孰重的问题上，该派认为伊朗鹰派政府对以色列的威胁更大，除了他们的反犹主义言论外，以色列据说有不少证据证明伊朗向其死敌哈马斯、真主党提供了诸多资助，因此伊朗对以色列的威胁更大。

无论是左翼还是右翼犹太组织都主张美国采取有效措施防止伊朗拥有核武器、威胁以色列安全，只不过方式是通过和谈还是打击的问题。奥巴马上台后宣布要与伊朗和解、施压以色列解决巴以问题。美国犹太组织，尤其是中派和右派做了大量游说工作，他们主要以国会为目标。第111届国会（2009—2011年）共有45名犹太议员，其中参议员14名，[①] 犹太议员的数量远超犹太人口占美国全国人口的比例，纵然这些议员中有42位与奥巴马同属民主党，他们的犹太身份为犹太组织接近议会提供了便利的条件。游说固然要依法执行，但人脉也很关键。众议院国际关系委员会主席、犹太裔议员霍华德·伯曼（Howard Berman）是国会中有名的亲以派，他在AIPAC的推动下，于2009年4月30日，向众议院提出《伊朗精炼油制裁法》：只要伊朗不在核问题上做让步，美国总统就有权宣布制裁和伊朗做精炼油的公司。该法案得到了众议院多数议员的署名支持。除了国会层面的，民间的动员和舆论宣传式游说、中右翼组织的反伊朗活动也有不少，“美国主要犹太组织主席会议”在2009年的9月和10月，分别组织两次大型集会，教育公众留意伊朗核问题，以及它对以色列、美国和世界其他地区的威胁，集会支持国会通过《伊朗精炼油制裁法》。而左翼组织对此并不是很认同，“现在就和平”领导人德不拉·德利（Debra Delee）直言：“现在根本不是奥巴马政府推出制裁法案的时机，政府现实可做的是与伊朗全面接触，并展开有效对话”，[②] 犹太社团的不同声音以不同方式影响着奥巴马政府的中东决策。

---

① 美国国会历年来犹太议员的数据，参见犹太数据银行：http：//www. jewishvirtuallibrary. org/jsource/US-Israel/jewcongtoc. html。

② Lara Friedman，Why APN opposes IRPSA and how IRPSA could be fixed，Dec. 7，2009，来源“现在就和平”网站，http：//peacenow. org/entries/why_ apn_ opposes_ irpsa。

在伊朗核问题策略选择白热化时期，奥巴马曾想“借左抑右”，可惜伊朗态度强硬、美国国内反伊声浪居高不下，左翼组织在右翼组织的围攻下变得很被动，右翼组织指责“J 街”接受沙特的捐助，“现在就和平”接受北欧国家的捐助，它们提醒公众留意左翼组织的立场是否代表美国利益。最终中右翼犹太组织占据上风，2010 年，国会内针对制裁伊朗的议案不断增多，参众议员均联名写信给奥巴马，呼吁制裁伊朗，在中期选举以及伊朗强硬政策面前，奥巴马立场渐渐变化，开始从对话向有限制裁转变。2010 年 6 月，美国通过制裁伊朗的《伊朗制裁、问责、撤资综合法》。① 该法的通过不仅标志着美国对伊朗和解政策的结束，也标志着犹太右翼组织对左翼的胜利。左翼组织力量仍较为孱弱。

五、奥巴马能改变的与不能改变的

早在 2008 年总统竞选时期，“美国犹太组织主席会议”执行副主席马尔科姆·霍恩莱因在接受以色列《国土报》采访时就担心奥巴马所说的“改变”将打开“潘多拉之盒”。这种类比似乎是套话，但在奥巴马第一任期，就中东政策而言，他确实打开了美国国内政治、中东政策的“潘多拉之盒”，让那些以往积累的矛盾展露出来，犹太社团不同派别得以有公开辩论的机会，并以不同的方式影响政府的决策。怎样才是更符合美国国家利益的中东政策？怎样才是理想的犹太组织决策模式？是一切以以色列的安全诉求为中心，还是以主流犹太组织、犹太财团的构想为蓝图？在奥巴马第一任期，这些影响美国中东政策的根本性问题无论在理念层面还是在实践层面均得到了比较好的探究。这一“改变”曾让犹太自由主义者欣喜万分，感觉左翼的春天真的来临，这一转变也曾让右翼犹太组织迷茫，近而怀疑美国还是不是以色列忠实的朋友。但是就像一艘装满原油的大船因事故倾入海中，有些油奥巴马能依靠助手重新收集起来，并继续发挥它应有的效用；而有些已混进了海水里，对海的危害深刻而持续。奥巴马尝试

---

① 关于美国犹太组织影响伊朗政策的论述，上海社科院赵建明先生有较为详实的论证，详见：赵建明：“美国犹太组织与奥巴马政府对伊朗的政策”，载《美国研究》，2011 年第 1 期，第 45—68 页。

着从中东的根本矛盾入手，尝试尽量化解国内犹太势力对美以关系走向的牵制，并试图用“以左抑右”的方式，来抵消正统派和主流右翼的压力。相比以往美以关系中心主义，奥巴马第一任期，已开始展示到均衡，以往的美国总统很少敢于冒这样的风险，勇气可嘉。但是用冷落以色列来换取巴以问题进展的方法，根本行不通。这等于事实上否认以色列美国盟友的地位。美国犹太人不会答应，更为重要的是美国广大的基督教福音派无法赞同，后者在当今美国拥有比美国犹太人更强大的支持力。

到奥巴马第一任期结束，巴以问题毫无进展。而奥巴马面临的国内质疑相当之大，主要有十一条：第一，奥巴马对以色列施加的压力超过对巴勒斯坦施加的压力；第二，奥巴马通过让以色列退回到 1967 年前的边界，给以色列的谈判施加了技术难度；第三，奥巴马在逼迫以色列放弃耶路撒冷和西岸；第四，奥巴马对哈马斯手软；第五，奥巴马未下大力气阻止伊朗核计划（对以最大的威胁）；第六，奥巴马是生手，不清楚以色列面临的威胁；第七，奥巴马在联合国没有大声地支持以色列；第八，如果奥巴马关心以色列就应该访问以色列；第九，奥巴马认为以色列是中东一切问题的根源；第十，奥巴马在内塔尼亚胡访问白宫时对其过于冷淡；第十一，奥巴马将以色列列在支持恐怖主义的国家名单内。为了赢得第二次选举，他不得不模仿小布什当年出小册子，向犹太人宣传自己是朋友。2012 年，奥巴马专门在其竞选网站上发表有关以色列政策的声明文章，针对其团队收集到的民众可能对他不理解的以上诸多误解专门发文释误，并逐一为己辩护，其取悦于以色列的决心和姿态，非常明显。到了奥巴马第二任期，错综复杂的巴以问题已经不再是奥巴马外交政策的重点，巴以对抗无法从根本上有所缓解。那么是不是可以悲观地认定，巴以冲突就是一种无望的轮回？当然不是。从近几十年的历史来看，美国的中东政策都有一个核心，就是美国的国家利益，而以色列有自己的国家利益，两国政策决策的独立性决定着政策的可变性，犹太自由主义对犹太复国主义的号角已经吹响，推动和解的尝试固然艰难，但已经是历史的进步。

从老布什到奥巴马，冷战结束后，历史的车轮已经行进了 20 多年，美国寄希望通过中东和平进程实现美国治下的霸权，以色列既希望借重美国霸权获得生存安全，同时又希望在冷战后保持一个独立国家的尊严，维护属于以色列自己的国家利益，有时这个利益与美国的国家利益高度一致，有时则需要多方的博弈调和，才能形成妥协，再有时，则完全背离。美国犹太社团是美以之间的非官方联络人或中间人，他们的主要目的保护美以关系。但在方式上，随着美国犹太社团的日益分化，在亲以方式与内容上的分歧导致了他们在阿以争端问题上，有着自身的不同思路，而这些不同的声音，更真实地反映了一个从价值单一走向多元的古老组织的变迁，它有助于推动深刻问题的沟通与解决。美国犹太社团在阿以问题上的声音越来越理性，经过冷战时期的压制，犹太自由主义的声音有复苏的趋势，可惜由于20世纪80年代基督教福音派的兴起，有不少人将他们看成是美国政府经常不顾一切支持以色列的根本原因，这实际上仍在玩古老的替罪羊游戏。未来对于美国犹太社团来说，不仅是犹太社团内部需要理性发展，更重要的他们需要清醒地与基督教福音派划清界限。后者不是在宗教上认同他们，却从支持以色列这个因素考虑，又与它为伍。长久来看，保守的右翼基督福音派，才是美国在阿以争端上应该遏制的对象。

第五章 美国犹太亲以社团的自由主义与犹太复国主义之辩

从老布什时期的冲撞，到克林顿时期的分裂，到小布什时期与保守派右翼的共舞，再到奥巴马第一任期左翼团体的大胆尝试，犹太亲以组织影响美国中东外交所表现出的多元化样貌，自然与冷战后国际形势的变化，以色列政坛气候的转换、美国政治思潮等有关。但终其根源实际还是美国犹太社团在犹太复国主义问题上的自我探索，这种探索从赫茨尔犹太复国主义在一个世纪前传到美国时就已开始。以色列建国前，犹太复国主义在美国经历排斥到美国化的过程，犹太先辈聪明地选择了自由主义，将犹太复国主义和美国主义结合起来，发展成美国式犹太复国主义，号召犹太人为美国社会的公正、自由而不懈奋斗，号召犹太人为世界共同的犹太中心奋斗。以色列国建立后，对于美国犹太社团来说，是以犹太人在美国扮演的自由主义角色帮助解决巴以冲突，还是以传统犹太复国主义式的“零和”对抗，为在巴勒斯坦建设排他的以色列国而贡献力量？一直是难以抉择的考验。冷战时期，对抗的国际局势之下，巴以冲突被纳入到现实主义框架之下，“以色列中心主义”成为主流犹太社团自然选择，它在国际形势紧张时，渲染以色列面临的威胁，很容易代表民意发声，这种传统犹太复国主义式的亲以政策，尽管与美国犹太人的自由主义传统不符，也被认为合乎情理，自由主义式的犹太复国主义根本没有发声的机会。冷战结束后，国际局势缓和，自由犹太复国主义得以复苏，开始对传统犹太复国主义提出了挑战，他们的复兴为美国中东政策提供了更为丰富的解决渠道。不可否认，传统的犹太复国主义势力仍旧存在，反映在巴以冲突上，两者的交锋实质上加剧了冲突的复杂性。同时，这场交锋也在启示后人：对以色列最有益的美国犹太力量是能有效协调自由主义和传统犹太复国主义的自由犹太复国主义，即既关注美国和以色列犹太社团的发展，又能照顾到巴勒斯坦人的公正生存权益。

2010年，被《外交政策》（Foreign Policy）杂志列为全球顶尖思想家之一的纽约市立大学副教授、知名评论家彼得·本尼特（Peter Beinart）在分析当今犹太社团所面临的问题时说，美国犹太社团最大的问题是：犹太权势集团垄断话语权，习惯将他们理解的犹太复国主义强加于美国全体犹太人，结果在国内和国际层面造成两大问题。首先是美国国内犹太社团决策机制的僵化、对年轻自由派犹太人的吸引力下降，犹太复国主义走向衰弱，极端犹太复国主义力量吞噬犹太自由主义。在国外主要表现为对以色列右翼政府的纵容，造成阿以争端难以解决，中东和平成为奢望。他警告美国犹太权势集团：不要总是以自我认定的犹太复国主义检视美国的犹太自由主义。① 2012年，他出版的《犹太复国主义的危机》一书中，强调如果美国犹太权势集团不检视自己的以色列政策，不回归到自由主义的立场，将遭遇空前的危机。② 本尼特的观点固然有推敲的空间，但他的贡献在于激发人们从历史和人文的脉络思考美国犹太自由主义和犹太复国主义间的相互关系，从而为理解当今美国犹太社团、美以关系、阿以争端的复杂状况提供清晰的思路。

第一节 美国犹太社团的自由主义传统

美国政治行为学者的研究表明，一般而言，社会地位、经济收入、教育程度越高的团体，政治上越倾向保守。③ 美国犹太人整体属于比较富足

---

① Peter Beinart, the Failure of the American Jewish Establishment, the New York Review of Books, June 10, 2010. http://www.nybooks.com/articles/archives/2010/jun/10/failure-american-jewish-establishment/? pagination = false.（上网时间2013年4月16日）

② Peter Beinart, The Crisis of Zionism (New York, NY: Henry Holt & Company, 2012).

③ Nathaniel Weyl, The Jews in American Politics (New Rochelle, NY: Arlington House, 1968), pp. 1 -4.

的中产阶层，其中不少人还跻身精英群体，但其政治立场不但未按一般逻辑表现出保守主义和共和党倾向，而且还呈现出与其他族裔相比的“不相称性和不合比例性”。美国全国舆论调查中心（NORC）1973—1994 年调查数据显示，有 48% 的犹太人自称自由派，而非犹太人也这么认为的只有 27%。[①] 20 世纪 80 年以来，关于犹太精英与美国保守主义势力同流合污的指控不绝于耳，但总体来说，美国犹太人对自由事业和民主党的政治支持超过任何其他白人，并远超除黑人以外的任何其他族裔。[②] 美国犹太社团仍在主要公共问题和公共事件中表现出一以贯之的自由主义倾向。[③]

自由主义（Liberalism）是在伏尔泰和康德为代表的启蒙运动影响下形成的哲学思想体系，其核心是世界主义、理性主义和个人主义。在当代语境下，自由主义主要表现为：福利国家、平等民权、公民自由和国际主义。美国犹太人历来社会活动家、慈善家、政治家辈出，他们身体力行关心社团，改造社会。犹太人是美国民主宪制的坚定维护者，民主党的铁杆支持者。从 1932 年罗斯福新政犹太人正式走上美国政治舞台开始，犹太人对民主党的支持从未低于 40%，平均支持率达到 75%。美国犹太人还是 20 世纪下半叶以来诸多社会公正运动和左翼运动的领导者和支持者。民权运动、争取妇女解放运动、反越战、反核运动等均可见到犹太人活跃的身影。

关于美国犹太自由主义倾向的原因，学界和政界研究兴趣很大，对此解读众说纷纭。争论主要集中于：美国犹太自由主义情节主要是基于犹太信仰、犹太价值观还是美国犹太人特殊的历史经历？“信仰决定论”以布兰代斯大学的劳伦斯·H. 福克斯（Lawrence H. Fuchs）为代表，他认为犹太文化三大方面对犹太世界主义和自由主义影响尤深。第一，学习（《托

---

① Charles S. Liebman and Steven M. Cohen, “Jewish Liberalism Revisited,” in Roberta Rosenberg Farber and Chaim I. Waxman, eds., Jews in America: a contemporary reader. (Hanover, NJ: Brandeis University Press, 1999), p. 197.

② 从 20 世纪 50 年代到 21 世纪最初 10 年，关于犹太政治研究的作品均认为犹太社团具有超一般族裔的自由主义倾向且具有一贯性，详见 Bernard Berelson, Paul Lazarsfeld, and William McPhee, Voting (Chicago: University of Chicago Press, 1954), pp. 64 – 70; Steven M. Cohen, The Dimensions of American Jewish Liberalism, (New York, NY: American Jewish Committee, 1989)。

③ 这里用倾向是为了表明大致性的趋势，并非突出犹太社团内部的完全一致性。

拉》)；第二：慈善（Zedakeh）；第三：现世快乐（非禁欲）。[①] 可是从20世纪80年代开始，对信仰决定论的挑战日渐增多。主要质疑有三：如何解释犹太人占主体的以色列，基本上是自由派和保守派分庭抗礼？如何解释当今世界美国以外的主要发达国家，如英国、加拿大、澳大利亚等国的犹太人基本持中立或偏保守立场？如何解释美国最虔诚的正统派犹太人大多支持共和党？斯蒂文·科恩1983年的研究发现：最虔诚的、对犹太教义最熟悉的犹太教徒反而在政治上最保守。1999年，他的《犹太自由主义再思考》一文，在分析1973—1994年全国舆论研究中心数据的基础上，进一步论证了“犹太信仰论”对犹太自由主义的产生不占决定性影响。[②] 此后，“社会历史文化决定论”地位上升，即认为：犹太人倾向自由和自身不断受迫害的历史经历有关。在长期的流散生活中，犹太人一直处于社会边缘，其祖辈在欧洲曾希望借助启蒙运动，追求公正、反抗压迫，虽未成功，却以自身的行动影响着后代的思想和行为。历史上一轮又一轮上演的反犹主义造成犹太人社会安全感缺乏[③]，到美国后，纵然社会经济地位得到很大改善，不少犹太人仍无法确信安全。他们对左派和自由主义产生了天然的亲近感，认为左派同情少数族群和弱者，自由主义则在政治上有益于自己。

即便以上诸点都成立，也不足以解释美国犹太人为什么比世界其他地区的犹太人更坚定地站在自由主义一边。由此，可以推断，美国本土因素不可忽视。事实上，犹太自由主义也是犹太人拥抱美国主义的产物。

美国主义是美国特殊的精神气质与文化沉淀物。美国是典型的移民国家，200多年前，来自不同国家，具有不同种族、民族背景的人，带着不同文化和宗教信仰来到美洲大陆，为实现没有宗教迫害的新生活奋斗。“美国例外论”让人们笃信自由、平等和个人奋斗。而这种强调自我奋斗和自我价值的个人主义精神发展成为美利坚民族的灵魂，这对旧大陆受迫

---

① Lawrence H. Fuchs, the Political Behavior of American Jews (Glencoe, Illinois: The Free Press, 1956), pp. 171 - 191.

② Steven M. Cohen, American Modernity and Jewish Identity (New York: Tavistock Publications, 1983), pp. 143 - 153; Charles S. Liebman and Steven M. Cohen, “Jewish Liberalism Revisited,” in Jews in America, pp. 197 - 200.

③ Chaim I. Waxman, American Jews in Transition (Philadelphia: Temple University Press, 1983), pp. 98 - 102.

害的犹太人来说简直是福音。犹太人希望将美国的这种例外精神保护好，并推广到社会生活各个方面。初到新大陆时，犹太人急切拥抱美国主义，和新教徒做好“邻居”。当“拥抱”遭遇美国新教徒主体的挑战或阻隔时，犹太人不得不担心反犹太主义在新大陆生根的可能，他们的斗志被激发出来。早在反殖民时期，犹太人就为犹太人的自由能否在大陆会议制宪文件上得到保证而奔走。当时费城犹太商人经济、文化地位有了很大保障，唯独参政抱负受限于该州只有基督徒才能出任政府公职的规定而难以实现。因担心这种限制性语言会出现新国家宪法里，费城商人代表13个殖民地犹太人请愿，请求在宪法中不要出现类似限制排他性语言，理由是犹太人和基督徒“邻居”一样为新大陆的自由浴血奋战过。1789年宪法第一修正案，禁止制定任何法律以确立国教、阻碍信仰自由的规定，受到犹太人广泛而热烈的欢迎。纽约的一个犹太会堂在当年的布道仪式上欢呼：我们……使宪法让我们享受了同等的政府权利。宪法在宗教上的规定是犹太人成为真正自由公民的基础。① 这是犹太人在任何其他国家所没有享受到的，以前犹太人只是所在国的住户，难以称得上“公民”，他们的权利只能依赖统治者的怜悯。这也就难怪美国犹太人坚定维护宪制，有时甚至达到顽固的程度。当美国社会整体右转时，犹太人会选择稍稍向左。作为一个重要的调节者，犹太人觉得自己有义务提醒美国回到自由主义的轨道上。在新大陆反压迫、反歧视，捍卫美国宪法，追求民主人权，所有这些行动实质已成为美国犹太人自保的选择。

由此可见，美国犹太人的自由主义倾向是犹太人群体的精神气质与美国主义相结合的产物，是属于犹太人的美国主义。

第二节　犹太自由主义VS犹太复国主义：改造与挑战

诚然犹太自由主义在美国生根发芽，是历史必然规律和偶然因素结合

① Kenneth D. Wald, the puzzling politics of American Jewry, Quality Data on Religion, p. 13. 引自：the ARDA Association of Religion Data Archives，参见：http：//www.thearda.com/rrh/papers/guidingpapers/Wald.pdf。(上网时间2013年6月2日)

的产物，但是犹太自由主义在美国的发展并非一帆风顺，对其质疑和挑战此起彼伏。特别是政治犹太复国主义思想产生之后。犹太自由主义和犹太复国主义孰轻孰重，两者如何协调关系，一直是犹太社团内部争论不休、外部质疑之声不绝的问题。从20世纪初期到二战结束，争论焦点为犹太复国主义和拥抱美国主义的犹太自由主义是否相悖？以自由主义改造犹太复主义是这一阶段的主要任务。而二战后期到冷战结束前后，总体来说犹太自由主义与犹太复国主义结合较好，纳粹大屠杀的影响和冷战特殊战略需求是主要动因。可那段时期在历史上又被部分学者们批判为：民族主义战胜自由主义，美国犹太社团丢掉了真民主，无论思想还是行为均受困于“以色列主义”。特别是从20世纪70—80年代到21世纪初，犹太自由主义和犹太复国主义的矛盾再度因以色列变得尖锐起来。以色列扩建定居点，巴勒斯坦人失去家园，阿以冲突遥遥无期等现实状况让犹太复国主义背负着“种族主义，占领主义”骂名，美国主流犹太社团因对此干预软弱乏力而被指责为自由主义精神名存实亡。美国犹太社团如何在继续秉持自由主义精神气质的基础上，支持犹太复国主义事业，令犹太社团内部感到焦虑。中东和平进程提上议事日程以后，犹太社团的焦虑逐渐转化为犹太组织派别的分立。20世纪90年代后，备受冷战压制的犹太自由主义得以缓慢释放，美国犹太社团对犹太自由主义和犹太复国主义关系的讨论因阿以争端、美以关系等问题而日益公开化。自由犹太复国主义成为部分犹太人的新诉求。

一、二战前犹太自由主义对犹太复国主义的排斥与接纳

犹太复国主义①，作为一种政治运动开启于19世纪末期，作为一种政治思想，早在18世纪犹太启蒙主义运动失败后，就已在如何解决犹太人悲惨命运的争论中渐渐诞生。犹太启蒙主义的失败标志着欧洲犹太人通过寻求融合，呼唤居住国平等对待从而获得解放的设想的落空。此后，犹太人

---

① “犹太复国主义”作为一种宗教思想已有数千年历史，本文所述的犹太复国主义是指政治犹太复国主义运动。

一部分移民美洲“新大陆”寻求新生活，另一部分则继续寻求新的解决之道，犹太人复国主义由此应运而生。按照其早期创立者的设想：犹太复国主义致力于对抗世界范围的对犹太人的歧视与压迫，解决“犹太人问题”，把犹太人从“隔都”或边缘化领域解放出来，在上帝赐予犹太人的应许之地——“迦南地”[①] 建立犹太人自己的国家，让全世界犹太人得到尊重，犹太文明得以复兴与传承。犹太复国主义打着“反歧视、争平等”的旗号，实质是19世纪受东欧民族主义进步运动影响的民族解放运动。在早期犹太复国主义者的设想里，犹太人和巴勒斯坦地区阿拉伯人可以和平相处，犹太人是开拓者（colonizers），而不是殖民者（colonialists）[②]，他们从阿拉伯人手里购买荒地，开荒拓土，建设社区。他们认为自己在那儿是因为历史上他们有此权利，他们来到那里不是为了让别人受压迫和苦难。设想和现实毕竟有较大差距，当犹太民族基金会出资在巴勒斯坦购置大量土地作为犹太共同体共有财产时，原来土地上的阿拉伯人的部分权利就被剥夺了，阿犹矛盾伴随犹太复国主义思想的实施而产生，并一直持续到今天。

作为一种政治思潮并伴有行动主义的努力，犹太复国主义诞生不久就传到了美国，相关组织逐步建立，但是美国犹太人对犹太复国主义持有非常复杂，甚至是完全否定的态度。一些正统派和极端正统派犹太人，从理念上不能接受犹太复国主义，在他们看来，世俗民族主义运动无法解放犹太人，只有弥赛亚降临，才是犹太人真正得救之时，在巴勒斯坦建犹太之家并不是犹太人的弥赛亚。除正统派外，犹太人中的社会主义者，因笃信社会主义、普世主义而比较蔑视民族主义运动，对犹太复国主义同样没有热情。

犹太复国主义兴起之际，正是东欧、俄国犹太人大规模移民美国之时。新移民的首要任务是生存，在“自由之邦”实现安居乐业，并被当地社会接纳，他们对政治犹太复国主义关注不多。同时，他们还担心过多强调犹太复国主义会引发国家忠诚问题，甚至是反犹主义，从而毁坏自己正

---

① 今巴勒斯坦地区、黎巴嫩和叙利亚南部。

② Colin Shindler，“Liberals and Zionism”，http：//ldfi. files. wordpress. com/2010/08/liberals-and-zionism－090905. pdf.（上网时间2012年4月22日）

在努力构建的与当地社群之间的联系。

早期移民美国的以西欧特别是德国人为主的犹太人，正在美国继续其先辈在德国未竟的事业，对犹太教进行改革，他们组建了美国犹太人中占主要地位的派别——改革派，并把自己看成是真正犹太教的阐释者。他们认为改革派改革的哲学基础是启蒙，美国主义信条也根植于启蒙，这样改革派自然地将美国主义自由原则融合进了犹太教的神学解释。“美国改革派拉比中央会议”（CCAR）主席所罗门·弗里霍夫（Solomon Freehof）曾对当时的现象有所描述，他说：“犹太教和美国主义结合得那么紧密，以至于那怕提及任何一点点其他民族忠诚的学说都会立马激起反对……他（改革派犹太人）不喜欢‘民族’这个词和‘犹太’相连，因为这会让他感到被要求在对自己内心充满荣耀的美国忠诚之外还要更忠于某些民族。”① 可见犹太复国主义这样的舶来品最初是不被信任的，因为它既不符合美国主义，也不符合爱国主义，还会导致犹太人陷入双重忠诚的指责。以以萨克·梅耶尔·怀斯（Isaac Mayer Wise）拉比为领导的改革派在1885年通过《匹兹堡纲领》宣布犹太教与美国现代主义融合，实际上与早期犹太复国主义同时划清了界限：“我们自认为我们不再是民族，而是个宗教社群，我们不再期望回归巴勒斯坦……也不再恢复任何与犹太国相关的任何立法。”② 由于这部分犹太人会说英语，他们对犹太复国主义的解释，易于被美国人接受。因此，在《贝尔福宣言》宣布之前，犹太复国主义对美国犹太人几无吸引力。

犹太复国主义者并没有因此放弃美国市场，他们建立“美国犹太复国主义组织”的前身——“美国犹太复国主义者联盟”（FAZ），拓展犹太复国主义，并向改革派中亲犹太复国主义的一些精英妥协，让改革派中的理查德·戈泽尔（Richard Gottheil）、斯蒂芬·怀斯（Stephen Wise）、路易斯·戴姆比茨·布兰代斯（Louis Dembitz Brandeis）等当领导。这促使美

① Solomon B. Freehof, “Reform Judaism and Zionism,” Menorah Journal, No. 32 (April-June 1944), pp. 37 – 38.

② The Pittsburgh Platform (1885)，引自 Jewish Virtual Library，http://www.jewishvirtuallibrary.org/jsource/Judaism/pittsburgh_program.html。(上网时间 2013 年 4 月 21 日)

国改革派的分裂，一些既赞成对犹太教改革，又主张要保留其特色、支持犹太复国主义的人，成了美国现在人数较多的保守派。同时犹太复国主义者也在思考如何实现和美国的融合问题，这是他们获取美国支持的重要方法。正像赫茨尔的犹太复国主义重点在解决欧洲犹太人的问题一样，犹太复国主义只有实现美国化才能在美国有出路。它应解决四方面需要，即：第一，美国人的需要；第二，美国政府的需要；第三，美国公众舆论的需要；第四，美国犹太人自己文化适应和被接纳的需要。顺应这四方面需要，美国犹太人只能从犹太教与美国主义的共性中寻找契合点，他们找到了自由主义。

支持犹太复国主义的美国犹太精英开始用美国自由主义的方式解读犹太复国主义。在此过程中，“熔炉论”和“多元文化论”① 较有代表性。这场争议表面是文化争议，实质是犹太人在努力解释自己在美国的处境问题，也是为了回应如何面对犹太复国主义。熔炉论的代表人物是犹太复国主义者、英国犹太人伊斯雷尔·赞格威尔（Israel Zangwill），他是位剧作家，1908 年创作戏剧《熔炉》，将美国定位为熔化各种旧大陆宗教冲突的熔炉，得到时任总统西尔多·罗斯福的赞誉，“熔炉论”在美国流行。但熔炉更多是熔其他文化于英美文化，这对少数族群来说，明显不公，尤其对在是否支持犹太复国主义问题上犹豫、争执的犹太人很不公平。社会学家犹太人霍勒斯·卡伦（Horace Kallen）对此的回应是：美国根本不是什么“熔炉”，美国应是多元文化的“乐队”。卡伦是 19 世纪末期东欧犹太人后裔，在美国长大并接受大学教育，他拥抱美国主义，又支持犹太复国主义理念，但是欧洲犹太复国主义主要支持犹太人回归巴勒斯坦的内向性，让很多人怀疑其对美国的忠诚。融合犹太自由主义和犹太复国主义成为美国人必须解决的问题，否则犹太人就有可能遭遇到旧大陆一样的反犹主义命运。卡伦驳斥了当时流行的“熔炉论”，他认为“熔炉论”本质是反民主的，它与美国主义原则背道而驰，很多族群会因此而必须放弃自己固有的文化或丧失自己独特的价值观。他认为，美国各民族文化本身各具

① 此处“多元文化论”，对应的英文词“Cultural Pluralism”而不是“Multiculturalism”，前者出现于 20 世纪初的美国，与种族无关，与移民的内外融合相关。而后者是 20 世纪 50—60 年代民权运动的重要表现形式，重在对不同种族的尊重及其权力的保障，该词条出现于 20 世纪 80 年代。

价值，它们一起在美国这个交响乐团中奏出“文明的交响曲”[①]。在卡伦看来，移民确实可以改变从服装、政治观点、宗教到经济状况等很多东西，但是无法改变的是他们的祖父。[②] 文化多元化保留了个体的“祖传”自我，美国文明是“一致性中的多样性，是人类协调的组合”。基于此，卡伦实际上将犹太复国主义和美国主义巧妙地融合在一起。[③] 在这场论战中，卡伦还强调了犹太复国主义与自由主义间的关联，他说民族主义不是自由主义的威胁，而是自由主义的根基，犹太复国主义实际上就是将个人的自由主义追求泛化到团体层面，[④] 多元主义更有利于个人自由权利的实现。

20 世纪上半叶，不少美国犹太名人用参与公共活动的方式向美国体现犹太复国主义和美国主义的一致性。1905 年，著名犹太女诗人埃玛·拉扎勒斯[⑤]的妹妹约瑟芬认为“犹太复国主义和美国主义一样，是从旧世界的歧视和奴役下的一种精神解放”。任职美国联邦法院大法官的首位犹太人——布兰代斯是20 世纪初期美国最重要的犹太复国主义者，他支持犹太复国主义的美国化。在他眼里，犹太复国主义是应对欧洲和俄国反犹主义的策略。锡安是美国梦的延伸，是为犹太人建设庇护所，因此，追求犹太复国主义，就是建设更好的美国。他积极身体力行地为美国的公正而奔走，他的社会影响，让许多人对犹太复国主义的理解有了极大的转变，20 世纪 20 年代前后，犹太复国主义者人数上升很快。之后的斯蒂芬·怀斯拉比、西尔弗拉比（Abba Hillel Silver），均将主要精力投入到妇女权益保障，争取劳工就业机会平等、实施最低工资制等民权活动中，用实际行动向美国人证明：支持犹太复国主义与对美国自由主义的忠诚并无冲突。

《贝尔福宣言》宣布之后，犹太复国主义在美国的被动地位得到一定的缓解，改革派中的犹太复国主义者将犹太复国主义美国化的努力取得了

---

① Horace M. Kallen, “Democracy Versus the Melting-Pot: A Study of American Nationality,” The Nation (Feb. 1915), p. 220.

② 卡伦的判断在 Cohen 的调查中得到证实，见 Steven M. Cohen, the Dimensions of American Jewish liberalism, p. 26。

③ Noam Pianko, “The True Liberalism of Zionism,” American Jewish History, vol. 94, No. 4 (2008), p. 307.

④ Horace M. Kallen, “Zionism: Democracy or Prussianism?” The New Republic, Vol. 18, (Apr. 5, 1919), pp. 311 – 313.

⑤ 即：Emma Lazarus，美国 19 世纪著名女诗人，其诗文被镌刻在自由女神像基座上。

一定的进展。东欧犹太人不满西欧犹太人长期霸占犹太权势集团，长期自我任命的情绪，也在追求民主社区的旗帜下，取得了成果。犹太复国主义者开始巧妙地运用自由主义加强吸引力。虽然有些改革派拉比仍坚决反对犹太复国主义，声称要建立“百分百美国人的改革派犹太会堂”，但是他们中的很多人在此过程中完成了对自我身份的构建，即自由犹太复国主义者，自己首先是一个自由的美国人，然后才是一个犹太复国主义者。正如西尔弗拉比所言：建一个犹太国家的努力是犹太复国主义与自由主义，犹太教精髓和美国主义相结合的必然趋势。美国犹太复国主义（American Zionism）由此萌生。

美国犹太复国主义，实际上是犹太自由主义和美国主义改造转化赫茨尔民族主义式的政治犹太复国主义的成果，其实质是“精神、文化式”的犹太复国主义。即他们虽然支持在巴勒斯坦建立一个犹太人的民族之家，但是在美国犹太复国主义者眼里，犹太教之国比犹太民族国家更为重要，其真正目标是建立生机勃勃的犹太教中心，让犹太教得以焕发更大的生机。美国犹太人有义务为这个中心建立提供支持，但并不一定要亲自到那边参与建设。与赫茨尔式的犹太复国主义不同的是，美国犹太复国主义并不强调美国犹太人必须得“回归”，也不谴责美国犹太人信奉美国例外论。从这个意义上说，经过自由主义改造的美国犹太复国主义化解了犹太人内部因赫茨尔式复国主义而面临的挑战和危机，是美国犹太人的一次解放。

对犹太复国主义自由浪漫主义式的理解，促使美国犹太人在20世纪20—30年代对巴勒斯坦犹太复国主义者的热情支持。巴勒斯坦犹太复国主义者则顺应这种自由主义情绪，不再在美国突出犹太国的概念，而是要建立犹太人的精神家园，这样的犹太复国主义被认为既是支持犹太民族解放的自由主义事业，又有益于犹太人自己的事业。①

改革派真正完成自由主义对犹太复国主义的妥协是在二战前后，基于纳粹迫害和犹太人的孤立无援，赫茨尔理念渐渐在美国人心中取得地位。具体体现在1937年的《哥伦布纲领》，该文件确认支持在巴勒斯坦建立犹

① Naomi Wiener Cohen, The Americanization of Zionism 1897 - 1948, (Waltham, MA: Brandeis University Press, 2003), p. 5.

太之家和犹太人的精神家园。1942 年，美国主要犹太复国主义组织开会，通过决议支持在巴勒斯坦建立民主的犹太共同体，15 个月以后，共同体决议被犹太复国主义者控制的“美国犹太人会议”（代表 200 万美国犹太人的民选机构）通过。1897 年，赫茨尔宣布犹太复国主义以来，美国犹太人第一次取得了一致。曾经非常反对犹太复国主义的“美国犹太人委员会”主席普罗斯考尔（Joseph M. Proskaucer）改变了立场，他这样解释自己的转变：“现在最为重要的是，让那些受迫害的人移民巴勒斯坦……我不关心我如何达到这个目的。”[①] 实际上，号称自由派的“犹太人委员会”对犹太复国主义仍有保留，这样的态度，迫使以色列总理在 1950 年和该组织时任主席签订备忘录（该备忘录 1952 年被公布在《美国犹太人年鉴》上），规定：（1）美国犹太人，无论作为社区整体还是个体，只有一个政治依附，那就是美国；（2）以色列政府和人民尊重民主国家犹太人生活的完整，以及犹太社区根据其需要和体制发展他们固有的社会、经济和文化追求的权利；（3）以色列接受美国犹太人不是“流散”犹太人的事实，美国是他们的家。[②]

自由犹太复国主义成了纳粹迫害紧急情势下美国犹太人的选择，成了美国自由派犹太人对自己的新定位，这种定位在二战期间，不会有太大问题，一旦特殊时期过去，质疑就会重新出现。目录最核心的问题就是自由民族主义是否可能？在很多自由主义大师眼里，民族主义很难登上自由主义大堂，像卡尔·波普尔那样的犹太哲学大家都对民族主义表现出蔑视的情绪。在美国，罗尔斯的正义论对于美国自由主义的推动是显而易见的，但是他也对民族主义表现出很少关注的态度。

20 世纪西方最重要的自由主义者、英国哲学家以赛亚·伯林（Saiah Berlin）是研究这一难题的比较有名的学者。柏林是俄国出生的犹太人，也是一位犹太复国主义者，在英国时，他的主要研究点是自由主义。20 世纪初犹太复国主义的兴起，外界对他身份和思想矛盾性的质疑，让他的研

① J. Proskauer to B. Crum, 14 Oct. 1946, AJC archives- Proskauer. 转引自 Naomi Wiener Cohen, The Americanization of Zionism, 1897 – 1948, (Hanover, NH: Brandeis University Press, 2003) p. 14。

② Irving M. Engel, “Report of the Executive Committee: Highlights of 1950,” American Jewish Year Book, No. 53 (1952), p. 552.

究既是为学术，也是为回应自身的问题。[①] 伯林最初是个受古典自由主义影响的年轻人，认为自由就是与生俱来的、人类的无差别的个人理性和权利。他是注重个人主义的自由主义者，对某些社群主义很排斥。后来随着他对自由主义认识的逐渐深入，思想逐渐转变，开始强调“价值多元论”，他是他的两种自由概念中的消极自由的拥护者，他承认并且尊重个人、民族、社群、传统和语言的归属感，他把“族群归属”与个人自由视为同等重要的人类终极价值。[②] 他把自己的自由主义思想和民族主义思想统一起来，成为一个公开的犹太复国主义者。但是20世纪40年代，当犹太复国主义因纳粹屠杀赢得普遍支持时，他的自由犹太复国主义和本·古里安以暴力手段争取犹太民族权利的努力产生了分歧，他认为那样的犹太复国主义是“狭隘民族主义”和“民族沙文主义”。这体现在了柏林对魏茨曼1946年世界犹太复国主义者大会第22次大会发言稿的影响上。在这次会上，魏茨曼明确指出犹太复国主义与种族主义不相容。柏林认为民族主义有进攻型，也有温和型民族主义：进攻型民族主义，主要表现为种族主义、大国或民族沙文主义、极端民族主义、各种宗教原教旨主义、排外主义、文化帝国主义等；温和型民族主义是一种要求民族自决的内在诉求，是和柏林的自由主义，即“消极自由”——个体能够不受压迫地选择相互关联的。当本·古里安和西尔弗拉比联手采用激进手段推动犹太国建立时，柏林和魏茨曼的温和民族主义处于下风。但这并不意味着柏林的立场存在根本性问题。

犹太建国之前的20世纪40年代初，柏林正好在美国做外交官，他看到在复国问题上犹太公众和犹太复国主义者之间的分裂，他担心犹太复国主义狂热派仅为自己的狭隘事业而盲动。以色列右翼贝京政府执政后，伯林对以色列政治很失望。他尊重巴勒斯坦人的民族解放权利，反对以色列政府的一系列扩张行动，谴责以政府对巴人人权的侵犯，主张土地换和平解决巴以冲突。另外，他还是以色列和平主义组织“现在就要和平”

---

① Arie Dubnov，“Between liberalism and Jewish nationalism：young Isaiah Berlin on the road towards Diaspora，” Zionism Modern Intellectual History，Vol. 4，No. 2（2007），pp. 303 – 326.

② ［英］以赛亚·柏林：《两种自由概念》，载以赛亚·柏林著，胡传胜译：《自由论》，南京译林出版社，2003年版，第170—189页。

(Peace Now) 的成员。战后，美国有不少人持自由犹太复国主义立场，但这种自由犹太复国主义受外围环境的影响，出现或左或右的转向。

二、二战至冷战结束犹太自由主义与犹太复国主义的协调与冲突

如果说在战前，美国犹太人及主要犹太组织受限于自由主义价值观，对犹太复国主义态度踌躇而矛盾的话，那么从以色列建国到冷战结束，美国犹太社团对犹太复国主义持积极、坦然、自豪甚至是情不自禁的态度。在此过程中，虽然经历过犹太国建立初期，关于美国犹太人是保持独立性还是移民以色列的争议，[①] 但总体来说，犹太自由主义和犹太复国主义是协调一致的。以色列一度在"六·五战争"后成为美国犹太复国主义的中心，"以色列主义"成为美国主义和美国犹太复国主义结合后的产物。以下几方面因素对这一转变发挥了较大影响。

第一，同情受压迫的弱者是美国自由主义的天性。二战期间犹太人的悲惨遭遇得到了美国犹太人与非犹太人普遍的同情。血的事实告诫犹太人：赫茨尔思想中的犹太国对全球犹太人的存继意义重大，美国犹太人不可能也不应该独善其身，绝对美国主义是一种不负责任的态度，那段惨痛历史还让犹太人感受到自身团结的重要意义。弥合分歧，支持以色列成为犹太社团的核心追求。为此，美国犹太组织开始走上有组织政治参与和动员的道路。分别负责和白宫以及国会打交道的主要犹太组织主席会议和美以公共事务委员会诞生，犹太三大防务组织在抵制反犹主义和保护犹太利益方面协调工作。

第二，新生以色列被阿拉伯国家包围的状况，多次的中东战争，加强了美国犹太人对以色列的义务感。这种义务感既出自身为犹太人的角色使命，又出自美国犹太自由主义同情弱者期望和平的思想意识，它是犹太复国主义和自由主义协调一致的产物。以色列建国后，美国犹太人对于以色

① Ofer Shiff, "The influence of Abba Hillel Silver's Diaspora Zionism on His Decision not to Immigrate to Israel," the Journal of Israeli History, vol. 31, no. 2 (Sep. 2012), pp. 217-233.

列的支持，与战前已不可同日而语。首先，以色列是犹太人逃离战火、冲破层层障碍后建立的国家，国家领导由选举产生，被界定和宣传为中东唯一的民主国家。它和美国犹太人的自由主义价值取向完全一致，美国犹太人乐见以色列的诞生，对此充满热情。其次，美国犹太人对受迫害的犹太人有愧疚需要补偿，战后补偿的对象就是新生的以色列。在许多美国犹太人看来，战前的犹太复国主义已逐渐向“以色列主义”演化。

第三，就大时代背景来说，随着美苏“冷战”的加剧，以色列渐渐被纳入到对抗苏联的大战略框架之中，犹太复国主义因此面临的本土压力较小，其与犹太自由主义的冲突相对和缓。1967 年爆发的“六·五战争”，则更加强化了美国自由主义和犹太复国主义的一致性。在这场战争中，以色列突破阿拉伯国家的围堵，取得了压倒性的胜利，这让出生在美国、从未到过以色列的很多美国犹太人倍感荣耀。冷战背景下，这很容易被解读为自由对专制的一次激动人心的胜利。如果说，之前一部分美国人还觉得以色列很遥远，犹太复国主义的宣传难以引发内心深刻的共鸣，那么这场战争改变了这一切，以色列在美国犹太社团的结构和文化中的地位由边缘向中心转变。①

支持以色列成为犹太人压倒一切的任务。1971 年出版的《犹太文物百科》中记录了以色列在当时美国犹太社区的受欢迎程度：“以色列现在在会堂活动、布道和各种宗教庆祝活动中占据重要地位……以色列国旗经常在会堂和社区中心展现。在很多会堂，对以色列的祝福仅次于美国之后。希伯来语和以色列民间舞蹈成为美国犹太流行文化。”② 美国本土的犹太复国主义类、亲以色列类组织大量涌现，代替了世界锡安主义组织。据《犹太人年鉴》所列，当时标明致力于“锡安”和“亲以”的组织就有 80 多个，还有其他很多支持以色列的活动、项目。有 50 多个大型组织与“美国犹太组织主席会议”相关，后者最重要的工作就是支持犹太复国主义和

---

① Chaim I. Waxman, “Center and Periphery: Israel in American Jewish Life,” in Roberta Rosenberg Farber and Chaim I. Waxman, eds., Jews in America: A Contemporary Rader (Hanover, NH: Brandeis University Press, 1999) p. 11. 关于“六·五战争”对美国犹太人与以色列关系的影响，详见：Arthur Hertzberg, “Israel and American Jewry,” Commentary, Vol. 44, No. 2 (August 1967), pp. 69 – 73。

② Center and Periphery: Israel in American Jewish Life, p. 214.

亲以色列活动。以色列成为美国犹太慈善活动的中心。最大的全国性募资机构——“犹太联合募捐协会”（United Jewish Appeal）几乎支持以色列政府的每一个决定，犹太组织的领导权集中于犹太领袖之手，他们对以色列热情很高。据斯蒂文·科恩 1989 年的调查，当时 99% 的犹太领袖去过以色列至少一次，84% 去过 3 次以上，78% 自认是犹太复国主义者，和以色列关系亲密和比较亲密的达 97%，他们对犹太复国主义的理解不仅是美国式的也是以色列式的，爱国和爱以色列从未有过地协调起来。[①]

“六·五战争”让美国坚定了支持以色列的战略，以色列成为美国重要的冷战助手，美国犹太人更是极为认同以色列的这一新角色，将它看成是对抗共产主义专制的重要力量。美国犹太复国主义者在为以色列进行有利游说时，通常会亮出以色列在美苏对抗中的重要作用。“六·五战争”后，以色列从美国获得的援助大为增加，根据“美国国会研究服务中心”（Congressional Research Service Center）关于美国对以援助的最新报告，1948—1965 年，美对以援助从未超过 1 亿美元，但从 1968 年开始，除 1970 年是 0.93 亿，其他年份均过亿，且绝大多数为 20 亿至 30 多亿。[②] 以色列成为接受美援最多的国家，它在美国帮助下渐渐成为中东强国。

这一阶段，最大的特色是：美国犹太社团和美国普通犹太大众、美国犹太社团与以色列分歧很少，犹太社团的“集体动员”模式[③]畅通无阻。20 世纪 60—80 年代初，美国犹太人的中坚力量——中青年犹太人，很少到过以色列，对以的理解主要源于犹太组织和机构的宣传。当时以色列被描绘成：在英勇领袖领导下的进步的、民主的、宽容的、世俗的，追求和平的国家[④]，即便有些人去以色列，基本也都是参与特定教派的宗教活动、或参加半官方组织安排好的团队，他们对以色列基本没有自己的立场。受

---

① Center and Periphery: Israel in American Jewish Life, p. 213.

② Jeremy M. Sharp, “U. S. Foreign Aid to Israel,” Congressional Research Service Report, April 11, 2013, pp. 27 – 28.

③ 犹太组织能充分动员犹太大众，犹太大众对犹太组织的领导认同度高。Theodore Sasson, “Mass Mobilization to Direct Engagement: American Jews’ Changing Relationship to Israel,” Israel Studies, Vol. 15, No. 2 (Summer 2010), pp. 173 – 177。

④ Yossi Shain, Kinship and Diasporas in International Affairs (Ann Arbor, MI: University of Michigan Press, 2007) pp. 56 – 57.

犹太组织的思想主导，他们大多对“理想化”的以色列持无条件支持态度。这种建立在不完全了解基础上的以色列，一定程度代表了美国犹太人的自由主义追求。犹太组织对犹太社区具有至上而下的领导，美国普通大众在犹太组织的动员下，支持主要犹太组织在白宫和华盛顿进行代表以色列的游说，这类游说不仅是犹太复国主义的一部分，更是美国犹太人自由主义情节的表达，它象征着对美以共同价值观的支持和对美国反共事业的支援。需要指出的是，这一时期，犹太基层组织募集的资金，很大一部分被用于以色列，而用在国内用于支持犹太自由主义事业的资金被大大削弱，犹太人与传统自由主义事业的盟友——黑人群体的关系也渐渐疏远。

犹太社团的集中领导和高度团结，同时招致批评之声，有些自由派人士认为这一时期美国犹太社团是最不民主的：犹太领袖高度代表美国犹太大众，将对以批评视为禁忌，这本身就是反常理的；犹太复国主义转变成“以色列主义”，实际上是让美国犹太人在支持犹太复国主义的道德旗帜下，唯以色列马首是瞻。[①] 彼得·本尼特则认为犹太组织背离了半世纪的自由“世界主义”，将犹太复国主义变成内向的“部落主义”。他以 AJC 为例，1967 年前该组织世界主义取向很明显，甚至一度考虑去掉组织名称中的“犹太”一词，称自己为“人类关系研究所”。但是在 1967 年之后，该组织将其所有人员都派到以色列接受一个月的犹太复国主义教育。[②]

犹太社团内部的不满情绪在 20 世纪 70—80 年代已开始零星展露。从 20 世纪 70 年代中期以来，就有一些自由派犹太人组建了数个代表自由派犹太人立场的组织，比如“布雷拉”（Breira）、“以色列政策论坛”、“美国现在就和平组织”、“犹太和平之声”（Jewish Voice for Peace，简称 JVP）、“犹太正义与和平同盟”（Brit Tzedek V'Shalom）等等，他们提醒美国犹太社团不要忘却民主决策，要支持以色列，更要尊重不同民族的生存权，他们建议以色列和巴解组织谈判，寻求“两国方案”的可能性。这些组织在运转过程中要么受主流组织的排挤，要么因缺乏资金而难以让世界

---

① Michael E. Staub, Torn at the Roots: the Crisis of Jewish Liberalism in Post War America (New York, NY: Columbia University Press, 2002), pp. 145 – 146.

② Peter Beinart, The Crisis of Zionism, (New York, NY: Henry Holt and Company, LLC), p. 40.

听到他们的声音，终难敌得过“以色列中心”的犹太复国主义，其中当时影响最大的“布雷拉”在1977年被迫关闭。

20世纪80年代以色列利库德集团崛起，在西岸和加沙地带采取强硬立场，巴勒斯坦难民问题引起了部分犹太人的注意；1982年黎巴嫩战争，以色列的入侵行径和以色列对萨拉布·夏蒂拉大屠杀负有责任的传闻，让部分自由主义美国犹太人不安。之后几年，美国开始出现抗议以入侵的活动。主要犹太组织能够觉察到内部的不同之声，但仍希望低调处理，内部矛盾内部处理，对外仍要一致支持犹太复国主义事业。部分犹太人对犹太组织拥抱以色列右派的做法很不满，却因此被批为反犹主义者或叛徒。犹太自由主义力量受压制。

犹太组织的僵化立场，不仅造成他们与犹太大众之间的距离（后者无论在支持以色列还是在支持美国国内其他自由事业方面，始终保持开放的自由主义态度），还造成美国犹太社团中的右派保守势力与之公然决裂，他们在20世纪80末到90年代初，坚决站在以色列保守势力一边。比如美国犹太复国主义组织就曾经成功游说政府对巴援助附加条件。这些保守力量的上升使得犹太自由主义进一步受压，直接的影响是犹太社团对阿以问题持固守或强硬立场。或许这可以部分解释为何1980年到1990年这10年阿以争端停滞不前，甚至不段恶化的原因。

三、冷战后犹太自由主义的复苏和对犹太复国主义的纠偏

冷战之后，美以关系中的苏联因素消失，与冷战时期以色列以及美国主要犹太组织要求将美国犹太复国主义放在“以色列主义”下检视相比，用美式自由主义检视美国犹太复国主义的呼声加强，以色列被摆到一个更为中东的战略位置上。犹太自由主义被冷战挤压的空间得以再次缓慢释放，美国犹太复国主义重心由“以色列”再次被引导到一个更加“美国”的坐标上考量。冷战后美以信息和人员交流的增多，使得美国犹太大众开始用自己的眼睛观察并思考美国犹太社团与以色列的关系。因犹太自由主义价值观的影响，这些思考呈现出个性化和多元化的色彩，他们与主要犹太组织的分歧比以前扩大，他们对核心犹太组织的依赖日渐减少。美国主

要犹太组织在这一时期不可避免地面临新兴犹太力量对其垄断地位的挑战和批判。

20 世纪 90 年代以来，伴随交通运输、通信互联网的普及，美国犹太人与以色列间的人员交流往来比以前大为增加。首先是信息上，互联网时代，相较以前的单一纸媒，电子时代的信息速度和容量均以几何级数增长。美国犹太社团了解以色列和中东变得简单快捷。其次是到以色列旅游和访问的人越来越多，与过去主要教派组织的时长六周的“以色列体验”相比，20 世纪 90 年代开始的“访以出生权利计划”，让数十万美国年轻人对以色列有了直观了解。很多美国犹太人对以色列的理解不再浮于表面，也不再像以前一样停留于犹太组织的宣传资料中，而是在乎自己的判断。2010 年 8 月，美国布兰代斯大学科恩中心现代犹太研究所，以 2010 年 5 月以色列袭击开往加沙的人道主义救援船事件做调查，分别给了被调查者以色列的声明和土耳其的声明，结果年轻犹太人并非轻易为以色列观点所左右，其中有些还感觉美国政府太支持以色列了，他们对以色列的态度较年长一些的犹太人要温和很多。①

越来越多的美国犹太人开始以一种“现实的”眼光审视以色列，即不带冷战思维情绪的、尊重客观现实的态度。以色列在他们眼里仍然成就斐然，魅力四射，却伴随不少的社会问题，这让他们中一部分人产生了协助改造的使命感和欲望，同时也让一小部分人因为现实不够理想而出现了疏离情绪。

首先是以色列在定居点问题上的立场。以色列通过历次中东战争，坚决推进犹太定居点、对巴勒斯坦阿拉伯人生存权不够重视。20 世纪 80 年代以来，以色列入侵黎巴嫩、巴勒斯坦两次大规模因提法达运动、第二次黎巴嫩战争、加沙战争，以及以色列对西岸和加沙的举措，特别是对加沙进出口货物的限制，令当地老百姓生活雪上加霜。一系列的历史事件让不少 70 年代出生的美国犹太人感动震惊，他们认为这些战争很难说得上正义，本质上则违反社会公正的犹太价值观，与“修补世界，帮助弱者”的

---

① Theodore Sasson, Benjamin Phillips, Charles Kadushin, Leonard Saxe, Still Connected: American Jewish Attitudes about Israel (Aug. 2010), Maurice and Marilyn Cohen Center for Modern Jewish Studies, Brandeis University, pp. 14 – 15.

犹太理念相背离。“美国犹太年轻人能够理解以色列出于安全考虑而采取抵御恐怖主义威胁的必要措施，但是希望以色列能更多表现出对被占领土上贫苦的巴人的同情。”① 一些无法将自己自由主义思想和以色列的实际作为协调起来的美国人，对以色列的情感变得踌躇起来。犹太改革运动前主席尤夫拉比（Eric Yoffie）认为：“日益增强的美国犹太人对以色列的疏离情绪是和以色列政府扩占定居点的政策紧密相关的。”② 其次是“以色列政坛”右倾化日渐加强。20 世纪 90 年代在宗教党的支持下，利库德集团取得领导权，对领土持不退让的立场，令谈判解决中东问题变得举步为艰。“应许之地”的宗教思想使得宗教党在领土问题上与右翼一致，因此，宗教党对“以色列政坛”的右倾化具有推波助澜的影响。近年来，以政坛多元化唱主角，大党不大，小党不小，宗教党就对平衡政坛僵局起到非常关键的作用，而正统派宗教党由此可以向意图执政的政党抬高价码，后果就是犹太教实质处于国教地位，宗教对国家政治生活和社会生活的渗透和干预超出通常人们对现代民主国家的理解。美国犹太人是政教分离的积极支持者，以色列社会宗教与世俗之间的紧张关系，让不少自由派美国犹太人感到以色列对非正统派犹太教徒缺乏应有的尊重，他们甚至感觉以色列社会和自己理解的民主社会不很相符。

最后，以色列坚持自己对犹太复国主义的理解。在以色列看来，犹太复国主义意味着阿里雅（aliyah），即移民回归以色列。以色列是所有犹太人的国家，以色列以外的犹太人均处于“流散”状态。多数自由主义的美国犹太人赞同犹太改革派的主张，认为虽然以色列是犹太人的祖国，但是美国犹太人并非流散者，他们和以色列犹太社团是平等关系，不回归祖国，同样可以在精神上和物质上支持犹太复国主义事业。在美国犹太社团是否有资格干预以色列事务问题上，以色列和美国犹太社团存在分歧，以色列认为美国犹太人除了支持以外，不应干预以色列的内政外交，因为美

---

① Erica Seltzer-Schultz and Michael Goldfien, “Zionism, Liberalism, and Young American Jews: How Redefining the American Zionist Could Help Bring Peace to the Middle East,” Student Paper, Grinnell College, 2011. https://dspace.lasrworks.org/bitstream/handle/10349/924/ZionismLiberalismandYoungAmericanJews.pdf? sequence=1, p. 13.（上网时间 2013 年 5 月 12 日）

② Shmuel Rosmer, With Jews Like Us, June. 28, 2012, http://latitude.blogs.nytimes.com/2012/06/28/american-jews-are-rethinking-what-it-means-to-support-israel/.（上网时间 2013 年 5 月 13 日）

国犹太人并不生活在以色列，以色列所面临的阿拉伯世界威胁，他们没有遭遇，也不需要时刻承受。而美国犹太人不赞同以色列是犹太复国主义的中心，否认美国犹太人处于全球犹太复国主义的边缘，认为“锡安”并不一定要在以色列，作为一种思想，它可以在世界各地，甚至可以在个人心里。这样自由主义的个性化理解，令不少以色列人担忧，希伯来联合大学的哈拉奇米（Rachel Sabath Beit-Halachmi）博士认为这类理解会造成美国犹太人对以色列的义务感降低。①

当越来越多的美国年轻犹太人感觉到以色列与自己心目中的形象存在差距时，美国犹太权势集团仍旧延续着固有的方式动员美国犹太人，不顾以色列存在的问题以及以色列社会的右倾化现象，宣传以色列的受害者形象，比如被阿拉伯国家包围、被伊朗威胁等，教育美国犹太人要配合以色列。这种宣传固然容易在犹太富豪那里得到捐款，却歪曲了现实。主流犹太组织在公开场合从来不批评、也不反对以色列的扩张和占领政策。像ADL、AJC这样的大型组织经常在一些重要问题上持双重标准。比如2007年，ADL拒绝支持国会宣布土耳其曾对亚美尼亚人的进行“种族屠杀”②，原因是担心会影响以色列和土耳其之间的关系。像AIPAC和主席会议这样的以保护以色列为宗旨的组织，则更无法对以色列的行为做任何纠正建议。另外，主流犹太组织对犹太社团内的不同声音经常打压批评，新兴的左翼犹太青年组织“J街”，因力推“两国方案”解决巴以问题，被主流犹太组织批为“披着亲以色列外衣”的反犹主义组织。而到20世纪90年代末已有2/3美国犹太人注意到巴勒斯坦难民问题，支持建立巴勒斯坦国。

观念与政策的差距，带来两大后果：一是因为无法自由表达自己的犹太复国主义思想，年青人选择远离。以美国格林内尔学院（Grinnell College）本科生苏尔茨（Erica Seltzer-Schultz）与戈登芬（Michael Goldfien）

---

① Rachel Sabath Beit-Halachmi, Liberal Jews and the Zionist Project, (Havrute Summer, 2011) p. 41. http://www. hartman. org. il/Fck_ Uploads/file/havruta + 7LR. 41 - 48. pdf. （上网时间2013年8月15日）

② 多年来，西方史学界一直流行一种说法：奥斯曼帝国在垮台前曾对反抗的亚美尼亚人实行过“种族灭绝”，先后“屠杀”了150万亚美尼亚人。然而，土耳其除了承认当年亚美尼亚人在争取民族独立的斗争中有25万至50万人在同土耳其人的冲突中丧生外，始终否认屠杀异族的历史。

为例，他们是美国犹太人，他们关心犹太复国主义，为此专门用心研究，既解决自己的身份困惑，又面对犹太社团的问题。他们在法国调查学习一段后，联合写一篇有关美国年轻犹太人对犹太复国主义未来构想的论文，获得学院大奖，在这篇论文中，他们提到："作为年轻的美国犹太人，我们自身的经历让我们担心诸如同情、批判性思维、健康的争论已在以色列问题上消失了。虽然很多美国人同情以色列，这能理解，可是对巴勒斯坦被占地区的巴人的苦难，他们似乎不关心，甚至保持沉默，这样的趋势会让美国年轻犹太人远离他们的希伯来国家，后果是美国更难帮助巴以达成和平。"同时他们也感到美国犹太人作为一个团体，表现出对民主自由理念和以色列国的强烈责任感。他们认为"美国犹太社团是时候重新界定犹太人复国主义了，只有那些支持以色列国的民主存在，同时对以色列保持批评声音的人才是真的复国主义者，同时他们才能有助于帮助以色列实现民主和和平。"①

与一部分疏离者相比，还有一部分犹太人选择直面这一问题，构造他们眼里的符合美国自由主义理性，又对以色列发展有益的犹太复国主义。"J 街"的诞生就是一个重要的标志。这个以犹太年轻人为主要成员的组织，摆脱了父辈对以色列的歉疚，对美国犹太社团和以色列的被动关系（以色列向海外朋友请求援助，美国人无条件或寄或捐款，或移民，或访问）感到不安，② 希望用现代自由主义重新评估以色列，找到真正解决以色列问题的出路。"J 街"从一诞生就处于新一轮自由主义和犹太复国主义之辩的中心。

2010 年本尼特也加入了这轮辩论中，他认为在以色列的前国家以及早期国家时代，美国犹太人在支持犹太国方面可以自由表述他们的自由主义价值观。那是基布兹运动和社会主义倾向比较重的年代，国家不仅寻求安全，更追求社会公正。这和美国犹太人的自由主义倾向非常合拍，《托拉》的基本价值——爱邻人如爱自己在那里得到很好的实现。但是 1967 年以色

---

① Erica Seltzer-Schultz and Michael Goldfien, Zionism, Liberalism, and Young American Jews, p. 22.

② Jeremy Ben-Ami, A New Voice for Israel, Fighting for the Survival of the Jewish Nation (New York, NY: Palgrave Macmillan, 2011), pp. 60 - 62.

列胜利后，这种情况发生了很大的变化，基布兹被更大范围的资本主义化所淹没，贫富差距日益明显，强制兵役让参军的英雄主义色彩少了不少。以色列早期普世的人道价值观向日益增长的极端民族主义和极端正统领域让步。本尼特并未责怪美国犹太人，而是把矛头推向美国犹太组织，认为他们放任以色列的右倾倾向。它认为美国犹太人必须通过抵制以色列在被占领土上生产的商品、将以色列绿区以外的领土定义为“非民主以色列”，才能有效促进以色列政策的变革，也才能推动犹太复国主义的真正复兴。本尼特的文章实际是投入犹太社团的一枚炸弹，很多人加入到批判他的立场，甚至说他是“自己恨自己”的犹太异类。

本尼特提出的激进解决措施，并不能让所有犹太自由派满意，甚至“J 街”都不赞同，但是他提到的现象却值得美国犹太社团深思。犹太复国主义和犹太自由主义之间的紧张关系，犹太组织不是没有看到。为应对这一问题，美国犹太组织继续采取内部问题内部解决的政策。2006 年，80 多个北美犹太组织和慈善机构一起加入到“以阿问题内部事务组”（the Inter-Agency Task Force on Israeli Arab Issues），致力于改善以色列阿拉伯人的生存状况，推进以色列国内的种族平等与发展。参与的组织有“美国犹太人联合分配委员会”、“犹太社区联合会”、“美国拉比中央会议”、“ADL”、“AJC”、“正统派联合会”、“主席会议”等，① 他们认为犹太人和阿拉伯人关系的改进会加强以色列作为犹太母国的国际合法性，也有助于让以色列成为美国年青人引以为傲的地方，有助于加强犹太人的身份认同。②

可是犹太社团的这种保守做法，不足以表明美国犹太主流组织观点和管理方式的根本改变，他们把持领导地位，却无法代表犹太民意。本尼特的贡献在于找到了美国犹太复国主义衰退的根源：忽视犹太自由主义。就犹太复国主义在美国的发展历史来看，不将犹太自由主义占据主导地位，犹太复国主义不会有积极的发展前景。只能找到犹太复国主义和美国犹太自由主义的结合点，犹太复国主义才能在美国焕发生机，美国犹太社团内部只有建立起对以色列以及阿以问题的公开、公平、正义的讨论，才能有

---

① 详见该组织网站：http：//www. iataskforce. org/。

② Mike Prashker，“Teaming Up for Equality in Israel”，The Forward，December 5，2008，转引自“Mass Mobilization to Direct Engagement，”p. 179。

利于美国在中东和平进程上推动以色列采取符合和平发展方向的政策。

另外，无论在以色列还是在美国都有这样的新声音，即美国犹太社团应该秉持自由主义原则发展并关照自己社团的健康发展，这才是对犹太复国主义负责的态度。以色列前副外交部长约西·贝林（Yossi Beilin）是在以色列公然主张这样思想的人。他在“世界锡安妇女大会”上讲话说，以色列已经不再需要美国犹太人的援助，美国犹太人应将募集到的资金用于美国犹太人的教育上去。美国犹太社团中也有部分人士建议公平地考虑美国犹太社会的发展问题。他们认为以色列犹太社团已足够强大，倒是美国犹太社团的发展趋势令人担忧，比如因为异族通婚造成的犹太传承、犹太复国主义情绪弱化等问题，以及年轻人对以色列的疏离等，这些因素都表明，如果不应对自身问题，美国的犹太复国主义真有可能面临危机。20 世纪 90 年代末以来，有些基层犹太组织减少了对以色列的捐助，将资金用于加强美国犹太社团的教育和福利建设，这种“内向化”的转变，可以看成是美国犹太自由主义对自己的关照，这样的关照对整个犹太复国主义事业来说，应是有益的。

小结

自由主义是美国犹太人族群历史和美国主义相结合而形成的较稳定的政治倾向。美国犹太人的犹太复国主义是身为犹太人难以回避的身份和时代使命。自由主义具有外向和普世性，犹太复国主义具有内向和族群性，两者看似矛盾，但是价值冲突从本质上来讲，并不表明相互对抗的价值中有一个为非法，关键看人怎么做协调。从犹太复国主义诞生，美国犹太人一直在努力用自由主义的尺度审视它、改造它，期间有排斥、有协调、也有疏离。自由主义和犹太复国主义关系的紧张与协调，持续了一个多世纪，这个过程既是犹太复国主义美国化的过程，也是美国犹太人追求犹太复国主义民主化的过程。美国主流犹太组织在此过程中曾起过积极推动作用。冷战后，国际形势相对宽松，美国犹太自由主义得以复苏，美国犹太人尤其是新一代犹太人希望用自由民主的眼光审视以色列及阿以争端，他们希望在中东和平进程有公开的民主的建设性讨论，而主流犹太社团仍在坚持冷战协调下的“以色列中心”，这种由下至上的模式，引发了新兴犹太力量及新一代犹太知识分子，对美国犹太复国主义进行再改造的呼声。目前他们的声音还不是很大，所幸已被美国主流社会听到，并在慢慢应对，这对美国犹太社团的民主发展将是好事情，同时，这样的反思可以带来两个可能的后果：一是美国犹太人对犹太复国主义的理解更为独立也更为成熟，这既可以增加美国犹太社团对下一代犹太人的吸引力，又可以迫使以色列以一种平等的态度对待美国犹太社团，促进世界两大犹太社团间的民主对话；二是美国对阿以争端问题的政策将会有更灵活的空间。冷战期间，美国中东政策受犹太游说的影响已有众多论述，很大程度上是由美国犹太主流组织“大众动员”而形成民意压力。冷战后，犹太组织的多元化和民主化将是趋势，美国政府和国会也将有可能听到更为多元化的犹太声音，从而能够在比较与取舍中提出对中东各方有益的建设性措施。这对中东和平进程来说将是非常好的趋势。

结　论

在本书初稿形成的2014年7月初，以色列发动了针对加沙地带巴勒斯坦“哈马斯”武装的的“护刃行动”，短短几天，死亡过百，伤亡过千。巴以之间再一次陷入“以暴制暴”的轮回。2014年4月成立的巴勒斯坦联合政府无法应对这场可以预料的突变，“哈马斯”习惯于“以牙还牙”，这无疑是用无辜平民百姓的血肉之躯对抗以色列的高端武器。“法塔赫”寄望国际社会能迅速干预，让以色列停战。人们很自然地在想，深刻卷入中东政治的大国——美国能够做什么？美国一方面宣布以色列有权展开“自卫”，另一方面呼吁交战双方保持理智与克制，美国将为推动中东和平作好准备。美国明显偏袒以色列的立场，再次让世人去思考，美国为何要如此袒护中东弹丸之国以色列？以色列是美国武装起来的中东战略桥头堡之说自然站得住脚，但是冷战后，在中东建立“美国治下的和平”是美国的既定目标，美国又为何为了以色列得罪更大范围的阿拉伯国家呢？无论在中国，还是在世界其他国家，甚至在美国，都有一个看似确凿却又类似“阴谋论”的解读——美国犹太人与犹太亲以组织利用其雄厚的财力和政治人脉，游说美国国会与政府，制定和实施维护犹太人和以色列利益的政策，美国偏颇的中东政策造成中东一次次丧失和平的机会。

将旷日持久的阿以争端简单归咎于美国犹太势力，似乎是个便捷又抓得住要害的办法，但是极易传递谬误。首先，它未能回答清楚巴以争端的根源；其二，缺乏对美国中东政策制定过程的清晰认知；第三，这样的论断通常是建立在对犹太社团空泛而非实质的了解基础上。几年前，笔者曾在《犹太利益集团与美国中东外交政策（1967—1984）》一书中对以上三点做出回应：大国政治、宗教争端，地区权力切割、资源争夺等综合因素造就了复杂的巴以争端。作为争端最重要的外部力量，美国在制定其中东政策时，最根本的原则是国家利益，美国犹太利益集团虽然号称是美国数一数二的院外力量，但是却无法改变美国在中东的核心追求，它能做的是通过游说将以色列的利益置于美国关注的前台。冷战前，犹太游说组织团结一致，成功地做到了这一点，因此名声大振。冷战后，若延续这样的思维来观察美国犹太团体和美国的中东政策，则有可能出现认知不足和判断上的偏颇。本书的核心即在探究冷战后美国犹太社团的嬗变及其对美国中东政策的影响。通过研究，我们得到如下几点结论。

一、犹太亲以游说团体属于变量而非常量

美国犹太社团既是移民团体，也是以宗教、文化和血缘维系的一个少数族群。犹太亲以游说组织，作为一股重要的影响美国政府外交决策的政治势力，其力度与效果不可能与其自身的社会变迁完全脱钩。根据《美国犹太人年鉴》、美国全国犹太人口调查报告，笔者在美国实地的走访与调研，可以发现：近几十年来，美国犹太社团发生了比较大的变化，而且这种变化不是人口新陈代谢式的自然状态的变迁，更多的是深刻的结构性变迁。社会发展、国际形势、母国以色列与所在国美国间关系以及美国国内政治生态等均在美国犹太社团的发展上打上了烙印，影响着它们参与政治、经济和文化活动的方式。若以一种静止的视角观察美国犹太亲以势力对美国中东政策的影响，实际上犯了“刻舟求剑”式的错误。因此，在有关美国犹太游说团体的研究中，必须将它作为一个变量来研究，而不是作为一个刻板的常量来框定。也只有这样，我们才能把美国犹太游说团体的政治参与放在一定的历史时空里做对比性分析研究，从而窥见冷战前后，美国犹太社团影响美国外交政策的方式、方法，特别是实际效果的变化，进而研判院外游说团体多大程度上影响了美国外交政策，犹太团体自身的变迁对它所影响的美国外交政策来说，总体趋势是利还是弊。

二、同化与分化是美国犹太亲以团体面临的两大挑战

在已有的研究作品和媒体文章中，美国犹太游说团体常常被界定为财

力雄厚的、具有明确政治目标的、团结一心的政治力量。这样的形象是犹太人应对历史上一次次“反犹主义”迫害而被迫组装的防御铠甲。二战以后，在对纳粹大屠杀的反思中，在协助以色列对抗周边敌对势力的过程中，美国犹太团体的“集体主义”形象更为令人瞩目。但是若将美国犹太社团放在历史的长河中考证，其团结无间的“集体主义”精神气质只是一种“虚构”。像美国其他少数族裔一样，美国犹太社团一直在同化和复兴中寻求自己合适的位置，同时犹太团体自身也在多元化中不断裂变，比如“我们分道扬镳”、“犹太人反对犹太人”等话语已出现学者对犹太社团关系的研究与研判中。20 世纪 80—90 年代，是人类历史的一个重要分水岭，从这个分水岭的两侧看过去，美国犹太人和美国犹太社团发生了值得思索的变迁。

（一）美国犹太人存在被美国社会同化的风险

仔细探究美国犹太人最近几十年的发展，不难发现不少犹太人正在慢慢脱离自己的壳，美国社会对犹太人的文化同化正在悄无声息地加快着节奏，这种同化不仅缓慢解构着犹太人的犹太身份，同时也在缓慢解构着犹太人对以色列的“忠诚”，冷战时期犹太群体坚挺的、部落式的“生存主义”政治哲学逐渐向社会性、世界性的“进步主义”、“自由主义”回归。界定“何谓犹太人”在美国变成越来越困难的工作，原因是“核心犹太人”在缓慢减少，边缘犹太人相应在增多。文化同化让犹太人的身份边界变得越来越模糊。难怪本·古里安在几十年前就曾悲观地认为：美国式自由是流散犹太人的“死亡之吻”。

近几十年来，婚姻同化、身份同化、态度接纳同化、行为接纳同化、社会同化正复合性施加于美国犹太人，他们在教派、婚姻、代际交流、生活方式上表现出令人迷惑的多元性。就教派而言，改革派人数跃居首位，且有增加的趋势。世俗犹太人也即文化意义上的犹太人，人数不多，但已获得公认的亚群体身份，在政治上，他们与犹太复国主义保持着一定的距离。正统派人数稍有增长，但这种增长主要是人口的自然增长，虽然尚且不构成多数，但是增长的大趋势不仅让人的担忧，未来美国犹太人思想上的左右两极的极化现象。美国犹太人最大的困扰来自于稳定在 50% 左右的异族通婚率，它对美国犹太社团的冲击深刻而难以遏制，这个群体是否会在不久的将来被同化？异族通婚家庭的子女对犹太教还有多少认同？他们对母国以色列的亲近感怎样？多项针对犹太族群的调查数据均表明情况不容乐观。除此之外，犹太人的代际差异日益明显也是一个客观的现象。生活环境与时代背景迥异的老一辈犹太人和年轻犹太人之间，在族群使命上有着不同的理解和行为重点。具体到以色列问题上，有着浓重大屠杀记忆和中东战争印象的老一辈犹太人，仍然坚持过去的以色列安全至上的思维，坚持关心犹太社团、关心以色列的“部落主义”行为模式，而年轻犹太人则从“进步主义”角度思考社会和政治问题，既关注以色列也关心阿拉伯世界、甚至是世界范围的诸如人权、环保、社会公正等各类可以“修补世界”的事业。从生活方式上来说，城市化、信息化、职业化的现代生活方式，正在日益解构原先相对紧密而又传统的犹太社区生活，犹太会堂和犹太组织对犹太人的吸引力正在逐渐减弱，个体的“孤立主义”正在加强，对中东问题的观点独立倾向比以往要突出，而这些对未来社团的团结和组织发展来说，或许是非常严重的隐忧。

（二）美国犹太亲以游说组织分化日益明显

犹太亲以游说组织在二战后逐步兴起，并在 20 世纪 60—80 年代创造不少政坛奇迹。早期犹太组织以“精英游说”为主，也称为“静悄悄外交”。在著名的犹太游说组织美以公共事务委员会的倡导之下，“大声外交”曾经在 20 世纪 70—80 年代的犹太游说圈中非常流行。以“美国主要犹太组织主席会议”为首的主流犹太组织在政治游说过程中发挥着主导作用，小型犹太组织几无发言权。这种集权式的组织活动模式既是冷战的产物，也是检讨纳粹大屠杀，保卫犹太人的民族使命造就而成。客观上在政治和外交中发挥了比较大的影响力，在中东外交政策制定过程中，考虑并关怀以色列的利益，渐渐成为美国政坛的传统。冷战结束前后，国际形势的变化、美国犹太人的社会性变迁、美国国际战略的变动、以色列政治气候的转换等各类因素造成美国犹太游说社团发生很大的变化。一批新兴的犹太组织逐渐诞生，这些新兴组织规模较小，以自由派、年轻一代居多，与基层保持较为紧密的联系，在组织方式上多信奉自由、民主、透明的运作模式，与传统主流组织的精英集权式形成了鲜明对比。新兴组织批判主流犹太组织操控民意，呼吁犹太游说团体展开公开透明的对话，而不是像冷战时期，为了共识，遏制内部的分歧，禁止不同的声音，造成决策的僵化与非民主化。

近些年来，美国犹太社团在政治理念上分野逐渐清晰，目前大概有左派（包括中左派、极左派）、中派、右派（包括中右派、极右派）。中派在阿以争端问题上比较中道，以美国犹太人的代言人自居，坚持扮演美以政府之间的第三方管道角色，旨在推动美国关注以色列的利益，防止以色列遭遇来自美国或者国际社会的压力。在中东和平进程问题上，主张谈判，前提是美国应关注到以色列政府的意见。与中派相比，左翼和右翼规模相对较小，但已分别在奥巴马政府第一任期、布什执政八年期间显示出一定的影响力。左翼组织以主张和谈、“两国方案”解决阿以冲突的新兴组织为主，希望美国政府能在中东和平进程中发挥积极作用，做公正的掮客，为此哪怕适度限制以色列的诉求也不为过。而右翼主要以正统派犹太人和信奉新保守主义思想的犹太人为主，对谈判解决阿以冲突抱消极态度，反对“两国方案”，支持以色列扩建定居点，认为以色列有权采取一切手段来维护自身安全，美国政府不应对以色列过多施加压力，毕竟以色列在事实上承受着安全威胁。对比之下，不难发现，犹太社团的分歧不仅仅体现在理念上，而且也在解决问题的方法上。犹太社团内部的分裂与冷战时期的团结一致相比，前者更接近犹太社团的组织常态，而后者则是历史的阶段性巧合。后者确实在美国冷战时期的中东政策上打下了深刻的烙印，但是对美国国家利益、中东和平进程以及犹太社团的健康发展来说未必是好事情。

三、美国犹太亲以游说呈现出竞争性内耗

“用一个声音对外说话”曾经是主流犹太组织的核心管理方式，也是犹太游说在国会山和白宫能够发挥一定影响的法宝，与美国犹太亲以游说相对的是阿以游说集团，它们最大的弱点是缺乏协调，派系林立。犹太游说团体虽谈不上组织严谨、管理系统，但是在全国层面有三大防务组织，以白宫为游说目标的“主要犹太组织主席会议”和以国会为游说目标的

"美以公共事务委员会"，基层层面有大量社区关系顾问委员会协调工作，这样的设置在"生存主义"犹太哲学下，可以比较有条理地开展工作，主流犹太组织处于领导地位，从上而下地贯彻游说策略。但是当新兴组织涌现，年轻的以基层犹太人为成员的犹太组织，对这种上对下、缺乏民主的领导组织模式感到厌倦，希望建立一种平等协商式的组织关系。他们的左翼路线即是对主流的一种反击，他们更希望美国能以一种平等的"中间人"角色协调中东各方，从而赢得和平。在和谈而不是战争日益成为巴以问题解决路径的当下，右翼组织不满国际社会对以色列施压过多，也无法认同主流中派组织一味配合政府的做法。犹太组织政策立场的分化，现在已很少能关在内部而不为外界知晓，这在克林顿推动奥斯陆和平进程期间最为明显。国会山外，不同犹太组织各唱各的戏，甚至出现公开的内讧，多个组织因此重组。这样的多元竞争，与以前"一个声音说话"相比，活力增强。但作为一个以维护以色列利益为核心追求的利益集团，其总体能量有所消耗。正像早期乐见利益集团政治在美国政坛活动的建国者们所预料的，以利益遏制利益的状况反而有助于政府发挥实质的作用。从这个意义上说，犹太组的内部竞争，或许有助于美国政府以更为公正的态度对待巴以争端中的双方。

四、犹太亲以游说阻碍了美国有效中东政策的推行

冷战期间，美国犹太亲以组织对形势把握较为准确，它们巧妙果断地将本集团利益与美国国家利益相结合，通过游说，让美国政界相信，在中东关怀以色列与美国的战略追求和国家利益一致。当时，以色列是利于犹太亲以组织发挥影响的重要因素。面对阿拉伯世界的围困，以色列内部较为团结，党派分化不明显。工党长期雄霸政坛，强国卫国是其主要任务。这种状况非常有利于美国犹太组织展开宣传与动员，在与以色列利益攸关的重要政策上，形成较为强大的游说合力。到 20 世纪 80 年代初，以色列在美国持续的关照下，已成为地区强国，以色列国内围绕如何对待"六·五战争"时所占领土，分歧严重，政治势力派别对立显现，鹰派力量显著上升，追求绝对安全。伴随冷战接近尾声，美国已不希望在中东耗费过多

的战略资源。由此，以色列与美国国家利益的距离日渐拉开。夹在中间的美国犹太组织，不得不权衡自身的立场，分歧在所难免。体现在院外游说上，在同一个“亲以”旗帜下，各主要派别都有自己的主张，协调一致展开游说已日益困难。除此之外，相较于冷战时的唯以色列利益论，或以色列利益即美国利益论，冷战后，美国犹太组织需要经常留意美国政府的政策取向，以色列政坛的更替，从而设计出既能维护以色列利益，同时又不至于触犯美国政策意图的游说思路，相形之下，游说难度加大。老布什时期的“贷款担保之争”，就反映了犹太组织误读政府意图而造成的冲撞。伴随犹太人的世俗化、内向化、异族通婚常态化，美国犹太组织的嬗变，尽管亲以仍然是不变的底色，但是在进行外交游说时，不少犹太组织已将美国利益放在以色列之先，传统的以色列中心主义指导思路正在弱化，犹太组织对美国中东外交政策的影响力随之下滑。

需要注意的是，美国犹太游说影响力走弱，并不意味着它已丧失了牙齿。冷战后美国中东外交发展史表明：虽然犹太游说从来不能决定美国要在中东做什么，但是它却能在一定程度上影响政府不做什么。建立美国治下的中东，是冷战后美国全球战略的重要一环。这一核心目标既非犹太人制定，也非任何游说活动所能撼动。美国犹太人所能做的，只能是通过精英和民间渠道劝说或提醒美国决策者，在构建中东霸权时做出合宜的、有利于以色列或不损害以色列利益的选择。冷战时期，犹太社团和美国政府的利益容易一致，政策较易抉择。而冷战后期，犹太游说所能产生的“最有成效的”效果，常常变成恐怕连犹太社团也不愿意看到的情况——美国政府对阿以争端事实上的懈怠。当决策者感受到犹太压力时，干脆什么都不做。比如克林顿执政后期，看似他在为奥斯陆和平进程在奔走，但实际上，为了以色列朋友，他不再推出有力的、能控制局面恶化的政策；小布什执政八年，对巴以争端一直采取若即若离的姿态；奥巴马在第二任期对中东问题兴趣弱化。一定程度上，可以这么说，冷战后的犹太游说局限了美国有效中东政策的推行。或许在传统犹太组织看来这已是不错的政治成果，但是对希望“修补世界”的犹太自由派来说，若不做改革与转变，只会助长以色列的强硬和顽固，而不会保证以色列的安全与民主。同时更为致命的是，巴以争端因此陷入到无望的恶性循环。

五、美国调解巴以争端需要抓住一些机遇

冷战后，美国在中东的总体利益目标是“美国治下的”和平，但在实现路径上，是宏观地从构建有利于美国整体战略霸权的格局入手，还是微观地从地区最根本的问题——阿以冲突入手，从老布什到奥巴马，他们的选择已经呈现出一定的规律性。共和党政府易选择从现实主义宏观格局构建入手，通常包含着对地区权力的精心计算，通过或拉拢或遏制或打压等手段建立一个可以互相牵制的棋局，最终由美国做主导。老布什时期进行海湾战争，小布什时攻打伊拉克，均有这样的考量。而民主党政府更愿意从根本的小处着手，致力于从地盘到人心的革新，期望以小搏大，达到整体的和平。比如克林顿的奥斯陆进程、奥巴马的“两国方案”。与美国相类似，民选的以色列政府同样有着执政偏好的两面性。工党政府更偏于和解，利库德集团更倾向于权力说话。

两类政党偏好遭遇两个民选制政府时，组合的不确定性显而易见。若是以色列工党和美国的民主党政府搭档，则有利于和解，而当共和党和利库德集团相组合，则和平的几率就有可能降低。正如上文所说，犹太游说团体的内部分化、派别对抗，客观上可以缓解决策者所受的国内游说压力，当有利组合出现时，决策者大可抛开惯性思维，在政策上尝试一些创新，也许会为中东和平创造一些历史性的突破。以克林顿执政时期为例，曾经有较长一段民主党政府和以色列工党政府搭档的有利时机，而且犹太社团在中东和平进程上分化比较明显，这是非常难得的推进奥斯陆和平进程的机会，而克林顿仍停留在惯性的思维里，过于看重犹太朋友、犹太右翼和共和党的“反调”，决策踌躇、行动迟缓，结果使其精心打造的和平框架以崩塌的命运结束。

六、犹太自由主义或许是应对犹太复国主义使命的良方

犹太社团的变迁以及犹太亲以游说组织的分裂和派别化，实质是美国

犹太人实现族群使命的探索。犹太人一批批移民美国，到19世纪末20世纪初，对已在美国扎根的犹太人来说，犹太复国主义是舶来的民族使命，而他们在美国已经有了一个美国梦，如何把两种使命融合在一起？最终美国犹太人找到自由犹太复国主义。可惜纳粹大屠杀击碎了美国犹太人关于复国主义的浪漫梦想。以色列的生存成为压倒一切的追求，犹太社团的使命也就变成动员同胞提醒美国政府警惕屠杀再次发生，保卫所有犹太人的母国——以色列。这样狭隘的排他的复国主义在冷战时期有它的合理性，可是它只能加剧矛盾，巴以冲突所带来的苦难与犹太自由主义的追求相差太远，冷战后，自由犹太复国主义以新兴左翼组织挑战右翼和主流派犹太社团的强权而复归。犹太自由主义既是发扬美国犹太人的哲学追求，同时在美国中东政策的改善方面，不啻是一个新的可行的选择，因为它建立在公平的尊重和友善的和解基础上，虽然它还没有成为强大的风潮，未来若能得到中派主流犹太组织的理解，便可以发挥它对美国中东政策的积极影响。

七、基督教保守派右翼是美国犹太社团需要警惕的力量

米尔斯海默在《以色列游说集团与美国对外政策》一书中认为，一小群犹太人和基督教保守派强迫美国支持以色列，而置美国的国家利益于不顾。虽然这样的判断有失偏颇，但是新保守主义和基督教福音派间的联盟的确应是犹太社团警惕的现象。新保守主义与美国绝大多数犹太人的精神气质不符，基督教福音派的亲以行动有着与犹太教完全不同的出发点，而新保守主义和基督教福音派所追求的目标却有相当的一致性，即美国应该支持与其价值观一致的国家，不要与那些价值观相悖的国家做任何妥协、任何谈判。这是一种非常僵化的思路，无助于美国犹太社团的团结与健康发展，更无助于美国有效中东政策的推行，最终还会阻碍中东和平的实现与以色列的健康发展。

当冷战大幕徐徐落下，和平与发展已成为世界大势，现代性不断解构着传统社团组织，冷战期间崛起的美国犹太亲以势力面临着同化和转型的考验。是和以色列一起追寻犹太人和犹太国的世俗的绝对安全，还是追求

中东和平，实现犹太自由主义“修补世界”的传统宗教理想？这是美国犹太亲以势力不得不做的选择，其选择的结果，不仅关系到犹太社团的健康发展，而且关系到中东的未来。

附录 1
变化中的美国犹太社团
——肯尼斯·D. 沃尔德教授访谈录①

孙晓玲

简要说明:《美国犹太教史》② 的作者、著名犹太学者乔纳森·D. 萨纳(Jonathan D. Sarna)曾如此评价美国这方土地之于犹太人的意义:美国给了犹太人不同于旧大陆的自由环境,与此同时,美国的宽容氛围又造就了犹太人和犹太教的多元主义特色。人类发展到今天,现代性在不断地解构着世界各地的传统社会和传统价值,多元化似乎已不可遏制。世界最古老的民族之一——犹太民族,其第二大分支,身处现代化最前沿的美国,更面临着前所未有的挑战。转变中的犹太人的矛盾性和独特性比任何一个时代都更让人迷惑,就其中的问题,笔者利用美国访学的机会采访了笔者的导师——佛罗里达大学杰出教授、宗教与政治关系研究专家、德裔犹太学者肯尼斯·D. 沃尔德(Kenneth D. Wald)(Kenneth 习惯被人称为 Ken,文中简称"肯"),访谈时间为 2013 年 2 月到 5 月,地点分别为佛罗里达大学安德森楼 303 室(303 Anderson Hall)和乔治—斯马瑟斯图书馆(George A. Smathers Libraries)一楼学习区。以下为访谈的部分内容。

问:学界习惯把美国犹太人分为:正统派、保守派、改革派和重建派。但是在宗教研究以及在与犹太人的交谈中,"世俗犹太人"是个经常能听到的字眼,与之相关的是,我们很少听到"世俗基督徒"、"世俗穆斯

---

① 原稿刊载在徐以骅主编:《宗教与美国社会》(第 8 辑),时事出版社,2013 年版。

② Jonathan D. Sarna, American Judaism: a history (New Heaven, Connecticut: Yale University Press, 2004).

林”的说法。据美国三一学院对4万多人的随机调查：犹太人中称自己具有超过一半的世俗面孔，他们中很多人认为信仰宗教与拥有世俗倾向之间没有矛盾。在一般人的印象中，犹太人之所以被称为犹太人是因为犹太教，犹太人与犹太教似乎是一体的，而“世俗犹太人”若从字面理解，应该是不相信犹太教的人，它用事实提醒我们简单地把犹太人等同于信奉犹太教的人是有问题的。那么“犹太人”主要是与血缘、种族相关的，还是与宗教文化相联的一个概念呢？我们该如何认识“世俗犹太人”？

肯：“谁是犹太人？”一直是世界犹太学界争论不休的话题，美国犹太社团和以色列犹太社团在此问题上长期存在分歧。原因是犹太人的历史非常长，又命运坎坷地长期处于流散状态，直到近现代才基本找到安定之所，现又面临现代化冲击。最初来讲，犹太人和犹太教确实密不可分，但是犹太人的流散史造就了世界各地不同肤色的犹太人和特殊的犹太文化，对于长期受此文化熏陶的人来说，犹太文化已在他的认同上烙下了印记，类似于胎记，这与肤色血脉关系并不直接。所以“犹太人”与其说是种族、民族概念还不如说是宗教文化概念。它与血缘有关联，但并非不可超脱，它与宗教有联系，却并不绝对；它很大程度上与更广义的宗教文化相关。现在很多的犹太人，包括改革派犹太人、保守派犹太教徒，他们平时以世俗的方式示人，但是这不并影响他们的犹太身份与认同。对于犹太人的认识，在美国存在着法律规定和事实操作上的差异。一般而言，法律规定犹太母亲所生的人、皈依犹太教的人为犹太人。但在实际操作中，并不排除父亲为犹太人而母亲并非犹太人的人同样是犹太人，甚至比法律意义上的犹太人更虔诚。另外，还有一些犹太人并不经常参与犹太教活动，他也自认是犹太人。事实上，除正统派之外的其他派别的犹太人，大多很少参加会堂活动，他们与犹太教的联系只是在内心仍饱有对犹太教的认知和坚守。还有一些人对犹太教称不上虔诚，甚至不相信，但是自愿延续祖上的犹太风俗，过犹太宗教节日、遵守Kosher（符合犹太教规的食品）的犹太教饮食规定，不愿意放弃，并将这一切看成是生命中顺其自然的事情，他实际上就是“世俗犹太人”，犹太文明和文化深刻地影响他，他的认同里有深厚的犹太文化印记。

点评：肯对于世俗犹太人的界定让我想起犹太教重建派创始人摩迪

凯·开普兰（Mordecai M. Kaplan）的对于犹太教的理解[1]，即与其说犹太教是种宗教，不如说是一种文明。在笔者对此进行求证时，尽管肯是保守派犹太教徒，他对此表示赞同。“世俗犹太人”实际上给了那些并不笃信犹太上帝，但仍想保持与犹太人以及犹太历史联系的人，一个重要的面向世界的面孔。

事实上美国不乏世俗犹太人的思想建构和组织。早在1963年，舍温·T. 瓦恩（Sherwin T. Wine）拉比就建立了“人文犹太教”（Humanistic Judaism）[2]，为人文上的、世俗的和文化上的犹太人提供一个精神家园。人文犹太人将他们的犹太身份和犹太文化看成是他们当代生活方式的表达，他们会庆祝犹太节日或用犹太方式对待生命中的重大事件，如成人礼、婚礼、葬礼等等，但主要是基于传统文化而不是宗教。和其他宗教社团类似的是，它一样有拉比，也有自己的会堂。1969年在这种思想影响下，“人文犹太教协会”（Society for Humanistic Judaism）宣告成立，如今它已成为北美人文犹太运动的核心，在各州建立了多个联络站。他们会为世俗犹太人提供各种教育、文化活动安排，也坚定地站在以色列一边，号召成员为受恐怖火箭弹袭击的以色列人捐款，已累计捐助500万美金给以色列恐怖袭击救助基金。尽管真正加入瓦恩拉比社团的人还不是很多（与其几乎同时兴起的重建派，目前已有100座会堂，6万多会众），但是他认为世俗主义已是时代精神，“今天的大多数犹太人不是转向传统，而是保持着一种非常世俗的生活，只是想在周末或在婚礼上体验宗教神圣”。另外一个有一定规模的世俗犹太组织是“世俗犹太组织大会”（Congress of Secular Jewish Organizations），它在犹太人集中的美国东北地区、加州、佛州有近20个分支机构，在加拿大也有3个分支机构。瓦恩曾经出任国际世俗人文犹太人联合会的联席主席，这个联合会每两年召开一次世界大会。尽管目前正式入会的人数在美国是有限的，但是瓦恩认为这将是未来趋势。

---

① ［美］摩迪凯·开普兰著，黄福武、张立改译：《犹太教：一种文明》，山东大学出版社，2002年版。

② 参见“人文犹太教会”（Society for Humanistic Judaism）网站，http：//www. shj. org/wine. htm。

问：三一学院 2009 年初发表的《美国人宗教认同调查汇总报告》[1]中，巴里·科斯明（Barry Kosmin）和阿瑞拉·凯泽（Ariela Keysar）通过他们对全国大部分地区 54461 名受访者的电话随机访问，证明从 1990 年到 2008 年，美国世俗化趋势加强了，无宗教信仰者（包括无宗教倾向、无神论者或者不可知论者）的数量呈现出缓慢增长趋势。从 1992 年的 8.2% 到 2001 年的 14.1%，再到 2008 年的 15%。认同犹太教的犹太人占美国人口的数量呈现比较快速下降的趋势，1990 年是 1.8%，2008 年为 1.2%。您如何看待这样的趋势？

肯：这类调查真实地反映了美国犹太社会的现状，确实犹太人面临着世俗化的风险，这里一个很重要的原因是异族通婚，目前美国犹太人异族通婚呈现较快增长，保守估计已达一半。这种情况下，他们的孩子还是不是犹太人？这个问题就变得日益重要。按照犹太人为犹太母亲所生或皈依犹太教的人的规定，那么犹太男子与异族通婚，就有可能造成犹太人口的减少。另外，异族通婚家庭会依什么方式抚养子女是个问题。据目前调查来看，异族通婚家庭以犹太方式抚养子女的比例日益下降，这给未来美国犹太人口带了不少变数。美国现在有这种说法，祖父是犹太人的人是犹太人，但是随着异族通婚的增多，这个问题会变得越来越复杂。当然现在又有另外一种现象，也就是复归现象。现在正统派，在大学校园里吸引了不少犹太青年的加入，这可以看成是对犹太人日益世俗化的反思和纠偏。美国正统派犹太人的人数也在逆势增长，他们估计会对犹太人人口的减少和犹太人的世俗化有一点点抵消。通常犹太正统派家庭的婴儿出生率远高于美国人总体出生率，且正统派对异族通婚持比较抵制的态度。

问：您曾经跟我提过，和正统派犹太人数量上升一致的是，大学校园里的犹太年轻人对正统派的热情也有所上升，我在有关资料中获知，以色列正统派犹太人同样呈现上升趋势。新兴亲以犹太组织“J 街”（J Street）创办人杰里米·本－阿米（Jeremy Ben-Ami）在他的书《支持以色列的一

---

① Barry Kosmin and Ariela Keysar, Summary Reports of American Religious Identification Survey, Trinity College, March 2009.

个新声音》[①] 中也提到了这一重要转变，并且他提到正统派在以色列议会中的力量不断上升，长此以往，他有些担心以色列政坛的偏右倾向更为明显，以色列会变得更为内向而缺乏民主，这将和美国犹太人的自由主义理念相悖，您怎么看待这样的现象？

肯：确实，不可否认，正统派犹太人的数量在上升。因为就整体而言犹太人的出生率低于美国平均水平，而正统派是例外，他们通常选择大家庭，一个正统派家庭有六七个、七八个孩子并不奇怪，所以他们出生率高，自然人数在上升。大学校园的年轻人有不少热衷正统派，是因为他们希望得到的是传统的真正的犹太教，由于正统派的保守性，年轻人觉得也许能在正统派那里找到真正的犹太教。需要留意的是，参加正统派活动的犹太年轻人并不都是正统派。另一个原因，可能不是原因的原因，正统派会堂里或组织里提供的免费食品更正宗、更美味。[②]

说到以色列正统派犹太人的情况。这里需要对正统派作一区分。正统派里有“moderate-orthodox”和“ultra-orthodox”之分，前者为温和正统派，外表上，除了头戴基帕（Kipa）之外，其他衣着服饰与世俗犹太人没有任何区别，他们积极入世，参加军队，参加工作，关心国家政策，关心以色列的安全和存续。后者是极端正统派，他们比较神秘而且宗教倾向浓厚，在衣着上非常保守而严谨，男人黑袍、黑帽、蓄须，讲意第绪语。他们自认为是犹太教的真正继承者，其他人甚至不能称为犹太人，他们不太入世，也不是非常希望自己的孩子参军，或与其他派别的犹太人过多交往。他们相信自己是为上帝服务的人，在他们看来弥赛亚将是上帝带来的，而不是以色列政府能解决的问题。他们对以色列国家的存在其实关注并不多。因为在他们看来，潜心研究犹太教经典，忠于上帝，上帝就会来保护并拯救犹太人，并不需要什么军队。另外一个方面，他们也确实担心自己的子女参军后，接触世俗的东西过多，冲击信仰。由此可见，正统派内部其实在政府政策上关注的力度并不相等。温和派犹太人确实政策上比较偏

---

① Jeremy Ben-Ami, A New Voice for Israel: Fight for the Survival of the Jewish Nation（New York: Palgrave Macmillan, 2011）.

② 这两点原因在笔者访问“佛罗里达大学查巴德”（Chabad at University of Florida）组织时得到印证。

右，但是如果你去以色列，你就会发现非正统派还有世俗犹太人的数量远远超过他们的比例，其实我并不担心你说的那种趋势。需要担心的反而是近些年来以色列的阿拉伯人口数量增长很快，他们力量的上升很可能会对阿以争端的解决产生和以前不一样的影响，这在因提法达运动①之后，变得更加引人关注。

问： 犹太人有重视教育的传统，犹太人上大学的比例远超其他族裔。犹太学者西尼·戈登斯坦（Sidney Goldstein）② 曾在1981年《犹太年鉴》上撰文对此表示担忧。他认为：接受越高教育的人越容易接受异族通婚，也越容易远离犹太社区。大学自由教育还会对宗教价值观以及犹太身份认同产生影响。也就是说犹太传统上珍视的教育以及犹太年轻人高比例的大学就读率到头来反而会削弱个人与其犹太社区的联系，这不能不是一种讽刺。有些犹太学者，比如切姆·I. 韦克斯曼（Chaim I. Waxman）等对此表现出一定程度的赞同。那么您如何评价犹太教育对犹太社区的意义。

肯： 犹太人和中国人一样重视教育，当然犹太人更多基于宗教传统，学习《托拉》和《塔木德》是犹太人生活的重要组成部分。就我而言，我们从小父母亲会让我们去阅读和学习各种有趣的东西，但是很少说要我们将来以上大学为目标，他们只是一直鼓励孩子学习，至于孩子将来能干什么，他们认为时机到了，孩子们自然会选择，有点船到桥头自然直的味道。事实证明他们是对的，只要你重视教育，很多结果是自然而然的，这也就是为什么犹太人上大学的比例比较高，从事专业性工作的人员较其他族裔突出的原因。我认为大学教育和犹太人与社区的关系，没有最直接的联系。因为一个人与社区之间的联系应该早已奠定。到上大学时，个体价值观和个体认同大多已经奠定，不是大学教育所能轻易改变的。如果个体在进大学前，在父母的引导下经常参与犹太社区活动，也比较经常上犹太学校的课，一般而言，即便他上了大学，他与社区的关联还会存在。当

---

① 因提法达（Intifada），阿拉伯语“起义”一词的音译，特指巴勒斯坦人反抗以色列的大规模暴动。

② Sidney Goldstein，“Jews in the United States：Perspectives from Demography，” American Jewish Year Book Vol. 81.（1981）. 参见 AJC 电子档案库：http：//www. ajcarchives. org/main. php？GroupingId =40 。(上网时间 2013 年 5 月 10 日）

然，如果之前的社区基础不牢固，可能会带来戈登斯坦所担忧的问题，但是我认为这个比例不是很高。真正令人担忧的，可能是你说的，接受大学教育的人比较易于接受异族婚姻这一点，它确实会对美国犹太社区的存续产生比较大的影响。

问：您提对犹太人总体上的自由主义倾向有所研究，我的问题是，无论从收入、受教育程度、职业，还是社会地位，犹太人在美国均属于中产偏富裕阶层。政治学者关于社会阶层和政治偏好关系的研究表明，越是中产或富裕的阶层越偏向保守。为什么犹太人在这方面表现得和其阶层不一致？

肯：政治行为理论研究的一般性结果确实如你所言，但是犹太人似乎是个例外。绝大多数犹太人自称是自由派，他们关注民权、民生，经常站在弱势群体一边。从罗斯福新政以来，犹太人一直是民主党坚定的支持者。卡特到里根时期，犹太人对民主党的支持有所减弱，曾一度让观察家们认为犹太人要改变风向了。事实并不如他们所料，犹太人对民主党的支持又呈现稳健上升水平。2008 年奥巴马竞选总统时，犹太人内部关于奥巴马的怀疑之声很多，共和党借机渲染，有人预测，犹太人会阻断奥巴马的总统梦，事实上，犹太人对奥巴马的支持达到 78%。究其原因，学界有多种解释，其中有从犹太教信仰方面解释的，认为犹太教中有三点因素非常关键，即：重视教育、热心慈善（Zedakeh）与“修补世界”（Tikkun Olam）的思想。这些固然有影响，但仍然存在解释不足的问题。因为同样是犹太教徒，调查发现，宗教思想越正统的，政治思想越倾向保守，这实际上表明有更为决定性的因素。美国犹太人自我生存的历史对其自由主义倾向更有决定性作用。由于历史原因，美国犹太人将自身定位于受迫害的弱势群体。到了美国以后，即便他们在社会经济地位上有了明显的提升，美国的宗教氛围也相对宽容和宽松，但是他们的不安全感仍然存在。这种自动归附弱势群体的心态对美国犹太人的自由主义倾向有比较大的影响。另外，美国主义对犹太人的影响不可忽视。对比犹太人在加拿大、英国、法国等国的情况，就会发现，同是犹太人，美国犹太人的自由主义倾向更为明显，这从另外一个侧面反映出美国犹太人的自由主义情结也是美国主义的产物。

有人说犹太人的自由主义是与自己的阶级利益向背的，比如犹太人赞成富人多纳税，税率越高，自己承担的份额越高。再比如犹太人赞成削减国防开支，减少对外干预，但是高国防开支对支持以色列明显有好处。在我看来，从表面上看，似乎如此。但犹太人对自由主义理念的支持，实质对犹太人自身是有益的。比如犹太人强烈拥护宪法中政教分离的规定，支持不确立国教，这实质上让犹太教在基督教社会里取得了法律意义上的平等地位，这是犹太人以前在其他国家没有享受到的，这对犹太人在美国社会不受宗教影响地享受平等教育、就业等意义巨大。所以在我看来，自由主义对犹太人自身是有益的。

问：无论是学界还是政界，几乎没有人否认美国犹太人对以色列的亲近感，他们通过研究调查发现，几乎所有犹太人都关心以色列作为一个国家存在对于自己犹太身份的重要性。但是关于美国犹太人对以色列的亲近程度，不同专家有不同解读。主要有两种声音，一种以斯蒂文·M. 科恩（Steven M. Cohen）与阿里·Y. 凯尔曼（Ari Y. Kelman）为代表。2007年，他们发表研究报告《超越距离：年轻成年犹太人及其与以色列的疏离》①，认为近10来年，美国犹太人，尤其是年轻犹太人和与异族通婚者对以色列的疏离感加强了。从20世纪六七十年代，到现在的21世纪最初10年，美国犹太人的亲以程度表现出比较明显的代际差异。老一代犹太人比现在的犹太人更亲近以色列，也更重视自己的犹太身份。当老一代犹太人被年轻犹太人所代替，美国将出现对以疏离的趋势。

但是以布兰代斯大学西奥多·赛森（Theodore Sasson）教授为首的研究团队，参照了美国犹太人委员会（AJC）常规性的调查数据，得出了几乎相反的结论。他们说："无论学术作品还是调查研究结果，均不支持美国犹太人对以色列已经疏离的观点。"他们研究了从1989年到2005年的AJC调查数据，发现"关心以色列"，"觉得以色列对自己很重要"的数据长期以来在70%—80%之间。2010年，他们发表报告《仍然联系紧密：

---

① Steven M. Cohen and Ari Y. Kelman, Beyond Distancing: Young Adult American Jews and Their Alienation from Israel, Hebrew Union College-Jewish Institute of Religion and Florence G. Heller-JCCA Research Center, 2007.

美国犹太人对以色列的态度》[①]。他们对1200名拥有犹太身份的人进行了调查，问题涉及“你在多大程度上与以色列相连”，“你去过以色列吗?”等，结果显示：63%的受访者认为非常有关联，75%的人赞同“关心以色列对他们的犹太身份很重要”。这与过去20—30年相比，没有什么不同。年轻犹太人看上去比老一辈犹太人疏远以色列，这是正常的表现，任何一个时代都是这样，但是当年轻人年龄日益增长，他们对以色列的情感也会更趋于强烈，而且随着“发现——以色列生来就有的权利”（Taglit-Birthright）项目的推广，越来越多的年轻犹太人有去以色列免费旅游的机会，在此过程中他们亲身了解了以色列，这显然会增加他们对以色列的认同，所以总的来说，这几十年来，犹太人对以的亲近感几乎没有什么实质变化，仍像过去那样坚不可摧。该研究认为科恩的研究没有注意到人在成长过程中思想观念的变化。您如何看待这场争论，您眼中的美国年轻人对以色列的亲近感究竟什么样?

肯：不同的学者研究方法和侧重点有不同，研究结果自然也有出入。将生命周期对人的思想影响考虑进去，有一定的道理。不可否认，随着个体年龄的增长，有一部分人的思想会发生如赛森所说的变化。现实政治也会在不特定的时候对人的思想产生影响。打个比方说，若现在伊朗攻击以色列（可能性极小），某些犹太年轻人的想法就会因此发生很大的转变，所以赛森的推断某种程度上有他的价值，现实政治的难以预测性应该包括进去。但总的来说，我还是比较倾向于科恩的观察和判断。美国犹太人对以色列的亲近感不是一成不变的。以色列建国初期，美国犹太年轻人，特别是在美国出生的犹太年轻人对以色列的建国虽然很高兴，但是并不狂热。1967年“六·五战争”前后，以色列力挽狂澜式的胜利，让这种情绪上升到了极点，美国犹太人愿意为以色列倾其所有。但是随着越战、民权运动在全国的风行，当年美国犹太年轻人对以色列的关注热情有所下降，但是总体来说，比现在年轻人对以色列的关注要强。在老一辈犹太人眼里，以色列仍然是被中东国家包围的弱小国家，它需要美国犹太人的强大

---

① Theodore Sasson, Benjamin Phillips, Charles Kadushin and Leonard Saxe, Still Connected: American Jewish Attitudes about Israel, Cohen Center for Jewish Studies, Brandeis University, August 2010.

后盾，否则，随时面临生存危险。但是现在的犹太年轻人，一方面，因为异族通婚，造成部分这类家庭的犹太人对以色列关注减少；另一方面，在很多美国年轻犹太人眼里，以色列已远不是父辈眼里的中东小国，相反他们会认为以色列非常现代，拥有的高新武器，足够应对敌国的攻击。再有，出生权利项目，方便了年轻人去以色列的旅行，他们有了更多机会近距离接触以色列，但与此同时，相对在美国的父辈，年轻人有机会用自己的眼睛观察以色列，他们看到以色列面临的危险、以色列为维护安全所做的努力，同时他们中的少部分也关注到了国际上因定居点问题对以色列的负面情绪，这些负面情绪让他们尴尬，使得他们对以色列的民主性质持怀疑立场。为掩饰这种无能为力的尴尬，少部分人会表现漠不关心以色列的姿态。这种对以色列的疏离感确实存在，这应该引起美国犹太社团的担忧。

问：从20世纪80年代初到现在，犹太保守派和基督教福音派在以色列问题上结成了联盟。后者是美国亲以势力中的很重要的非犹太人部分，客观上对美国支持以色列起到了一定的作用。您如何评判这样的联盟？

肯：坦率地讲，我对这样的实用主义联盟并不感冒，现实生活中我们会发现实用主义政策能带来短期效果，但是长期来说，短见可能贻害无穷。我的感觉也代表绝大多数美国犹太人的想法，他们对与福音派结盟感到很不舒服，因为犹太人和基督教福音派有太多的不同，比如在堕胎、同性恋、控枪等很多问题上，犹太人与福音派差异巨大。纵然在支持以色列问题上是一致的，但是内政是犹太人政治关注的首要内容，这在“J街”的委托调查中得到了证实。① 犹太人对福音派的观感可以从2007年的一份调查发现得到进一步佐证。在这份调查中，美国犹太人相对全国其他人来说，更愿意支持同性恋者、女性、黑人、西班牙裔、穆斯林当总统。② 他们最不乐意支持当总统的人就包括基督教福音派人士。由此可以看出，美

---

① “J Street National Survey of American Jews,” Gerstein Agne Strategic Communications, November 2, 2010, 详见：https://s3.amazonaws.com/s3.jstreet.org/images/J_Street_NationalPoll_Survey_Results.pdf。（上网时间2013年8月13日）

② Kenneth D. Wald, the puzzling politics of American Jewry, Quality Data on Religion, p. 21. 引自：the ARDA Association of Religion Data Archives，参见：http://www.thearda.com/rrh/papers/guidingpapers/Wald.pdf。（上网时间2013年6月2日）

国犹太人对这类联盟的态度。美国犹太人对基督教福音派过多强调宗教在政治决策中的作用十分警惕，这容易使他们联想到“基督教政府”。而且基督教福音派对政府福利政策的怀疑也使它与犹太人的立场相距甚远。

问：在很多有关美国犹太政治的研究文章中，“the American Jewish Establishment”和“the American Jewish Community”两个词经常被提及。这两个词有什么区别与联系

肯：“the American Jewish Community”主要指的是犹太人这个社会性整体，美国犹太人作为少数族裔，从踏上美国国土就以会堂—社区方式存在，后来又以社区—会堂方式生存。社区在美国犹太人的生活中发挥着重要的作用，研究者或者其他群体就以这个词来代替整个犹太人群体。至于“the American Jewish Establishment”，现在并没有一个约定俗成的界定。可能有些人用来指以美以公共事务委员会（AIPAC）、美国犹太组织主席会议、美国犹太人委员会为首的一些主要犹太组织。但是据我的观察，这些组织均是平等的。犹太教会里并没有像天主教那样的金字塔式的教阶结构，犹太组织也是这样，是一些群众机构，很草根化。众多的犹太人联合会，也基本以募资为主要目标，募集的资金主要用于各项犹太人相关的事业，所以我并不认同有什么“Jewish Establishment”之说。

问：在罗伯特·D. 普特南的作品《独自打保龄球：美国社区的崩溃与复兴》① 中，他指出，20世纪60年代末以来，托克维尔所描述的美国社区生活正在衰弱，美国社会出现“社会资本”流失的现象，百姓对参与公共生活的热情日益降低，很多社会组织出现了人数减少、机构涣散的“空心化”趋势。他认为民众热心社会组织，并参与公共事务曾经是美国式民主的基础，如此下去，将对民主的发展产生不利影响。在宗教参与方面，“社会资本”流失的现象虽不是那么严重，但是同样出现了参与热情和参与人数均下降、宗教日益私人化的趋势。您如何评价他的判断？您觉得这样的判断适用于犹太社团吗？

肯：我基本认同这样的现象，出现这类现象的原因有很多，其中最主

① Robert D. Putnam, Bowling Alone: The Collapse and Revival of American Community (New York: Simon & Schuster, 2000).

要的是现代社会生活方式的影响。快节奏的现代化生活让人们和社区的联系不再像过去那么紧密，现代社会的工作压力也让人们在时间和空间上继续传统的社区组织生活，变得日益困难。就宗教领域而言，近年来，绝大多数宗教都存在会员减少的情况，这已是不争的事实。美国犹太社团同样面临这类问题，年轻人很少参与犹太会堂的活动，这不是说一个“生命周期”可以改变的，现在的年轻人就是到他们老了，他们的宗教虔诚度也很难和老一辈相比。宗教私人化的趋势，我认为这种现象是存在的。就犹太教而言，传统上就重视自我修行，因此，这类现象表现得更为明显，人们倾向于将宗教看成是私人生活的重要内容。这也可以进一步解释美国犹太组织“内向化”的趋势，即越来越关注美国犹太社团本身的生存与发展。这和20世纪60年代对犹太复国主义运动狂热的支持有极大的区别。

问：刚才您提到了犹太组织，我们知道美以公共事务委员会是其中久负盛名的。但是，近些年来，像“J街”这样的主要以犹太年轻人、特别是大学生为成员的新兴组织吸引了不少人的眼光。在奥巴马第一任期，“J街”和AIPAC等一起成为奥巴马咨询巴以问题政策立场的座上宾。“J街”所主导的“两国方案”，正是奥巴马在第一任期高调主张的解决阿以问题的方案。有人据此认为，“J街”得到了奥巴马的器重，以色列要面临非常大的压力。您怎么看？

肯：“J街”是和AIPAC性质类似的犹太组织，以影响政府决策制定、保护以色列为己任。试图影响政府政策的组织有很多，相互力量有对冲。目前“J街”规模还非常小，影响没有有些媒体所说的那样大，只不过它的看法与主流犹太人组织有差异，因而显得独特一些。奥巴马请“J街”谈看法，不代表他要完全采纳“J街”的立场，他请各类犹太组织参与探讨，只是表明他愿意倾听各方声音。“两国方案”，还是其他方案不是解决阿以问题的重点，重点是巴勒斯坦方面要有一个真正的富有诚意的负责任的代表来谈。目前还看不出巴勒斯坦方面的领导层有解决问题的诚意，比如打击恐怖势力，给以色列安全保证等，所以美国政府若想通过给以色列政府施加压力，让它在定居点问题上让步再让步，实际上很难行得通。

问：很多民调显示，只有很少一部分美国犹太人在选举议员和政府官员时，是根据候选人是否亲以色列来投票。在您的《美国宗教与政治》[1]中，您也提到了这一点，其实很多美国犹太人更关注国内政治。可是这少部分犹太人却产生了很大的影响，“J街”的创办人杰里米在其著作《支持以色列的一个新声音》中称之为“最大声的8%”，而正是这些声音造就了所谓的现代犹太阴谋，即美国犹太人操纵了美国的外交政策。您怎么看待这8%？您赞同这种说法吗？

肯：我赞同美国犹太人并不像传言所说的以以色列为标杆来决定投票取向的观点。美国犹太人非常关注国内的人权、福利、同性恋等诸多社会问题，他们素称自由主义。就这一点来说，美国犹太人的投票取向和民主党的主张有很多共同之处。至于“最大声的8%”，这只是部分人的看法，有些亲以组织做得比较高调，在全国是有很大的影响，比如说美以公共事务委员会，但是能够说它们就是最大声的8%？至少我没有听到统一的权威说法。2007年，约翰·米尔斯海默等人的书《以色列游说和美国外交政策》[2]，据说已翻译成中文，也有类似观点，但是，只要你读了那本书，你就会发现其论证存在一定的问题，写得有点不像学术论著。

问：在研读美国犹太研究的资料和作品时，我发现大多数犹太研究的作品出自犹太人和犹太机构，为什么犹太人那么热衷研究自己？您觉得犹太人身份会影响其作品的客观性吗？

肯：确实大多数犹太研究作品出自犹太人之手，原因很简单，犹太人想弄清自己是谁，这是很多少数族裔的共性。犹太身份是否影响犹太作品的客观性，我只能说存在这样的可能性。比如我在给学生讲宗教与政治类的课时，我会提醒学生，我是一个保守派犹太人，我的观点仅供参考，具体判断在个人。多数犹太研究作品出自犹太人之手的说法不错，但是并不可怕，因为不同的人有不同的观点，我们在阅读不同的作品时，会有自己的审视和研判。

---

① Kenneth D. Wald and Allison Calhoun-Brown, Religion and Politics in the United States, the Sixth Edition (Lanham, MD: Rowman & Littlefield Publishers, 2011).

② John Mearsheimer and Stephen Walt, The Israel Lobby and U. S. Foreign Policy (New York: Farrar, Straus and Giroux, 2007).

附录 2

美国犹太自由主义的成因：构建与受益

——兼论美国犹太例外论*

孙晓玲

内容提要：作为以中产阶级为主体的族群，美国犹太人并未自动归属保守主义阵营，而是一以贯之地表现出独特的自由主义倾向。学界对此解读甚多，但“美国犹太例外论”具有较高解释力。犹太自由主义是作为少数族裔的美国犹太人在基督教占实质主导地位的北美构建自我保护机制的选择，也是犹太人争取平等生存权利的产物。美式自由民主思想客观上为美国犹太自由主义的生长提供了合适的土壤，而后者反之又推动并丰富了前者。

关键词：犹太价值观　犹太流散史　美国本土因素　美国犹太例外论

20 世纪 70—80 年代以来，伴随基督教福音派在美国政坛的崛起，部分右翼犹太精英与保守派有接近迹象，政坛与学界有人据此推测美国犹太人将抛弃自由主义传统，就此完成保守主义转向。① 但无论是犹太人在主要公共问题和公共事件中的表现，还是近 20 年来他们的政治选择与投票行

---

* 原稿刊载于《世界民族》2014 年第 3 期，62—70 页。

① 国外最有影响的相关作品如：John J. Mearsheimer and Stephen M. Walt，The Israel Lobby and U. S. Foreign Policy，New York：Farrar，Straus and Giroux，2007；国内关于美国犹太人保守化的研究，如：汪舒明：“美国犹太人的自由主义和保守化（二）”，载《世界民族》，2008 年第 2 期，第 50—61 页。

为均表明：自由主义仍是美国犹太人的主流倾向。① 从20世纪50年代开始，美国犹太自由主义的成因就已引起学界关注，时至今日，仍是美国犹太人研究的热点话题。② 相较于“犹太宗教价值观影响论”和“流散历史影响论”，笔者更倾向于“美国犹太例外论”。犹太自由主义是作为少数族裔的美国犹太人在基督教占实质主导地位的北美大陆寻求自保的方式，也是其争取平等生存权利的自然产物。新大陆的开放性、新教徒中反国教者的自由思想、独立战争与南北战争引领下的资产阶级民主思潮等客观上为犹太自由主义的生长提供了合适土壤。犹太人通过倡导宽容、自由、多元主义使自己摆脱边缘化的境遇，犹太自由主义反过来又丰富并推动了美国的自由民主。

一、美国犹太社团的自由主义传统

（一）自由主义与美国犹太社团

自由主义（Liberalism）是在洛克、伏尔泰和康德为代表的启蒙思想家影响下形成的哲学思想体系，主张尊重人性与理性，强调生命、自由、财产不可侵犯。最初它在反专制压迫、宗教束缚，争取平等的资产阶级革命中为自己赢得一席之地，后来逐步演化为系统的政治哲学。自由主义历经多次流变。在美国当代语境下，自由主义主要是现代自由主义，与古典自由主义的自由放任不同，它肯定政府通过货币、财政、税收等手段对经济、政治和社会的调节责任，福利国家、平等民权、公民自由、国际主义等均是其主要立场。而保守主义则是与自由主义相对的一种意识形态。

美国政治行为学者的研究表明：一般而言，社会地位、经济收入越高

---

① “倾向”是为表明大致性趋势，并非突出犹太社团内部的完全一致性。美国犹太人祖辈来自世界各地，成员复杂、派别多样，“两个犹太人，三种意见”这句俗语流传至今，反映出犹太人的多元主义面向。

② 关于美国犹太自由主义的研究，代表作品有：Lawrence H. Fuchs, The Political Behavior of American Jews, Illinois: the Free Press, 1956; Steven M. Cohen, The Dimensions of American Jewish Liberalism, N. Y.: American Jewish Committee. 1989; Charles S. Liebman and Steven M. Cohen, “Jewish Liberalism Revisited”, in Roberta Rosenberg Farber and Chaim I. Waxman eds., Jews in America: A Contemporary Reader, NH: Brandeis University Press, 1999; Marc Dollinger, Quest for Inclusion: Jews and Liberalism in Modern America, N. J.: Princeton University Press, 2000。

的团体，政治上越倾向保守主义。[①] 美国犹太人主要居住于东北部或南部沿海发达都市，受教育程度高，多从事金融、教育、司法、新闻、娱乐等专业领域工作，经济上属于较为富足的中上阶层，但其政治立场不但未按一般逻辑表现出中上阶层或富有阶层应有的共和党倾向或保守主义倾向，反而呈现出与其他族裔相比的“不相称性和不合比例性”。[②] 美国全国舆论调查中心（简称 NORC）20 世纪 90 年代的一项调查显示，从 1973 年到 1994 年，平均有 48% 的犹太人自称自由派，而非犹太人仅 27%。[③] 若将犹太人分为犹太大众与犹太精英，罗伯特·勒纳（Robert Lerner）等人的研究发现，后者比前者更支持自由主义理念。[④]

（二）美国犹太自由主义的主要表现。

犹太自由主义政治哲学，不仅体现在多数犹太人价值观的自我认定上，而且体现在他们的政策行为选择上。

在国内政治方面，美国犹太人投票较其他族裔积极，且多忠于民主党。无论在国会还是在总统选举中，犹太选民对民主党的支持至少会高出共和党两成。[⑤] 从 1932 年罗斯福“新政”犹太人正式走上美国政治舞台开始，其对民主党的支持率从未低过 40%，平均达 75%，如（表 1）所示。卡特和里根竞选总统时，犹太人对民主党的支持率创造了历史性低点，主要原因是卡特的中东立场遭部分犹太人抵制。即便如此，这次投票依然反映出犹太人整体的自由主义倾向。里根积极于以色列事业，而这并不影响犹太人将高出 6% 的选票投给卡特。

---

① Nathaniel Weyl, The Jews in American Politics, N. Y.: Arlington House, 1968, pp. 1 – 4.

② Kenneth D. Wald and Allison Calhoun-Brown, Religion and Politics in the United States, MD: Rowman andLittlefield Publishers, 2011, p. 266. Geoffrey Brahm Levey, “Toward a Theory of Disproportionate American Jewish liberalism,” in Peter Y. Medding ed., Studies in Contemporary Jewry: XI: Values, Interest and Identity: Jews and Politics in a Changing World, N. Y.: Oxford University Press, 1995, p. 64.

③ Charles S. Liebman and Steven M. Cohen, Jewish Liberalism Revisited. p. 197.

④ Robert Lerner, Althea K. Nagai and Stanley Rothman, “Marginality and Liberalism among Jewish Elites”, The Public Opinion Quarterly, vol. 53, no. 3 1989, pp. 330 – 352.

⑤ Sidney Goldstein, “Profile of American Jewry: Insights from the 1990 National Jewish Population Survey,” American Jewish Year Book1992, vol. 92, N. Y.: American Jewish Committee Publication, 1992, pp. 99 – 100.

表1 美总统选举中犹太人投票情况表（1932年-2012年）

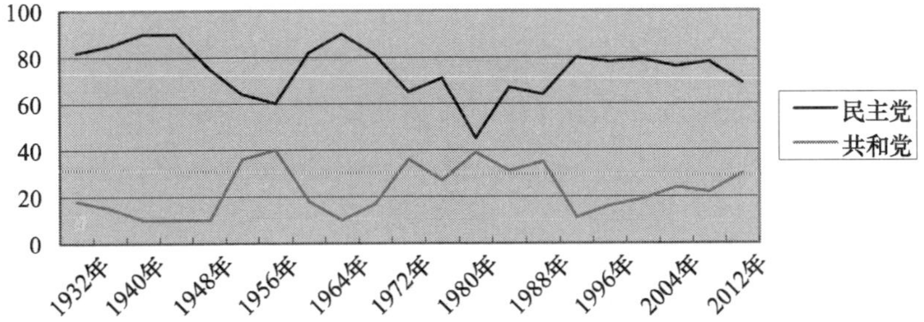

数据来源：Jewish Virtual Library，详见 http://www.jewishvirtuallibrary.org/jsource/US-Israel/jewvote.html，图表系笔者整理制作。

从（表1）中可以看出1976年到1986年间，犹太人对民主党和共和党的投票数差距最小。与此同时，美国保守阵营注意到犹太社团中以正统派和少数犹太精英知识分子为主的人群的保守化现象。这部分人或受各类犹太复国主义影响，或对20世纪60年代以来的民权运动再反思，出现了内向化情绪，表现为对犹太民族生存极为关注，对其他族群权益漠然，并对美国权力的实现和价值观外输持和共和党一样的保守立场。当时甚至有犹太知识分子在《评论》和《公共利益》等主流杂志撰文，呼吁犹太人重新考虑其自由主义传统，转向支持共和党。共和党保守派人士兴奋地预测犹太人就此要转向了，可是很快就被犹太团体的现实选择所敲醒。

20世纪90年代后，犹太人对两党投票率差距恢复至30%—40%。原因是绝大多数犹太人仍对自由主义怀有好感，并对在共和党中得势的福音派不感冒。2007年皮尤中心（Pew Center）调查发现，在同性恋者、女人、黑人、西班牙裔、摩门教徒、穆斯林、福音派等选项中，美国犹太人最不愿意支持作为总统候选人的是美国保守势力的代言人——基督教福音派。[1]所以断言犹太人群体性右转为时过早。奥巴马竞选总统初期，一度被外界怀疑拥有伊斯兰血统，甚至有观察者搬出他和基督教牧师赖特（Jeremiah Wright）间曾经的亲密关系，后者曾多次释放仇视以色列的种族主义言论，

① Kenneth D. Wald and Allison Calhoun-Brown, Religion and Politics in the United States, p. 272.

有人据此推测一旦奥巴马上任就会对犹太人和以色列不利。但是投票最终结果击碎了这些传言，犹太人对奥巴马第一任期的支持率高达78%，第二任期虽有下降，但仍有69%。此外，美国犹太人还是民主党的最大金主，民主党一半以上的竞选资金来自其捐款。①

在政教关系上，作为少数族裔，生活在基督教占主体的国度，犹太人有理由对政府机构引入宗教符号保持警惕，所以他们与非犹太白人表现出的最大不同是：反对公立学校祈祷，主张政教分离。20世纪七八十年代以来，基督教福音派力量不断上升，其教徒出于对末世论的虔信，将犹太人回归巴勒斯坦重建第三圣殿看成是基督复临拯救人类的前提，因而积极支持犹太复国主义，主张亲以色列，部分犹太正统派和右翼犹太势力因此与之日趋接近。2003年伊拉克战争，因布什决策圈中有些犹太右翼知识分子精英，这场臭名昭著的战争被部分学者解读为犹太势力和基督教保守派的“联合阴谋”。可实质却是：福音派犹太复国主义在阿以争端问题上的强硬立场加强了小众犹太右翼势力，阻碍了犹太社团在犹太复国主义问题上的公正讨论，助长了犹太组织内部的不民主氛围，引发基层不满。绝大多数犹太人对于此接近持负面感受。笔者在美访学期间，每每与犹太人谈及此类现象，他们均对这种“实用主义联盟”感到羞耻，认为福音派扩张易让人联想到“基督教政府”，其支持的犹太复国主义和犹太人支持以色列在宗教理解上差异巨大，前者只在满足私利；此外，他们还对福音派支持福利国家的力度十分怀疑。

在国内社会经济政策上，在美国主要宗教社团中，犹太人属于比较支持政府对经济、福利和社会公平负责的白人团体（如表2）。美国犹太社会学家、前《美国犹太年鉴》编撰人希默尔法布（Milton Himmelfarb）曾这样描述犹太人：犹太人挣钱像圣公会教徒（当时在美国最有钱的少数族裔），投票像波多黎各人（当时美国最穷的属地居民）。早在20世纪50年代，社会学家斯凯莱（Marshall Sklare）对芝加哥郊区犹太人的调查中，当问及“什么是好犹太人”时，超六成受访者认为支持“全人类的人道事业

---

① J. J. Goldberg, Jewish Power, MA: Addison Wesley, 1996, p. 276.

最为基本”,[1] 20 世纪 80 年代，这种倾向被《洛杉矶时报》全美犹太调查再次证实。当问及在“维护社会公平的责任、遵守犹太教规、支持以色列、其他”中哪一项是作为犹太人最为珍视的品质时，半数犹太人选择第一项。除正统派仅 18% 选择该项外，其他各派犹太人均对此持肯定态度。[2] 2004 年美国犹太人委员会开展过一项类似民调，结果与此相差无几。[3]

表 2　经济自由主义支持率与宗教传统关系表（百分比）

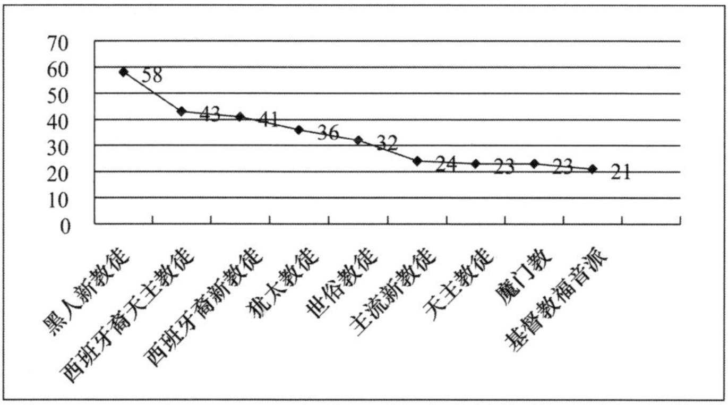

数据来源：Kenneth D. Wald & Allison Calhoun-Brown, Religion and Politics in the United States, (MD: Rowman & Littlefield Publishers, 2011), p. 181。主流新教是指新教的主流派别，如路德会、长老会 圣公会、浸礼会等。

在公民自由方面，美国犹太人重视个人自由与平等。他们主张政教分离、大麻合法化、有限规范色情业、政府为堕胎者埋单、对共产主义宽容。20 世纪 60 年代，他们积极支持新左派运动，并与黑人社团保持紧密联系，声援他们的民权主张，有些犹太人成为民权运动的领袖和重要组织者。20 世纪 80 年代，虽然美国犹太人与黑人的关系有些紧张，但犹太人

---

① Steven M. Cohen, the Dimensions of American Jewish Liberalism, p. 2.

② Steven M. Cohen, the Dimensions of American Jewish Liberalism, p. 2.

③ North American Jewish Data Bank, “2004 Annual Survey of American Jewish Opinion,” www.jewishdatabank.org/Archive/N – AJC – 2004 – Data_ Summary.pdf.

仍是黑人诸多社会诉求的支持者。1988 年，美国四大著名自由民权组织[①]的问卷表明：犹太人是仅次于黑人偏向支持自由民权的族群。[②] 在国际方面，美国犹太团体大多是自由世界主义者，他们希望美国能改变世界其他地区弱势群体的生存状况。他们是防止及惩治种族灭绝罪公约，国际人权法案和联合国等世界组织的积极倡导者和支持者。同时他们又支持国际非干涉主义。在越战前，犹太族裔和其他族裔相比是美国最支持削减军费，减少对外用兵的团体。伊拉克战争时期，关于美国打伊拉克战争是在为捍卫以色列安全的论断，经常出现在媒体或畅销书中，但美国犹太人总体对伊战的支持率不及一般民众，早在战争爆发前夕，美国犹太人委员会的调查发现，犹太人对打伊战的支持率为 59%，而美国民众平均支持率为 64%。[③]

二、美国犹太自由主义的成因

多年来，美国犹太人自由主义倾向的原因在学界和政界引发了极大的研究兴趣，对此解读众说纷纭。犹太信仰与传统价值观影响论曾一度流行，犹太流散史影响论在挑战前者过程中备受瞩目，而笔者则倾向于美国犹太例外论。宗教价值观和流散史固然对美国犹太自由主义的形成有影响，但真正让多数犹太人笃定自由主义选择的是美国特殊的人文和制度环境。

（一）犹太宗教价值观影响论

作为以犹太教和犹太文化维系的族群，美国犹太人的自由主义情节自然会令人联想到宗教传统价值观的影响。20 世纪 50 年代，美国布兰代斯大学的福克斯（Lawrence H Fuchs）在探讨美国犹太人的政治行为时，较

---

① 即美国公民自由联盟（ACLU）、全国妇女组织（NOW）、全国有色人种促进会（NAACP）、美国计划生育联盟（Planned Parenthood）。

② Steven M. Cohen, The Dimensions of American Jewish Liberalism, p. 13.

③ James D. Besser, "The Jews and Iraq: Defying Critics, Most American Jews Reflect the General Public's Confused Ambivalence over a New Gulf War", Baltimore Jewish Times. vol. 270 no. 7, Feb. 14, 2003, p. 44.

早地就此展开分析，他对犹太教影响持较积极态度，引发持续探讨。[①] 他认为犹太文化从三方面影响着犹太人。第一，学习《托拉》（Torah）；第二，慈善——“储达卡”（Zedakeh，希伯来语：“公平、正义”，现多指“慈善”）；第三，现世快乐（非禁欲）。犹太人对《托拉》的学习，对《塔木德》指引的遵循，直接后果就是对教育的重视。教育的根本在于启迪智慧，结果是人的思想更为自由、辩证，并能构造符合理性与真理的世界。犹太人受教育程度远高于全美平均水平，美国著名大学中犹太教授数保守估计达到15%。而社会学诸多研究证明：大学教授通常思想比较自由。[②] 1988 年，美国社会学家科恩（Steven M. Cohen）通过对1700名受众的调查，就教育与自由主义倾向间的相关性加以调查论证，得出二者呈正相关函数关系的结论。

慈善是犹太人的另一大传统，“储达卡盒”（Zedakah Box）是犹太社区、会堂、犹太家庭不可少的物件，功能是募集钱财为社区服务。根据犹太教义，慈善是犹太人履行上帝吩咐，无条件践行上帝戒命，不图回报地向有需要的人提供帮助。慈善目的是为建设一个好的公正的社会。事实上在很多犹太人看来，一个好的犹太人是“忠于社会公正和进步价值观的人，而并不必须是个遵守宗教传统的人”。[③] 在“储达卡”思想推动下，“提坤奥兰姆”（Tikkun Olam）在犹太人中非常流行。“提坤奥兰姆”是希伯莱语，意为“修补世界”、“治疗世界”，该思想出现于拉比犹太教时期[④]，到今天有了现代性含义。它强调人对改造世界负有责任，为此，人必须身体力行为周围环境的改善而贡献力量。如果说“Zedakah”最初目

---

① Lawrence H. Fuchs, The Political Behavior of American Jews, Illinois: The Free Press, 1956, pp. 171 – 191. 另外较有名的探讨详见 Stephen D. Isaacs, Jews and American Politics, N. Y.: Doubleday, 1975。

② Neil Gross and Ethan Fosse, “Why Are Professors Liberal?” Theory Society, 2012, vol. 41, pp. 127 – 168.

③ Anna Greenberg and Kenneth D. Wald, “Still Liberal After All These Years?” in L. Sandy Maisel and Ira N. Forman ed., Jews in American Politics, New York: Rowman and Littlefield Publishers, 2001, p. 162.

④ 自公元70年第二圣殿被毁到公元630年前后，犹太人流亡各地，原先集中于圣殿的宗教仪式无法进行，多地出现会堂，精通律法的文士成为会堂的宗教导师，被称为“拉比”（Rabi，即师傅），“拉比”时期因此得名。

的是犹太人内部的互相扶助，“Tikkun Olam”则将“Tzedakah”外延由社区扩展到世界范围。此外，福克斯还认为非禁欲主义同样造就了犹太人积极的现世生活态度和自由主义性情。

（二）流散历史决定论

从20世纪80年代开始，对犹太信仰决定论的挑战之声日渐增多。主要质疑有三：第一，如何解释同样受犹太教影响的以色列犹太人自由派和保守派人数分庭抗礼？而且在犹太教对国家政治生活的影响、对阿拉伯少数族裔政策、政治宽容等诸多问题上，以色列犹太人要比美国犹太人保守很多。第二，当今世界美国以外的主要发达国家，如英国、加拿大、澳大利亚等国的犹太人基本持中立或偏保守立场，这又如何解释？第三，为什么美国最虔诚的正统派犹太人多支持共和党？科恩1983年的研究证实：对犹太教义最为熟悉，受犹太教影响最深刻的犹太教徒反而在政治上是最保守的。1999年，他在《犹太自由主义再思考》一文中，进一步论证了犹太宗教文化对犹太自由主义的产生不占决定性影响，[①] 佛罗里达大学肯尼斯·D. 沃德（Kenneth D. Wald）也认为美国犹太人只是选择了于己比较有利的自由主义宗教神学价值观，而犹太神学价值观中还有非常保守的成分，也就是说神学价值观不是美国犹太自由主义倾向的决定性因素。[②]“流散历史决定论”在质疑中地位上升。

“流散历史决定论”者认为，犹太人倾向自由和自身不断受迫害的历史经历有关。在漫长的流散生活中，犹太人一直处于社会边缘，反犹主义造成其长期缺乏社会安全感，[③] 在此背景下，他们对左派产生天然的亲近感，觉得左派关注少数族群和弱者群体的利益，在政治上有益于自己。

美国犹太人的祖辈多来自欧洲，因此，理解美国犹太自由主义不能忽视其源头。在移民美国之前，占据犹太人口90%的欧洲犹太人多属于长期

---

① Steven M. Cohen, American Modernity and Jewish Identity, N. Y.: Tavistock, 1983, pp. 143 – 153; Chaim I. Waxman, Jews in America, pp. 197 – 200.

② Kenneth D. Wald, The Puzzling Politics of American Jewry, p. 8, Quality Data on Religion, www. ARDA. com.

③ Chaim I. Waxman, American Jews in Transition, Philadelphia: Temple University Press, 1983, pp. 98 – 102.

受压迫、受歧视、政治上被边缘化群体。团体诉求和个人利益无法得到充分保障的遭遇，使其形成了追求自由、反抗压迫的个性。欧洲启蒙运动、法国大革命中，都有犹太人的身影。犹太人甚至开展了他们自己的启蒙——哈斯卡拉运动，[①] 虽然该运动导致不少人改宗，但是它以科学和理性改革了犹太教，并使犹太人在思维方式、生活习俗、举止装束上适应资本主义的现代生活。有些德国犹太人为融入德国主流生活，表现得比德国新兴资产阶级还现代。摩西·门德尔松翻译成德文的《圣经》像赋予人们自由法令一样，受到许多犹太人的欢迎。[②] 19世纪30年代前后，德国犹太启蒙运动向东欧传播，与当地的社会主义运动、劳工运动建立了较为密切的联系。美国犹太人的早期欧洲经历或多或少影响着后代的思想与行为方式。科恩1988年的调研证实了父辈思想对犹太人后辈左派或自由主义情节的影响。[③]

（三）美国犹太例外论

即便以上诸论点都成立，也不足以解释美国犹太人为何比世界其他地区的同胞更坚定地站在自由主义一边。由此可以推断，美国本土因素不可忽视。事实上犹太自由主义是犹太人拥抱美国精神的产物，美国的人文和制度环境成就了犹太人独特而持久的自由之风。

美国精神是美国人在建设美利坚合众国过程中形成的独特的思想、气质、思维方式和行为方式的总和。美国是典型的移民国家，300多年来，来自不同国家具有不同宗教、种族和文化背景的人来到北美，为实现生存、自由而奋斗。欧洲新教徒构成早期移民的主体，后逐渐发展成为具有重要影响的盎格鲁—撒克逊美国人（White Anglo-Saxon Protestant，WASP集团）。他们中不少是欧陆失地农民和冒险者，但也不乏受欧洲宗教迫害的富豪与牧师。逃离旧大陆既为追求商业利益，也为追求宗教自由，实践

---

① 杨友孙："论东欧犹太启蒙运动的失败与影响"，载《江西师范大学学报》，2006年第2期，第40—43页。

② ［美］沃尔特·拉克著，徐方、阎瑞松译：《犹太复国主义史》，上海三联书店出版社，1992年9月，第9页。

③ Geoffrey Brahm Levey，"Toward a Theory of Disproportionate American Jewish Liberalism，" p. 66. Steven M. Cohen，The Dimensions of American Jewish Liberalism，p. 26.

宗教分离主义。他们自认是“信仰之父”亚伯拉罕的追随者，带领“族人”来到“应许之地”，凭借个人的勤勉劳动和执着追求，就能蒙受上帝厚爱，将北美大陆建成举世瞩目的“山颠之城”。“清教主义”成为美国精神的核心。① 18世纪英法七年战争后，英国为弥补战争亏空，加紧对美洲殖民地的控制，此举更激发了清教徒对独立、自由和“美国例外”精神的追求。

受迫害的犹太人是北美早期移民中的一分子。新大陆百废待兴的状态和清教徒对自由的追求，一定程度上激励了犹太人。他们在今天美国东北部的港口从事商业贸易，缴纳税赋贡献财富，殖民地经济的脆弱性使得他们成为不可获缺的力量。然而反犹主义并未随犹太人移民北美大陆而彻底消失。荷兰和英国殖民统治者对不信基督的犹太人谈不上尊重，新阿姆斯特丹的荷兰总督斯退文森特（Peter Stuyvesant）曾写信给荷兰西印度公司的董事会，请求不要让“亵渎基督名字”的犹太人来“骚扰、搅乱新殖民地”。② 在多数北美殖民地，他们是二等公民，没有投票权，不得任公职。但从稳定统治的角度，只要犹太人“平静地家里奉行其宗教”，殖民当局懒得滋扰他们。犹太人则一边勤勉工作，一边小心翼翼地努力融进大环境，为自己争得平等民权探路。

犹太人对平等的渴望和新大陆清教徒希望摆脱英国国教束缚、争取平等的努力如出一辙，同病相怜感使得犹太人在北美获得相对欧陆更为宽松的环境。犹太启蒙运动和美国独立战争在18世纪成为推动北美特色犹太教形成的两股力量。“美国犹太教受到了美国民主思想和清教主义的巨大影响，在独立之后的半个世纪里发展出完全属于自己的特征。”③ 美国国父们的立国和治国理念客观上给了犹太人坚定追求自由的勇气。《独立宣言》的起草人杰斐逊、富兰克林均笃信洛克式自由主义，他们将“人人生而平等”法制化。主张宗教自由的杰斐逊认为：“宗教是个人与上帝间的私

---

① 王玮、戴超武：《美国外交思想史1775—2005》，人民出版社，2007年版，第29—30页。

② The Jewish Year Book, 1926－1927, vol. 28, N. Y.: American Jewish Committee Publication, p. 194. 详见美国犹太人委员会网站档案，http://www.ajcarchives.org/。

③ ［美］乔纳森·D. 萨纳著，胡浩译、徐新校：《美国犹太教史》，大象出版社，第26页。

事……不容外界甚至是政府干预。”[①] 1779年，他提出对美国后世影响深远的《宗教自由法》，给不同信仰在美国多元共存提供了其他国家无法比拟的空间，这也是美国给犹太人的馈赠。1790年，犹太人写信给华盛顿总统，感谢新政府赋予犹太人一切道德和良知的自由，以及作为美国公民所享有的豁免权。如果说独立战争只是提出平等的愿景，那么此后的南北战争、罗斯福新政、战后民权运动，则让平等、民主、自由越来越真实地体现在少数族裔的生活中。

美国犹太人感念并热情拥抱美国革命的成果，用自身的改革来适应新的政治环境。犹太会堂开始用“宪章”代替犹太化的术语“askamot”或“haskamot”（会堂管理文件，意为“协议”、“契约”），确认国家权力源于人民，国家中每个团体成员拥有不可侵犯的平等权，从而从根本上触动了传统犹太会堂中男性的绝对权威和领导权的精英化。1885年，美国犹太改革派通过的《匹兹堡纲领》，将犹太教解释成进步的、符合人类理性与时代精神的、与现代科学发展相适应的宗教，将自身在美国的使命指向社会公平和公正。[②] 美国犹太领袖相信“犹太教与宽容、启蒙、理性主义、爱国主义以及作为公民的责任能够有效地协调。”[③] 犹太人希望通过改革尽快融入美国社会，而自由主义姿态是最容易被接纳的。在社会交往中，很多美国犹太人喜欢以种族而不是宗教来界定自己。弱化宗教既是为了增加外界对自身的宽容对待、塑造犹太人和北美其他民族平等建设美利坚的完美图景；也是为了反驳质疑犹太忠诚的反犹太主义，自由主义情节使得犹太人能在体制中保持自我的优游与决断。偏于世俗主义的自我认同使得美国犹太人在新大陆少受保守主义之困。[④]

美国犹太人在高举自由主义旗帜，“拥抱”美国的过程中，曾多次遭遇新教徒主体的挑战。这类挑战不仅没有压垮犹太人，反而激发了其捍卫

---

① Charles B. Sanford, The Religious Life of Thomas Jefferson, Charlottesville: University of Virginia Press, 1984. p. 13.

② ［美］大卫·鲁达夫斯基著，傅有德、李伟、刘平译：《近现代犹太宗教运动：解放与调整的历史》，山东大学出版社，2000年版，第327—328页。

③ ［美］乔纳森·D. 萨纳著，胡浩译、徐新校：《美国犹太教史》，大象出版社，2009年版，第44页。

④ Steven M. Cohen, The Dimensions of American Jewish Liberalism, pp. 32－34.

自由的决心和斗志。19 世纪末 20 世纪初，随着欧洲反犹主义浪潮的兴起，美国国内经济斗争的加剧，社会和经济地位较高的犹太人成为非犹太人、尤其是诸如 3K 党等极端种族主义势力的靶子。二战前期，在“德美同盟”等反犹组织的煽动之下，美国再次出现反犹、排犹事件。与新教徒的微妙关系，使得犹太人担心反犹主义在新大陆仍有生根的可能，于是他们高举美国精神大旗，坚定捍卫《独立宣言》和美国宪法。在新大陆反压迫，反歧视，追求民主人权和种族平等，成为美国犹太人最正当、最自然、同时又自保的选择。幸运的是，美国自由民主制度能让犹太人的自由主义坚持达到比较满意的结果。今天犹太教已成为美国主流宗教之一，反犹太主义难以登上台面。美国犹太人没有理由不珍视自由主义。

就此而言，犹太人在美国获得的自由主义特质，实际上是其他国家难以实现的。在以色列，犹太人属主体民族，他们拥有多数族裔在一个多民族国家的实际优越性，所以在以色列的天平上，犹太人的政治立场不总是落在支持弱势少数族群的自由主义的一方。在俄罗斯，犹太人的自由主义情怀在强大的反犹主义传统印记①面前显得势单力薄。在加拿大、英国、澳大利亚这些受英国国教影响较大的英联邦国家，自由主义并不总能保证犹太人的利益，所以犹太人在政治上偏于中立。

三、犹太自由主义对美国精神的积极影响

美国犹太人自由主义政治哲学选择的自利性并不削弱其利他性。作为亚文化中的弱势群体，他们在自觉担当美国自由主义守护者角色的同时，亦在扮演美国自由体制构建者的身份。

在美国宪政民主建设过程中，犹太人在宗教自由、防止确立国教等方面的贡献不可忽视。早在独立战争前后，他们就在为犹太人的自由能否在大陆会议制宪文件上得到体现而奔走。② 1783 年，费城犹太会堂领袖请求修正宾夕法尼亚州宪法中要求公职人员承认《新约》乃神启的规定。理由

① 唐裕生：“前苏联的反犹政策和犹太移民潮”，载《世界民族》，1995 年第 1 期，第 40—45 页。

② Kennth D. Wald, The Puzzling Politics of American Jewry, p. 13

是它间接剥夺了犹太人作为自由民的最明显权利。18世纪后期，费城犹太商人经济文化地位虽有较大保障，但在参政时受限于该州只有基督徒才能出任公职的规定而难以实现。因担心类似限制性的语言出现在新国家宪法里，费城商人代表13个殖民地犹太人请愿，请求在宪法中不要出现这类限制性排他性的语言，理由是犹太人和基督教邻居一样为新大陆的自由浴血奋战过。这份请愿书是联邦制宪会议收到的有关宗教自由原则的唯一一份具有重要意义的请愿书。[①] 1789年，《宪法第一修正案》定“禁止制定任何法律以确立国教、阻碍信仰自由的规定”。犹太人对此欢欣鼓舞，纽约一所犹太会堂在当年的布道仪式上欢呼：“我们……使宪法让我们享受了平等的权利。”虽然诸多历史文献证明宗教自由思想早已存在于建国者的设计，但是犹太人的诉求客观上坚定了他们实践这一理念的决心。

宪法在宗教上的规定使得犹太人不再受基督教主体的限制，这种自由对常年受宗教迫害的犹太人来说极其不易，它是犹太人成为真正自由民的基础，也是犹太人在其他国家所没享受到的。以前犹太人只是所在国的住户，难以称得上是公民，他们权力只能依赖于统治者的怜悯，这也就难怪美国犹太人要坚定地维护宪制，有时甚至达到顽固偏执的地步。当美国整体社会右转时，犹太人会选择左转，作为一个重要的调节者，犹太人觉得自己有义务提醒美国回到自由主义的轨道上。比如从19世纪初期开始，美国天主教徒就开始反对公立学校祈祷，犹太人是他们坚定的支持者，直到今天，尽管保守派人士企图修改，但是反对公立学校祈祷的法律规定依然存在。内战期间，犹太人踊跃参战，但是1861年的随军牧师法令却将军团牧师限定为“某个基督教宗派的牧师”，显然该规定无视了犹太士兵的宗教需求。犹太拉比为此到华盛顿游说，成功地让决策者将“某个基督教宗派”，改为“一些宗教派别”，这“在美国非基督教信仰的法律认可方面具有里程碑式意义……扩展了美国的宗教自由”。[②]

美国犹太人寻求社会公正的自由主义努力不仅在宗教方面丰富了美国

---

① ［美］乔纳森·D. 萨纳著，胡浩译、徐新校：《美国犹太教史》，大象出版社，2009年版，第32页。

② ［美］乔纳森·D. 萨纳著，胡浩译、徐新校：《美国犹太教史》，大象出版社，2009年版，第103页。

精神，在劳工福利、自由民权等方面，犹太人同样功不可没。众所周知，犹太教安息日是星期六，而基督教是星期日。20 世纪前，两者的冲突均以犹太人的退让为代价，犹太人经常必须在工作类型和犹太休息日之间作选择，有时被迫放弃对美国社会生产的平等参与。在犹太人看来，两天都休息是最好的安排。19 世纪末到 20 世纪初，发达资本主义国家的劳工运动和经济大萧条，给犹太人提供了机会，他们从减缓劳工压力、提高工作效率的角度建议实行双休制，获得政府的支持，犹太自由主义的努力最终推动 5 天工作制的诞生。在自由民权方面，犹太人将本民族受迫害的历史与黑人受到的种族歧视相类比，身体力行地支持黑人族群。从 20 世纪二三十年代起，美国犹太人委员会将“歧视的根源”作为一项重要而长期的研究工作，他们组织人员从各个领域对社会歧视展开调研与探究，其成果奠定了美国反歧视的理论基础。20 世纪 40 年代，美国黑人心理学家肯尼斯·B. 克拉克（Kenneth B. Clark）发表对学校种族隔离政策心理影响的研究报告，它成为 1954 年美国高等法院判定公立学校隔离政策非法的重要依据，[①] 而克拉克的该项研究正是在美国犹太人委员会的资助下展开的。由此可见，美国犹太自由主义客观上推动了美国精神中平等民权的真正落实。

四、结论

美国犹太人的自由主义倾向，不但是美国政治行为研究的重要现象，而且是犹太民族研究的热点问题。犹太教重学善思、“修补世界”的宗教价值观固然对犹太自由主义的产生有影响，但美国犹太自由主义具有鲜明的、区别于世界其他大型犹太社团政治价值观的特点，其形成主要是犹太人特殊的历史经历与美国特定环境相互构建的结果。从这个意义上说，美国犹太自由主义有它的例外性。

纵观美国犹太史，不难发现：自由主义是美国犹太人利用美式民主制

① Alan Mittleman, Jonathan D. Sarna, Robert Licht, Jewish Polity and American Civil Society Communal Agencies and Religious Movements in the American Public Square, MD: RowmanandLittlefield, 2002, pp. 36 – 37.

为自身争取更好生存条件的自保手段。犹太人从这样的价值选择中受益，成功地从边缘跻身美国主流社会。同时不能忽视的是：受益的还有犹太人赖以自保的美国自由民主制。美国犹太自由主义客观上对完善美国宪政体制和自由民主精神做出了一定的贡献。

附录3

主要机构组织译名表

ADL　反诽谤联盟

AFSI　美国为了安全的以色列

Agudath Israel　美国以色列正教组织

AIPAC　美以公共事务委员会

American for Peace Now，APN　美国现在就和平组织

American Friends of Likud　美国利库德之友

American-Israel Friendship League　美以友好关系联盟

American Jewish Committee，AJC　美国犹太人委员会

American Jewish Congress，AJCongress　美国犹太人大会

American Jewish Joint Distribution Committee　美国犹太人联合分配委员会

American Zionist Committee for Public Affairs　美国犹太复国主义者公共事务委员会，即 AIPAC 前身

Arab American Association　美国阿裔联合会

Association of Reform Zionists　犹太复国主义者联盟

Avodah　阿瓦达哈

B'nai B'rith　圣约之子会

Breira　布雷拉

Brit Tzedex V'Shalome　犹太正义与和平联盟

Central Conference of American Rabbis　美国拉比中央会议

Chabad at University of Florida　佛罗里达大学查巴德

Christian Friends of Israel　以色列基督教之友

Christian Friends of Israeli Communities　以色列基督徒之友团

Christians United for Israel, CUFI　基督徒支持以色列联合会

Christians'Israel Public Action Campaign　基督徒以色列公共行动运动

Club 1948　1948 俱乐部

Committee for Accuracy in Middle East Reporting in America, CAMERA　中东精确报道委员会

Congress of Secular Jewish Organizations　世俗犹太组织大会

Congressional Research Service Center　美国国会研究服务中心

Council of Jewish Federation, CJF　犹太同盟委员会

Council of Jewish Federation's General Assembly, GA　犹太同盟委员会大会

Emergency Committee Campaign for Israel, ECI　心系以色列紧急委员会运动

Friends of the Israel Defense Forces　以色列国防军之友

General Jewish Council　犹太委员会总会

Hadassah　哈达萨（妇女犹太复国主义组织）

Hazon　哈纵

Heritage Foundation　传统基金会

Hudson Institute　赫德森研究所

Interfaith Family　不同宗教者之家

International Fellowship of Christians and Jews, IFCJ　国际基督徒和犹太人团契

Israel Policy Forum, IPF　以色列政策论坛

Israeli Committee Against House Demolitions, USA　“以色列反毁房委员会”美国支部

J Street　J 街

JCorps　J 学生联合会

Jerusalem Prayer Team　耶路撒冷祈祷者小组

Jewish Agency for Israel　以色列犹太代办处

Jewish Council for Public Affairs　犹太公共事务理事会

Jewish Council of North Central Florida　中北部佛罗里达犹太委员会

Jewish Outreach Institute　犹太拓展协会

Jewish Voice for America　美国犹太和平之声

Jewish Voice for Peace，JVP　犹太和平之声

Jews Against the Occupation　犹太人反占领组织

Jews for Justice in Palestine　犹太人争取巴勒斯坦公正

JINSA　犹太国家安全事务研究所

Manhattan Institute for Policy Research　曼哈顿政策研究所

Meretz USA　美国梅雷兹

National Association of Arab Americans，NAAA　阿裔美国人全国协会

National Association of Evangelicals　美国福音派联盟

National Conference on Soviet Jewry　全国苏联犹太人大会

NJCRAC　全国犹太社区关系顾问委员会

NJPS　全国犹太人口调查

NORC　美国全国舆论调查中心

North American Jewish Data Bank，NAJDB　北美犹太数据银行

One Israel Found　一个以色列基金会

PAC　政治行动委员会

Peace Now　现在就要和平

PLO　巴勒斯坦解放组织

Project Nishma　奈西玛计划

Republican Jewish Coalition　共和党犹太人联盟

Society for Humanistic Judaism　人道犹太主义团

Stand for Israel　支持以色列组织

the American Enterprise Institute　美国企业研究所

the Association of Reform Zionists of America，ARZA　美国改革派犹太复国主义联盟

the Conference of Presidents of Major American Jewish Organizations 美国主要犹太组织主席会议

the David Project 大卫工程

the Inter-Agency Task Force on Israeli Arab Issues 以阿问题内部事务组

the International Fellow ship of Christians and Jews 基督徒和犹太人国际协进会

the Jewish Council for Education & Research 犹太教育与研究委员会

the Jewish Council of North Florida 北佛罗里达犹太理事会

the Jewish Defense Organization 犹太国防组织

the Jewish Federations of North America 北美犹太联合会

the National Council of Jewish Women 犹太妇女全国委员会

the National Council of Young Israel 青年以色列全国委员会

the National Jewish Community Relations Advisory Council, NJCRAC 全国犹太社区顾问关系委员会，现为犹太公共事务委员会

the National Jewish Democratic Council 全国犹太裔民主党员理事会

the Zionist Organization of America, ZOA 美国犹太复国主义组织

Tikkun Movement 修补世界运动

UJA 犹太联合募捐协会

Union of Orthodox Jewish Congregations 正统派犹太公会联盟

Union of Orthodox Rabbis 正统派拉比联盟

United Jewish Appeal 犹太联合募捐协会

United Jewish Communitie 犹太社区联合会

United Synagogue Congress of Conservative Judaism 保守派犹太教联合会堂大会

US Campaign to End theIsraeli Occupation 美国结束以色列占领运动

Washington Institute for Near East Policy, WINEP 华盛顿近东政策研究所

Women of Reform Judaism 改革派犹太教妇女组织

参考文献

一、主要互联网资源

1. http：//jewishdatabank. org.
2. http：//www. jta. org.
3. http：//jstreet. org/.
4. http：//www. ajc. org.
5. http：//www. aipac. org/.
6. http：//www. adl. org.
7. http：//www. ajcongress. org/.
8. http：//www. conferenceofpresidents. org/.
9. http：//www. jwv. org/.
10. http：//www. uahc. org/.
11. http：//www. zoa. org/.
12. http：//. hadassah. org/.
13. http：//www. youngisrael. org/.
14. http：//www. avichai. org.
15. http：//www. davidproject. org.
16. http：//www. washingtoninstitute. org/.
17. http：//www. house. gov/.
18. http：//www. jewishvirtuallibrary. org.
19. http：//www. btselem. org.

20. http：//www. ajcarchives. org.

21. http：//www. iataskforce. org/.

22. http：//www. hartman. org.

23. http：//peacenow. org.

24. http：//news. newamericamedia. org.

25. http：//btvshalom. org.

26. http：//www. nybooks. com.

27. http：//www. jweekly. com.

28. http：//www. state. gov/documents.

29. http：//www. crs. com.

30. http：//edition. cnn. com.

31. http：//iipdigital. usembassy. gov.

32. http：//www. reuters. com.

33. http：//finance. sina. com. cn.

34. http：//www. thearda. com.

35. http：//www. pewresearchcenter/religion.

二、中文文献

1. ［以］阿巴·埃班著，阎瑞松译：《犹太史》，中国社会科学出版社，1986 年版。

2. ［美］爱德华·W. 赛义德著，王宇根译：《东方学》，三联书店，1999 年版。

3. ［美］保罗·芬德利著，武秉仁、戴克伟译：《美国亲以色列势力内幕》，中国对外翻译出版公司，1990 年版。

4. 顾晓鸣：《犹太：充满悖论的文化》，浙江人民出版社，1990 年版。

5. ［美］汉娜·阿伦特著，孙传钊编：《耶路撒冷的艾希曼：伦理的现代困境》，吉林大学出版社，2003 年版。

6. 李爱慧：《文化的移植与适应——东欧犹太移民的“美国化之路”》，光明日报出版社，2010 年版。

7. 刘洪一：《犹太文化要义》，商务印书馆，2004 年版。

8. 刘军：《美国犹太人：从边缘到主流的少数族群》，云南大学出版社，2009 年版。

9. ［巴］马哈茂德·阿巴斯著，李成文等译：《奥斯陆协议之路——巴以和谈内幕》，世界知识出版社，1997 年版。

10. ［美］摩迪凯·开普兰著，黄福武、张立改译：《犹太教：一种文明》，山东大学出版社，2002 年版。

11. 潘光、汪舒明、罗爱玲主编：《犹太人在美国：一个成功族群的发展和影响》，时事出版社，2010 年版。

12. ［美］乔纳森·萨纳著，胡浩译，徐新校：《美国犹太教史》，郑州：大象出版社，2009 年版。

13. ［美］塞缪尔·亨廷顿著，程克雄译：《我们是谁？我们国家特征说面临的挑战》，前言，新华出版社，2005 年版。

14. 孙晓玲：《犹太利益集团与美国中东外交政策（1967—1984）》，团结出版社，2009 年版。

15. 汪舒民：《纳粹大屠杀记忆与美国外交》，时事出版社，2013 年版。

16. ［美］威廉·匡特著，饶淑莹等译：《中东和平进程：1967 年以来的美国外交和阿以冲突》，华东师范大学出版社，2009 年版。

17. 徐以骅等著：《宗教与国际关系》，上海人民出版社，2012 年版。

18. ［英］以赛亚·柏林著，胡传胜译：《自由论》，译林出版社，2003 年版。

19. 于歌：《美国的本质：基督新教支配的国家和外交》，当代中国出版社，2012 年版。

20. ［美］雅各·瑞德·马库斯著，杨波、宋立宏、徐娅囡译，徐新校：《美国犹太人 1585—1990：一部历史》，上海人民出版社，2004 年版。

21. ［美］约翰·米尔斯海默、斯蒂芬·M. 沃尔特著，王传兴译：《以色列游说集团与美国对外政策》，上海世纪出版集团，2009 年版。

22. 赵伟明：《中东问题与美国中东政策》，时事出版社，2006 年版。

23. 《申命记》，《圣经（旧约）》，中国基督教协会，2003 年版。

三、中文期刊

1. 安妮·科恩布卢特："布什家族与犹太人"，载《参考消息》，2002年6月3日。

2. 陈双庆："美国犹太人对美中东政策的影响"，载《现代国际关系》，2002年第6期。

3. 郝斋田："美国犹太游说集团对国会及美国中东政策的影响"，载《首都师范大学学报》，2006年第2期。

4. 李晓岗："战后美国犹太人民族凝聚力的盛衰"，载《历史研究》，1997年第2期。

5. 罗爱玲："美国犹太人及其对美国文化的影响"，载《世界民族》，2004年第4期。

6. 潘光："古代犹太国家兴亡记"，载《历史知识》，1984年第1期。

7. 潘光："美国犹太人的成功与犹太文化特征"，载《美国研究》，1999年第5期。

8. 逄媛宁："犹太性与美国化：怀斯与美国犹太教"，山东大学2010年博士论文。

9. 钱文荣："奥巴马政府的全球战略重心东移"，载《和平与发展》，2011年第2期。

10. 唐立新："现代美国犹太政治研究"，中央党校2007年博士论文。

11. 汪舒明："美国犹太人的自由主义和保守化"，载《世界民族》，2008年第2期和第4期。

12. 王联合："论美国新保守主义及其外交影响"，载《现代国际关系》，2003年第4期。

13. 汪舒明："大屠杀记忆和美国外交"，复旦大学2011年博士论文。

14. 杨阳："以色列和美国犹太人关系研究"，上海外国语大学2010年博士论文。

15. ［美］伊曼纽尔·沃勒斯坦文，路爱国译："两国方案的最后一次提示?"，载《国外理论动态》，2008年第1期。

16. 余崇健："从犹太复国主义的兴起到以色列国的建立"，载《西亚非洲资料》，1984 年第 18 期。

17. 赵建明："美国犹太组织与奥巴马政府对伊朗的政策"，载《美国研究》，2011 年第 1 期。

18. 周宁："社会心理学实证研究的弊端"，载《阜阳师范学院学报》，2002 年第 1 期。

19. 周琪："'布什主义'与美国新保守主义"，载《美国研究》，2007 年第 2 期。

四、外文著作

1. Aaron David Miller, The Much Too Promised Land, New York: Bandom House, 2008.

2. A. F. K. Oragnski, the $36 Billion Bargain: Strategy and Politics in U. S. Assistance to Israel, New York: Columbia University Press, 1990.

3. Abraham H. Foxman, The Deadliest Lies: The Israel Lobby and the Myth of Jewish Control, Palgrave Macmillan, 2007.

4. Alan M. Dershowitz, The Vanishing American Jew: In Search of Jewish Identity for the Next Century, Boston: Little, Brown and Company, 1997.

5. Alan Mittleman, Robert A. Licht, Jonathan D. Sarna, Jewish Polity and American Civil Society: Communal Agencies and Religious Movements in the American Public Square, Md.: Rowman & Littlefield Publishers, 2002.

6. Bernard Berelson, Paul Lazarsfeld, and William McPhee, Voting, Chicago: University of Chicago Press, 1954.

7. Chaim I. Waxman, American Jews in Transition, Philadelphia: Temple University Press, 1983.

8. Dan Flesher, Transforming America's Israel Lobby: The Limits of Its Power and the Potetial for Change, Virginia:: Potomac Books, Inc, 2009.

9. Denis Brian, The Elected and the Chosen: Why American Presidents Have Supported Jews and Israel, Gefen Publishing House, 2012.

10. Dennis Ross, the Missing Peace: The Inside Story of the Fight for Middle East Peace, Straus and Giroux, 2004.

11. Edward Tivan, the Lobby: Jewish Political Power and American Foreign Policy, New York: Simon&Schuster, 1987.

12. Eytan Gilboa and Efraim Inbar edited, US-Israeli Relations in a New Era: Issues and Challenges George and Douglas Ball, the Passionate Attachment, WW Norton & Company, New York, 1992.

13. J. J. Goldberg, Jewish Power: Inside the American Jewish Establishmen, Mass. : Addison-Wesley Publishing Co. 1996.

14. James A. BakerIII, The Politics of Diplomacy: Revolution, War and Peace 1989 – 1992, New York: G. P. Putnam's Sons, 1995.

15. Jeremy Ben-Ami, a New Voice for Israel, Fighting for the Survival of the Jewish Nation, New York, NY: Palgrave Macmillan, 2011.

16. Jimmy Carter, Palestine: Peace Not Apartheid, London: Simon and Schuster, 2006.

17. John J. Mearsheimer and Stephen M. Walt, the Israel Lobby and U. S. Foreign Policy, New York: Farrar, Straus and Giroux, 2007.

18. Jonathan Ament, Israel Connection and American Jews, New York: United Jewish Communities, 2005.

19. Lawrence H. Fuchs, the Political Behavior of American Jews, Glencoe, Illinois: The Free Press, 1956.

20. Melvin I. Urofsky, We Are One! American Jewry and Israel, Garden City: Anchor Press/Doubleday, 1978.

21. Michael E. Staub, Torn at the Roots: the Crisis of Jewish Liberalism in Post War America, NY: Columbia University Press, 2002.

22. Milton Gordon, Assimilation in American Life: The Role of Race, Religion, and National Origins, New York: Oxford. University Press, 1964.

23. Murray Friedman, The Neoconservative Revolution, Jewish Intellectuals and the Shaping of Public Policy, New York: Cambridge University Press, 2005.

24. Naomi Wiener Cohen, the Americanization of Zionism 1897 - 1948, and Waltham, MA: Brandeis University Press, 2003.

25. Nathan Glazer and Daniel P. Moynihan, Beyond the Melting Pot: The Negroes, Puerto Ricans, Jews, Italians, and Irish in New York City, Cambridge: MIT Press 1963.

26. Nathaniel Weyl, the Jews in American Politics, New Rochelle, NY: Arlington House, 1968.

27. Neil Rubin, American Jewry and the Oslo Year. Palgrave Macmillan, 2012.

28. Ofira Seliktar Divided We Stand: American Jews, Israel and the Peace Process, Westport, CT: Praeger Publishers, 2002.

29. Paul Charles Merkley, American presidents, religion, and Israel: the heirs of Cyrus, Praeger Publishers Inc, 2004.

30. Peter Beinart, the Crisis of Zionism, New York, NY: Henry Holt and Company, LLC, 2012.

31. Robert D. Freedman ed., Israel and the United States: Six Decades of US-Israeli Relations, Boulder, Colorado: Westview Press, 2012.

32. Robert D. Putnam, Bowling Alone: The Collapse and Revival of American Community, New York: Simon & Schuster, 2000.

33. Robert O. Freedman ed., Israel and the United States: Six Decades of US-Israeli Relations, Westview Press.

34. Roberta Rosenberg Farber and Chaim I. Waxman, eds., Jews in America: A Contemporary Rader, Hanover, NH: Brandeis University Press, 1999.

35. Samuel Freedman, Jew vs Jew: The Struggle for the Soul of American Jewry, New York: Simon& Sohuster, 2000.

36. Shahram Akbarzadeh, Obama in the Middle East failing to bring change, Edited by Shahram Akbarzadeh, America's Challenges in the Greater Middle East, Palgrave macmillan, 2011.

37. Shoshana S. Cardin, Memoirs of Shoshana Shubin Cardin, Baltimore: Jewish Museum of Maryland, 2008.

38. Steven M. Cohen, American Modernity and Jewish Identity, New York: Tavistock Publications, 1983.

39. Steven M. Cohen, Interethnic Marriage and Friendship, New York: Arno Press, 1980.

40. Steven L. Spiegel, The Other Arab-Israeli Conflict: Making America's Middle East Policy from Truman to Reagan, Chicago: University of Chicago Press, 1985.

41. Steven M. Cohen &Arnold M. Eisen, the Jew Within: Self, Family and Community in America, Bloomington: Indiana University Press, 2000.

42. Steven T. Rosenthal, Irreconcilable Differences? The Waning of the American Jewish Love Affair with Israel, Hanover and London: University Press of New England, 2001.

43. Thomas L. Friedman, From Beirut to Jerusalem, New York : Farrar Straus Giroux 1989.

44. V. Davis and M. East ed. , Sage Professional Papers in International Studies, Beverly Hills. CA: Sage Publications, 1976.

45. Yossi Shain, Kinship and Diasporas in International Affairs, Ann Arbor, MI: University of Michigan Press, 2007.

五、其他外文文献

1. Alexandra Star, "Can Bush cement his inroads among Jewish voters?" Business Week, May 5. 2003.

2. American Jewish Year Book, 1985. New York: The American Jewish Committee, 1985.

3. American Jewish Year Book, 1986. New York: The American Jewish Committee, 1986.

4. American Jewish Year Book, 2000. New York: The American Jewish Committee, 2000.

5. American Jewish Year Book, 2008, New York: The American Jewish

Committee, 2008.

6. AnshelPfeffer, "U. S. Jewish Leader Worried by Thrust of White House Campaign", Washington Report on Middle East Affairs, Apr. 2008, Vol. 27, Issue 3.

7. "Anti-Semitism Office Planned at State Department", Washington Times, Oct. 14. 2004.

8. Arie Dubnov, "Between liberalism and Jewish nationalism: young Isaiah Berlin on the road towards Diaspora", Zionism Modern Intellectual History, Vol. 4, No. 2, 2007.

9. Ariel Beery and Hindy Poupko, "Contemporary Currents in the Americn Jewish Relations with Israel", distributing inthe Taub Semiar, New York University, Robert F. Wagner School of Public Servica, Program in Non-Profir Management and Judaic Srudies, spring 2007.

10. Arnold M. Eisen, "Israel at 50: An American Jewish Perspective." In American Jewish Year Book 1998, New York: The American Jewish Committee, 1998.

11. Arthur Hertzberg, "Israel and American Jewry", Commentary, Vol. 44, No. 2 August 1967.

12. Barry Kosmin and Ariela Keysar, "Summary Reports of American Religious Identification Survey", Trinity College, March 2009.

13. "Bush firm on Hamas in talk to American Jewish Committee", Christian Century, May 30, 2006.

14. "Bush's letter to US Jews", the New York Times, Sept. 21, 1991.

15. Carl Schrag, "American Jews and Evangelical Christians: Anatomy of a Changing Relationship", Jewish Political Studies Review, 17: 1 – 2, spring, 2005.

16. Chaim I. Waxman, "Beyond Distancing: Jewish Identity, Identification, and America's Young Jews", Contemporary Jewry (2010) 30.

17. Cohen, Steven M., & Wertheimer, Jack. "Whatever Happened to the Jewish People?" Commentary 121. 2006.

18. Daniel Levy, "Is It Good for the Jews." American Prospect, June 18, 2006.

19. Dav Waxman, "The Israel Lobbies: a survey of the pro-Israel community in the United States", Israel Studies Forum, Vol. 25, Issue1, summer 2010: 5.

20. Edward Said, "Thoughts about America", Al-Ahram, 28, Feb, 2002. Issue No. 575.

21. Eric Alterman, "Bad for the Jews", the Nation, January 7/14, 2008.

22. Erica Seltzer-Schultz and Michael Goldfien, "Zionism, Liberalism, and Young American Jews: How Redefining the American Zionist Could Help Bring Peace to the Middle East." Student Paper, Grinnell College, 2011.

23. George H. W. Bush, "Excerpts from President Bush's News Session on Israeli Loan Guarantees", The New York Times, 13 Sep. 1991.

24. Henry Siegman, Can Obama Beat the Israel Lobby? The Nation, June 13, 2011.

25. Horace M. Kallen, "Democracy versus the Melting-Pot: A Study of American Nationality", The Nation, Feb. 1915.

26. Horace M. Kallen, "Zionism: Democracy or Prussianism?" The New Republic, Vol. 18, Apr5. 1919.

27. Theodore Sasson, Benjamin Phillips, Charles Kadushin, Leonard Saxe, "Still Connected: American Jewish Attitudes about Israel", Maurice and Marilyn Cohen Center for Modern Jewish Studies, Brandeis University, August 2010.

28. Theodore Sasson, Charles Kadushin, Leonard Saxe, "Trends in American Jewish Attachment to Israel: An Assessment of the 'Distancing' Hypothesis", Cohen Center for Modern Jewish Studies, Sep. 2010.

29. Theodore Sasson, "Mass Mobilization to Direct Engagement: American Jews' Changing Relationship to Israel", Israel Studies, Vol. 15, No. 2, summer 2010.

30. Thomas B. Morgan, "The Vanishing American Jew", Look 28, 5 May 1964.

31. Irving M. Engel, "Report of the Executive Committee: Highlights of 1950", American Jewish Year Book, No. 53. 1952.

32. J. J. Goldberg, "In the Dark Time, Blame the Jews", Forward, Mar. 24, 2006.

33. Jack Wertheimer research team, Generation of Change: How Leaders in Their Twenties and Thirties are Reshaping American Life, Tishrei 5771, and September 2010.

34. Jack Wertheimar, "American Jews and Israel: A 60 – Year Retrospective", American Jewish Year Book, 2008. New York: The American Jewish Committee, 2008.

35. Janine Zacharia, "Clinton Blamed Arafat for Failure——Cheney", Jerusalem Post, January 16, 2004.

36. Jeffrey Goldberg, "The Usual Suspect", New Republic, 8 October 2007.

37. Jewish Population in the United States, 2008, American Jewish Year Book, Vol. 108 (2008). New York: The American Jewish Committee, 2008.

38. Jewish Population in the United States, 2006, American Jewish Year Book, Vol. 106 (2006). New York: The American Jewish Committee, 2006.

39. Jeremy M. Sharp, "U. S. Foreign Aid to Israel," Congressional Research Service Report, April 11, 2013.

40. Jerome A. Chanes, A Primer on the American Jewish Community (3rd Edition), AJC, 2008.

41. Jerome Slater, "The Two Books of Mearsheimer and Walt", Security Studies, 18: 4 – 57, 2009.

42. John J. Mearsheimer Stephen M. Walt, "Is It Love or the Lobby? Explaining America's Special Relationship with Israel", Security Studies, 18, 2009.

43. Jonathan Marcus, Discordant Voices: the US Jewish Community and Israel during the 1980s, International Affairs, 66. 3, 1990.

44. Joost R. Hiltermann, "Settling for War: Soviet Immigration and Israel's Settlement Policy in East Jerusalem", Journal of Palestine Studies,

Vol. 20. 1991, No. 2.

45. Lawrence Grossman, "American Jewish Communal Affairs", American Jewish Year Book 1997, New York: The American Jewish Committee, 1997.

46.. Mandell L., "World Jewish Population", 2012, Published by Berman Institute-North American Jewish Data Bank.

47. Noam Pianko, "The True Liberalism of Zionism", American Jewish History, vol. 94, No. 4 (2008).

48. North American Jewish Date Bank, "The National Jewish Population Survey 2000 - 01: Strength, Challenge and Diversity in the American Jewish Population".

49. Obama, Interview with Joe Klein, Time, Feb1, 2010.

50. Obama, Israel and American Jews: the Challenge, Comment, June 2010.

51. Ofer Shiff, "The influence of Abba Hillel Silver's Diaspora Zionism on His Decision not to Immigrate to Israel", the Journal of Israeli History, vol. 31, no. 2 (Sep. 2012).

52. Peter Beinart, "the Failure of the American Jewish Establishmen", the New York Review of Books, June 10, 2010.

53. Pew Research Center, A Portrait of Jewish Americans: Findings from a Pew Research Center Survey of U. S. Jews, Oct. 1, 2013.

54. Richard H. Curtiss, "You Don't Have to Be Jewish to Be a Neocon: John Bolton andJames Woolsey", Washington Report on Middle East Affairs, Oct. 2003, Vol 22, Issue 8, pp. 18 -20.

55. Roula Khalaf, "Powell Sets Out Bush Line on Middle East", Financial Times, March 20, 2001.

56. Sidney Goldstein, "Profile of American Jewry: Insights from the 1990 National Jewish Population Survey", New York: Council of Jewish Federation, 1993.

57. Solomon B. Freehof, "Reform Judaism and Zionism", Menorah Journal, No. 32, April-June 1944.

58. “Statement of Principles on Jewish-Arab Relations”, National Jewish Community Relations Council, 4 May 1995.

59. Steven M. Cohen, “The Dimensions of American Jewish Liberalism”, New York: American Jewish Committee, 1989.

60. Steven M. Cohen,, & Ari Y. Kelman. “Beyond Distancing: Young Adult American Jews and their Alientіon from Israel”, Jewish Identity Project of Reboot New York: Andrea and Charles Bronfman Philanthropies. 2007.

61. Steven M. Cohen, “Attitudes of American Jews Toward Israel & Israelis”, American Jewish Committee, 1983.

62. Steven M. Cohen, “The Dimensions of Jewish Liberalism”, American Jewish Committee, 1989.

63. Steven M. Cohen, “The Political Attitudes of American Jews”, American Jewish Committee, 1984.

64. Steven M. Cohen, “Ties and Tensions: The 1986 Survey of American Jewish Attitudes Toward Israel and Israelis.” American Jewish Committee, 1987.

65. Steven M. Cohen, “Ties and Tensions: An Update The 1989 Survey of American Jewish Attitudes Toward Israel and Israelis.” American Jewish Committee, 1989.

66. Steven M. Cohen, Reason for Optimism, In The Quality of Jewish Life: Two Views, New York: American Jewish Committee, 1997.

67. Walter Russell Mead, “Jerusalem Syndrome: Decoding the Israel Lobby”, Foreign Affairs 86, No. 6, Nov. /Dec. 2007.

68. William J. Clinton, “Public Papers of the President of the United States”, 1996, Washington DC: U. S. Government Printing Office, 1997.

69. William J. Clinton, Public Papers of the President of the United States, 1993, Washington, D. C.: U. S. Government Printing Office, 1994.

后　记

在国内媒体话语和学术语境中，美国犹太亲以社团是一个强大而神秘的存在，特别是当它与美国的选举政治、中东政策以及阿以争端相关时，更是如此。但是任何一种由人组成的团体，都脱离不了周围的各类环境，处于民族宗教论争、历史文化变迁和地缘政治斗争漩涡中的美国亲以犹太社团亦不能免俗。

2011 年底，我申请了广东省社科规划项目——犹太游说的嬗变与美国中东部外交政策研究，所幸获得立项，由此开始了一段长达四年的研究。如今项目已结项，但对我来说，分享思考成果，与志同道合者切磋，才是研究的真正意义。我也想以白纸黑字和自然的墨香，去感谢一路上给予我帮助的人和部门。

首先，我需要感谢我工作的单位——深圳职业技术学院。学校坚持复合育人路线，致力于整全人格塑造。在教师培训上，支持老师们钻研各自的学术领域，为老师们提供了良好的科研环境和充足的研究资金，本书能够出版也得益于“深圳职业技术学院学术著作出版基金”的资助。学校校长刘洪一是著名的犹太研究专家，他在犹太文化领域的真知灼见，让我在遇到研究难题动摇不定时，获得坚持的力量。

美国犹太游说研究不仅涉及美国政治、宗教、外交，而且与阿以争端的复杂形势密切关联，头绪盘根错节，研究对象不在中国国内，国内相关学术研究热点区域不在广东，相关一手资料获得绝非易事，这些困难常令我无助。幸运的是 2012 年我获得深圳职业技术学院访问学者资助机会，美国佛罗里达大学政治系接受我的申请，给我发来邀请，美国政治与宗教问题研究专家肯尼斯·沃尔德教授成为我的指导老师。沃尔德教授是一位德高望重、学养丰厚、敬业治学的长者，他为我的研究铺开了一条相对便捷的通道。访学期间，沃尔德教授为我推荐了不少有价值的课程。课余时间，他引导我走进美国犹太社团，使我更深入地了解基层社团的运作，并获得宝贵一手资料。直到今天，我仍特别感激的是，沃尔德虽工作繁忙，但是只要不外出，基本每周都会安排一次我和他的“头脑风暴”，很多研究难题在讨论中迎刃而解。身处异国期间，沃尔德和他的夫人给予我家庭般的温暖。我希望本书的出版，能表达我无法回馈的感恩。

除了沃尔德教授，数位恩师和合作伙伴在我的研究过程中给予过很多帮助。复旦大学徐以骅教授在我读博期间，就无私地为我指导论文。工作以后，我来到远离国际政治研究圈的深圳工作，但我对美国宗教与政治的研究热情未曾磨灭，是徐老师百忙中的点点鼓励，让我能够在美国犹太游说问题上继续前行。南京大学徐新教授，与我只有通信之缘，但他肯定我的选题，鼓励我说“犹太研究是一座富矿，等待你们后辈开发”。复旦大学张建新教授，既是老师也是师兄，为我的访学写英文推荐信，不辞幸苦，借此机会深表感激。

本书以广东省社科规划项目报告为主体，报告的成形，离不开项目团队的帮助，他们是南京财经大学的程晓燕副教授，我的同事本校外事处杨丛坤副处长和人文学院汪婧副教授。

书稿写作和出版过程中，我有幸得到不少领导、同事和朋友的大力支持。他们是人文学院陈国梁院长、陈永力书记、基础教研室同仁、校科研处郑艳老师和时事出版社的高冉编辑。借此机会，我想对他们说：“谢谢，你们幸苦了！”

最后，我需要感谢一下我的家人，是他们背后默默的付出和包容，让我能够继续我的兴趣和研究。

拙作虽非仓促而成，但我才疏学浅，仍避免不了疏漏，烦请各位专家读者不吝批评指正。

孙晓玲

2015 年 9 月 28 日

图书在版编目（CIP）数据

美国亲以犹太社团的嬗变及其影响/孙晓玲著．—北京：时事出版社，2016.6

ISBN 978-7-80232-979-9

Ⅰ.①美…　Ⅱ.①孙…　Ⅲ.①犹太人—研究—美国
Ⅳ.①K18

中国版本图书馆 CIP 数据核字（2016）第 054219 号

出版发行：时事出版社
地　　址：北京市海淀区万寿寺甲 2 号
邮　　编：100081
发行热线：(010) 88547590　88547591
读者服务部：(010) 88547595
传　　真：(010) 88547592
电子邮箱：shishichubanshe@ sina. com
网　　址：www. shishishe. com
印　　刷：北京市昌平百善印刷厂

开本：787×1092　1/16　印张：15.75　字数：270 千字
2016 年 6 月第 1 版　2016 年 6 月第 1 次印刷
定价：65.00 元